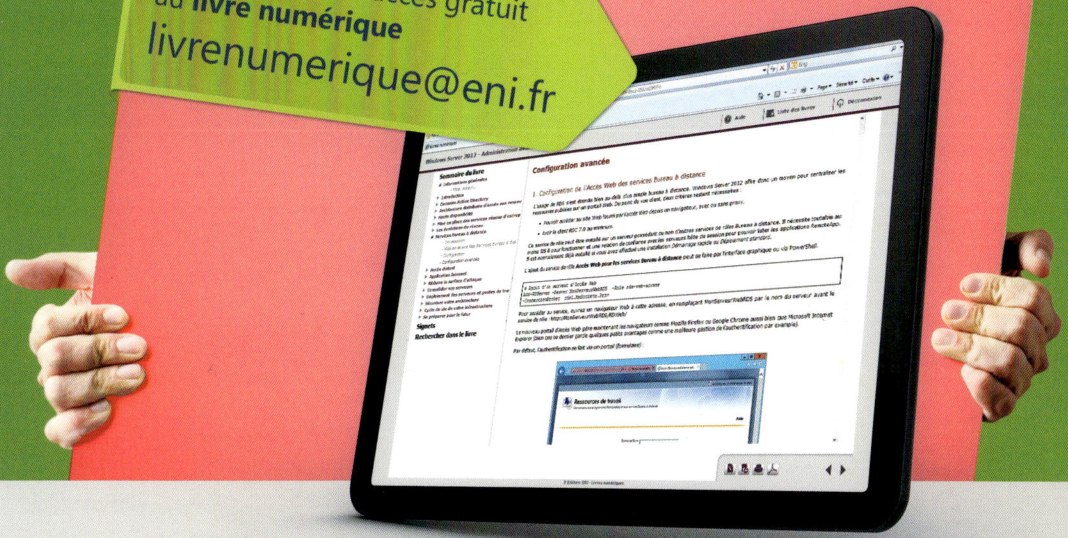

Solutions Business

3ième édition

Réussir votre projet Digital Learning

Formation 2.0 : les nouvelles modalités d'apprentissage

ISBN : 978-2-7460-9393-5
Imprimé en France

Editions ENI
ZAC du Moulin Neuf
Rue Benjamin Franklin
44800 St HERBLAIN
Tél. 02.51.80.15.15
Fax 02.51.80.15.16

e-mail : editions@ediENI.com
http://www.editions-eni.com

Auteur : Marie PRAT
Collection **Solutions Business** dirigée par Corinne HERVO

Introduction

Partie 1
Le projet digital learning

Chapitre 1.1
Cadrer le projet

Chapitre 1.3
Gérer le projet

Chapitre 2.3
Respecter les standards

Partie 3
Les contenus pédagogiques

Chapitre 3.1
Choisir les contenus pédagogiques

Chapitre 3.2
Concevoir un module

Chapitre 3.3
Produire du contenu

Chapitre 3.5
Proposer un MOOC

Partie 4
L'accompagnement

Chapitre 4.1
Nouveaux rôles pédagogiques

Chapitre 4.3
Classes virtuelles

Partie 5
L'environnement du projet

Chapitre 5.1
Déploiement - qualité

Chapitre 5.2
Évolution - Prospectives

Atelier 1

Atelier 2

Annexes

Introduction

A. Introduction

Les entreprises et organisations, ainsi que les apprenants potentiels que nous sommes tous, ont intégré le numérique et ses usages dans leur vie quotidienne. La formation à distance, l'e-education ou digital learning est aujourd'hui partie intégrante des dispositifs de formation proposés aux apprenants. De plus en plus de personnes, salariées ou autres, ont eu l'occasion au moins une fois d'expérimenter un module e-learning, un MOOC, ou un quiz en ligne. Les apprenants ont intégré les modalités à distance dans leur manière d'apprendre. Ils en apprécient les avantages (souplesse, ludicité, individualisation) et en connaissent les inconvénients. Notre manière d'apprendre et d'enseigner se transforme en profondeur depuis une quinzaine d'années, et cette transformation s'accentue encore aujourd'hui avec l'émergence de nouveaux modèles que sont les SPOC et autres formations vidéos.

En parallèle, l'évolution très rapide des technologies, leur disponibilité, leur facilité d'accès ainsi que la multiplication des supports facilitent et enrichissent les possibilités des formations hybrides. Les technologies font tomber (ou pour le moins bouger) les frontières. Elles favorisent les dispositifs horizontaux, la mobilité et la collaboration. Ainsi l'enseignant et/ou le formateur n'est plus le seul « diffuseur de savoirs ». Il devient coach et apporte de la valeur ajoutée aux contenus que l'apprenant peut trouver en ligne.

Les dispositifs de formation sont véritablement centrés sur l'apprenant (et sur son implication et sa collaboration) aujourd'hui. Ils sont basés sur les 3C : collaborer, communiquer, co-construire.

La formation à distance, les TICE (Technologies de l'Information et de la Communication pour l'Éducation) sont autant de termes aujourd'hui entrés dans le vocabulaire et dans les modalités d'apprentissage proposées par les professionnels de la formation.

Le digital learning est aujourd'hui mieux compris par tous les acteurs (intervenants dans les projets et apprenants). Les demandes formulées par les entreprises et les réponses apportées par les prestataires sont par conséquent plus précises, plus pondérées, mieux pensées et plus nombreuses également.

Les entreprises et les institutions éducatives, en investissant dans le digital learning, forment plus, forment mieux, plus rapidement et à un coût optimisé.

Dans ce nouveau champ des possibles en matière d'apprentissage, certaines questions émergent et n'ont pas de réponse unique ou de recette miracle.

- Comment adapter l'offre de formation à des comportements apprenants qui évoluent constamment ?
- Comment répondre à la nécessité d'individualiser la formation ?

La demande de formation émanant des individus eux-mêmes est de plus en plus importante : ils ne s'adaptent plus seulement à une offre de formation mais sont en demande. Il est important d'écouter l'apprenant (le client final), de connaître ses besoins et d'y répondre.

L'avènement des technologies mobiles et des médias sociaux a rendu l'apprenant plus exigeant : il veut des réponses rapides, des formats courts, des outils prêts à l'emploi et conviviaux... La rapidité et la facilité d'accès aux apprentissages et aux échanges ont modifié les habitudes de « l'humain connecté».

B. État des lieux

En France, l'e-learning s'est d'abord développé dans les grandes entreprises qui y ont vu un moyen de réduire leurs coûts et l'opportunité d'un déploiement plus rapide des formations. De plus, les grandes entreprises étaient les seules à pouvoir réaliser les investissements nécessaires en termes de développement de solutions de formation à distance. Par le passé beaucoup d'erreurs ont été commises, la surenchère technologique a trop souvent masqué la pauvreté des contenus et la piètre qualité pédagogique des parcours proposés.

Depuis, le marché a mûri, les acteurs ont tiré les leçons du passé : les projets sont maintenant plus réalistes en termes de budget et d'objectifs.

Le digital learning connaît donc un développement croissant dans les entreprises, de plus en plus de PME-PMI s'y intéressent ou ont l'intention, à plus ou moins court terme, de l'utiliser.

Les TIC apportent un avantage certain à la formation à distance, même s'il s'avère souvent difficile d'en mesurer l'efficacité et de calculer précisément le retour sur investissement (ROI) ou même l'économie d'investissement par rapport à une solution de formation traditionnelle (SOI).

Le digital learning n'est plus ce parent pauvre de la formation mais ce volet de la transformation numérique constitue un défi important pour les entreprises qui doivent gérer au mieux les compétences.

Regardez les statistiques (et les sources des chiffres mentionnés) de cette infographie Aurion Learning : http://www.hrzone.com/blogs/aurion-learning/14-e-learning-statistics-you-need-know-2014/142813

Les nouveaux défis du digital learning se trouvent aujourd'hui dans la réponse aux questions suivantes :

- Comment utiliser au mieux la technologie et ses usages pour optimiser la qualité pédagogique ?
- Comment répondre à la demande des apprenants, de plus en plus exigeants par rapport à la formation et aux services proposés ?

Un succès retentissant

http://www.lefil.ulaval.ca/articles/succes-retentissant-36416.html

Un succès retentissant lefil.ulaval.ca. Après 30 ans d'existence, la formation à distance poursuit sa croissance vers de nouveaux sommets. Un succès retentissant - Par Yvon Larose

Les activités de formation à distance à l'Université ont 30 ans. Dire que celles-ci représentent une tendance lourde dans l'offre d'enseignement serait un euphémisme. «Cet automne, indique le directeur par intérim du Bureau de la formation à distance, Éric Martel, nous offrons 740 cours à distance ainsi que 74 programmes d'enseignement entièrement à distance. Cette offre imposante fait de l'Université Laval l'un des principaux établissements dans le domaine au Canada.»

En trois décennies, la formation à distance a beaucoup évolué. À l'automne 1984, le professeur Jean-Claude Filteau donnait le tout premier cours à distance offert par l'Université, « Introduction à la littérature biblique ». Le canal Télé-enseignement, aujourd'hui Canal Savoir, télédiffusait cette formation à une soixantaine d'étudiants inscrits. Il fallut toutefois attendre la venue d'Internet pour voir ce type d'enseignement passer à une vitesse supérieure. « Notre croissance soutenue est venue grâce au Web, souligne Éric Martel. Notre premier cours par Internet remonte à 1997. Les possibilités amenées par les nouvelles technologies ont eu un effet considérable sur notre offre. Chaque année, nous développons entre 75 et 80 nouveaux cours en lien avec les besoins croissants de la société. Ces besoins sont importants, comme l'illustre notre 500 000e inscription cet automne. »

C. Définitions préalables

De quoi parle-t-on exactement ?

Il est parfois malaisé de s'y retrouver dans le vocabulaire employé pour parler du digital learning et de ce qu'il y a autour.

Commençons par une première définition :

Qu'est-ce qu'apprendre ?

Apprendre est le processus par lequel une personne acquiert des connaissances et des savoir-faire.

La formation sert à développer des connaissances et des compétences, des savoirs, des savoir-faire, et parfois des savoir-être.

Mais comment définit-on l'e-learning précisément ? Notons ici que le terme e-learning, pourtant récemment entré dans le dictionnaire est presque dépassé puisque aujourd'hui le terme digital learning se généralise pour parler d'e-learning.

Plusieurs définitions ont été proposées et sont utilisées, voici ci-dessous la définition retenue par l'Union européenne :

L'e-learning est l'utilisation des nouvelles technologies multimédias et de l'Internet, pour améliorer la qualité de l'apprentissage en facilitant l'accès à des ressources et des services, ainsi que des échanges et la collaboration à distance.

Que signifie le terme e-formation ?

Il désigne tout système de formation reposant globalement sur l'usage des technologies issues de l'Internet. C'est le processus de formation dans son ensemble, et pas seulement l'action de former, qui est repensé par l'usage des technologies Internet.

Le terme digital learning est plus global, on en trouve la définition suivante sur Wikipédia :

La notion de ***digital learning*** *désigne la présence du numérique dans les contenus de formation, que cette dernière soit présentielle (en salle) ou e-learning (en ligne). Elle est directement liée à l'omniprésence des nouvelles technologies dans la société, aussi bien dans la vie personnelle que dans la vie professionnelle.*

http://fr.wikipedia.org/wiki/Digital_Learning

Le digital learning et la formation traditionnelle (face à face) s'intègrent toujours dans un dispositif de formation.

Qu'entendons-nous par dispositif de formation ?

Un dispositif de formation est l'ensemble des moyens techniques, logistiques et humains organisés dans le temps et dans l'espace pour répondre à la demande du commanditaire pour la formation d'une population précise.

Vous entendrez également parler de TICE. Sur Wikipédia, vous en trouverez la définition suivante :

*Les **Technologies de l'Information et de la Communication pour l'Education** (TICE) recouvrent les outils et produits numériques pouvant être utilisés dans le cadre de l'éducation et de l'enseignement.*

Les TICE regroupent un ensemble d'outils conçus et utilisés pour produire, traiter, entreposer, échanger, classer, retrouver et lire des documents numériques à des fins d'enseignement et d'apprentissage.

Dans la typologie des outils, vous trouverez souvent les termes synchrones et asynchrones.

Avec des outils de communication synchrones directs tels que le téléphone, le chat, la visioconférence : les questions et les réponses se font en direct, en temps réel, sans décalage temporel entre question et réponse. Par contre, lorsqu'un intervenant pose une question dans un forum ou envoie un mail, il ne s'attend pas à recevoir une réponse immédiatement, il utilise un outil asynchrone.

Nous insisterons également dans cet ouvrage sur l'accompagnement à mettre en place dans le dispositif, condition de succès pour les projets digital learning.

Les fonctions d'accompagnement sont des tâches, missions, compétences que les formateurs (tuteurs, coachs) mettent en œuvre pour la conduite des formations à distance : contact direct, coordination, support technique, animation de forum, suivi pédagogique, évaluation...

Les grains pédagogiques, composantes de séquences sont des entités indivisibles, ce sont les plus petits éléments pédagogiques autonomes pouvant être extraits et utilisés dans des parcours de formation.

Nous vous parlerons également de Knowledge Management, ce terme est de plus en plus souvent associé à celui du e-learning.

On définit communément le Knowledge Management comme étant la capitalisation, la production et la diffusion des connaissances, la centralisation et la diffusion de l'information.

On peut rapprocher cette notion de celle de la formation informelle dont nous reparlerons largement dans cet ouvrage.

Les modules de formation une fois réalisés, se déploient sur des plateformes, LMS ou LCMS. Que signifient ces acronymes ?

LMS : Learning Management System ou plateforme logicielle de gestion de parcours pédagogiques. Les LMS diffusent les contenus de formation, proposent un historique des formations, des outils de tutorat. Elles gèrent également les évaluations et autres quiz.

Dans le cas d'un LCMS, un gestionnaire de contenus d'apprentissage se trouve ajouté aux fonctionnalités du LMS.

La formation à distance utilise de plus en plus les outils du web 2.0 comme outils de communication, de suivi, de partage et d'échange.

Le terme web 2.0 désigne l'ensemble des technologies et des usages du web permettant aux internautes d'être actifs sur le contenu et la structuration des pages web (exemple : wikis, blogs, web social...).

Terminons cette section par une définition des MOOC dont nous parlerons en détail plus loin dans cet ouvrage.

MOOC est un acronyme apparu en 2008 que l'on peut détailler ainsi :

- Massif : c'est-à-dire pouvant accueillir un nombre illimité d'apprenants.
- Open : ouvert à tous, notamment sans gestion de prérequis.
- Online : le cours est proposé en ligne même si l'on trouve parfois dans les MOOC des modalités présentielles.
- Course : signifie que c'est un cours pédagogiquement construit, proposant des parcours de formation, et pas seulement des ressources en ligne.

Une fois les termes essentiels définis et avant d'entrer dans le cœur du sujet, regardons un peu ce qu'il se passe sur le marché, à la fois du côté de l'offre et de la demande.

D. Le marché français

Que se passe-t-il sur le marché français du digital learning ?

Notons tout d'abord que malgré une progression sensible le marché français accuse un retard par rapport au marché nord-américain et aux pays d'Europe du Nord.

1. Du côté de la demande

En France, quelles sont les entreprises qui utilisent le digital learning ? Les différentes études menées notent les caractéristiques suivantes :

- Les entreprises utilisatrices sont multi-sites, les utilisateurs sont dispersés géographiquement.
- Ce sont plutôt des entreprises de grande taille : les grandes entreprises continuent à être majoritaires dans l'utilisation de la formation à distance, même si de plus en plus de PME entrent dans le jeu.
- Les entreprises utilisatrices connaissent très bien le process formation et l'utilisent depuis longtemps. Les trois quarts des entreprises pratiquant la e-formation ont démarré vers 2001 alors que les PME PMI s'y sont intéressées quelques années après seulement.
- La part des collaborateurs formés reste encore assez faible mais croissante malgré tout.
- La mutation numérique des entreprises est en marche bien que la France soit en retard sur cet aspect.

> *Voir l'étude publiée par Mac Kinsey au sujet de la mutation numérique en France : http://www.mckinsey.com/global_locations/europe_and_middleeast/france/fr/latest_thinking/accelerer_la_mutation_des_entreprises_en_france*

- En observant les modalités d'apprentissage, on trouve essentiellement du blended learning (dispositif mixte présentiel/à distance). L'e-learning vient compléter la formation traditionnelle. En France le présentiel reste dominant mais coexiste avec d'autres modalités.
- Les domaines de formation traités sont d'abord la bureautique et les langues pour lesquelles on trouve facilement des contenus « sur étagère », prêts à l'emploi. Vient ensuite l'informatique pour informaticiens. Les entreprises font également appel à la e-formation pour les formations métiers, pour lesquelles elles développent (ou font développer) du contenu spécifique.

> *Les domaines couverts par le digital learning sont de plus en plus importants si l'on en croit les résultats du baromètre e-learning publié par CrossKnowledge en 2012 : http://www.crossknowledge.com/fr_FR/elearning/media-center/news/enquete-elearning.html.*

2. Du côté de l'offre

Les entreprises spécialisées proposent principalement des prestations en technologies, contenus, services, conseil, accompagnement.

Quels types de produits ou services proposent ces prestataires ?

- Les L(C)MS, socle de tout dispositif de blended learning, constituent l'environnement technique de base. Les LMS, open source ou propriétaire sont pléthore sur le marché, il est parfois difficile de s'y retrouver.
- Les contenus génériques : les grands organismes de formation sont très présents sur ce secteur, naturellement, ils disposent en effet de la matière première et des compétences pédagogiques nécessaires à la transposition de contenus de formation présentielle en formation à distance. Les contenus proposés sur étagère sont de plus en plus nombreux et de plus en plus spécialisés.
- La production de contenus - via des outils auteurs : les entreprises ont très vite besoin de développer leur propre contenu, et n'ont pas forcément en interne les compétences informatiques nécessaires. L'offre des outils auteurs répond à cette demande, et la production de contenus peut ainsi être confiée à l'intérieur d'une entreprise aux formateurs, aux ressources pédagogiques et non aux développeurs.
- Les services : les entreprises qui souhaitent déployer une stratégie e-learning manquent souvent de compétences en interne et ce sont ces compétences métiers qu'elles recherchent avant tout, avant les solutions techniques ou pédagogiques.
- Ces consultants, indépendants des solutions techniques, sont souvent utiles aux entreprises pour y voir plus clair dans une offre de prestations parfois technologiquement complexe. Ces spécialistes du digital learning proposent des services de maîtrise d'ouvrage, d'accompagnement, d'ingénierie pédagogique e-learning, de formation, d'assistance technique, de conseil, de formation...

Ainsi l'offre de services va de l'analyse des besoins au support et à la formation via l'installation, le pilotage, la conception et réalisation de contenus.

E. Dispositif de formation hybride

1. Composantes d'un dispositif de formation à distance

Dans la mise en place d'un dispositif de formation, de nombreux services de l'entreprise sont impactés et de nombreux éléments entrent en ligne de compte.

Quelles sont toutes les composantes d'un dispositif de formation, présentiel ou à distance ?

Nous les avons regroupées dans le schéma de synthèse ci-dessous.

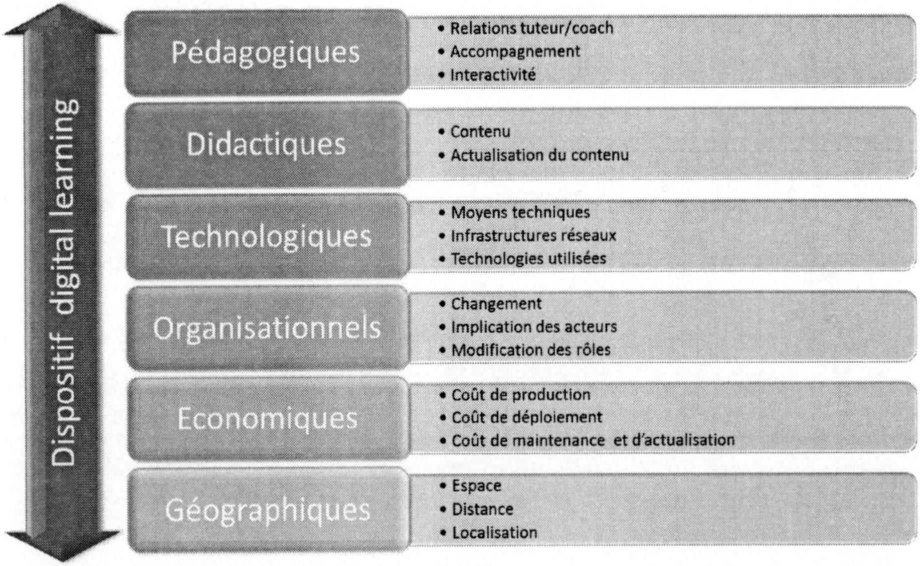

La réussite de la mise en place d'un dispositif hybride de formation réside dans l'implication de tous les acteurs directement ou indirectement concernés, dès le début du projet, étant donné la multiplicité des composantes de ce type de dispositif.

- Composantes pédagogiques : l'e-learning modifie en profondeur les modes d'apprentissage en centrant la formation sur l'apprenant.
- Composantes didactiques : le contenu des cours entre pour une grande part dans la réussite (ou l'échec) des projets de formation. L'entreprise est experte sur les contenus métiers qui sont les siens.
- Composante technologique : la réussite d'un projet digital learning ne doit pas être compromise par des contraintes techniques mal évaluées ou mal prises en compte. Les blocages techniques découragent très vite les apprenants et font monter très vite le taux d'abandon des apprenants. Le choix d'un bon socle technique s'avère donc essentiel.
- Composantes organisationnelles : le rôle des acteurs (service formation, service informatique, acteurs métier) va être largement modifié lors de la mise en place d'un dispositif de formation à distance. Le déploiement d'une stratégie digital learning est souvent l'occasion d'une « mise à plat » de la politique de formation de l'entreprise.

- Composante économique : les coûts ne sont pas les mêmes que dans la formation présentielle. Il est très important d'évaluer le coût de production et de déploiement, et d'actualisation des modules e-learning.
- Composante géographique : les TICE réduisent à néant les frontières temporelles et géographiques en matière de formation.

2. Architecture de dispositif e-learning

Un dispositif digital learning est un dispositif présentant plusieurs niveaux :

- Un support de diffusion qui peut être un intranet ou un extranet ; l'apprenant s'y connecte pour entrer sur le dispositif.
- Une plateforme LMS ou LCMS chargée de gérer, comme nous le verrons plus loin, le catalogue de formation, les parcours apprenants, les résultats des évaluations, les groupes d'apprenants, l'accompagnement à distance.
- Une offre de formation sous forme de grains pédagogiques (structurés ou non) ou de parcours répondant à des objectifs pédagogiques précis.

Pour résumer, les apprenants se connectent au support de diffusion, s'inscrivent ou se connectent à la plateforme via le système d'identification prévu, et suivent leurs parcours de formation. Ils interrompent et reprennent leurs cours lorsqu'ils le souhaitent. Les parcours et les scores sont mémorisés.

Le schéma ci-dessous représente sommairement un dispositif e-learning :

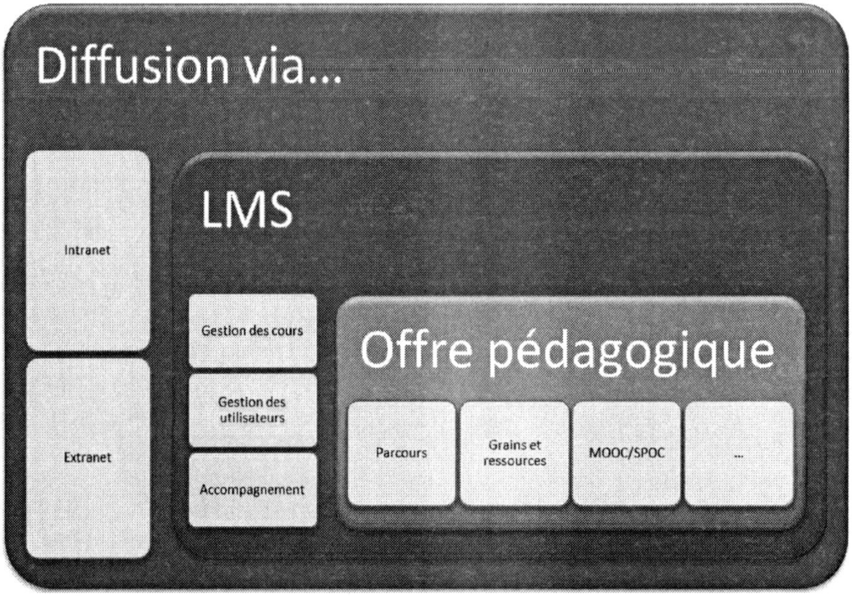

F. Propos du livre

1. À qui est destiné ce livre ?

Cet ouvrage est destiné à toute personne appelée à travailler sur un projet digital learning.

Issus du secteur de la formation, des RH, formateur indépendant, à vous également qui travaillez dans le multimédia et êtes appelé à participer à un projet de formation à distance : autrement dit, responsables de formation, formateurs, développeurs multimédia, vous trouverez dans ce livre, en tout cas nous l'espérons, ce dont vous avez besoin pour comprendre le périmètre des projets e-learning et pour acquérir le savoir-faire nécessaire pour participer efficacement à un projet de déploiement de dispositif hybride, au niveau pédagogique et/ou au niveau technique.

Quinze ans de consultance digital learning m'ont amenée à travailler sur beaucoup de projets, petits ou grands, pour des entreprises ou des institutions, en France et à l'international. Ce livre n'a d'autre ambition que de vous faire partager les fruits de cette expérience riche et variée, peut-être de vous éviter quelques erreurs dans la conception du projet, erreurs ayant potentiellement des conséquences budgétaires importantes eu égard à l'envergure et à la transversalité des projets digital learning en général.

2. Propos

L'objectif de cet ouvrage est de détailler les étapes principales d'un projet digital learning et d'en appréhender l'environnement, un des éléments clés de ce type de projet étant la transversalité.

- La première partie aborde le concept de projet de blended learning : quelles sont les étapes du projet, comment cadrer le périmètre du projet ? Quelle part de formation proposer à distance ?
- La deuxième partie présente le socle technique des dispositifs hybrides : comment choisir la plateforme ? Quelles fonctionnalités peut-on attendre ? Quels sont les points de vigilance important ?
- La troisième partie aborde le thème des contenus pédagogiques : Faut-il les acheter ou les produire ? Comment les sélectionner dans le cas d'un achat ? Comment les concevoir et les produire dans le cas d'un développement spécifique ?
- La quatrième partie traite de la composante « accompagnement » et présente les rôles et missions des tuteurs dans les dispositifs hybrides ainsi que les outils utilisés pour le suivi des apprenants.
- La cinquième partie présente l'environnement du projet : la phase pilote, le déploiement du dispositif ainsi que la communication. Les éléments budgétaires y sont également abordés.

3. Approche proposée

Nous avons décidé de vous proposer une approche projet afin que vous puissiez concrètement suivre toutes les étapes de la mise en place d'un projet digital learning : analyse - environnement technique - composantes pédagogiques - accompagnement - déploiement.

Qu'appelle-t-on projet exactement ?

On appelle « projet » une entreprise temporaire mise en œuvre en vue de créer un produit ou un service unique. Tout projet est donc caractérisé par une date de début et une date de fin, et par l'unicité du produit ou service finalisé. Les projets répondent aux demandes qui sortent du cadre du fonctionnement opérationnel de l'entreprise.

La durée et la quantité de ressources mises en œuvre pour la réalisation d'un projet sont variables : de quelques semaines à plusieurs années. De la même façon, une équipe projet peut impliquer quelques personnes ou des dizaines, voire des centaines.

Il s'avère donc très vite nécessaire de coordonner les actions, les ressources, de suivre un planning, d'identifier les risques et de les gérer, de suivre les étapes du projet, de mettre en place des indicateurs...

Chaque projet est cadré en termes de délai, de budget, de ressources, d'objectifs : c'est cela qui en définit le périmètre.

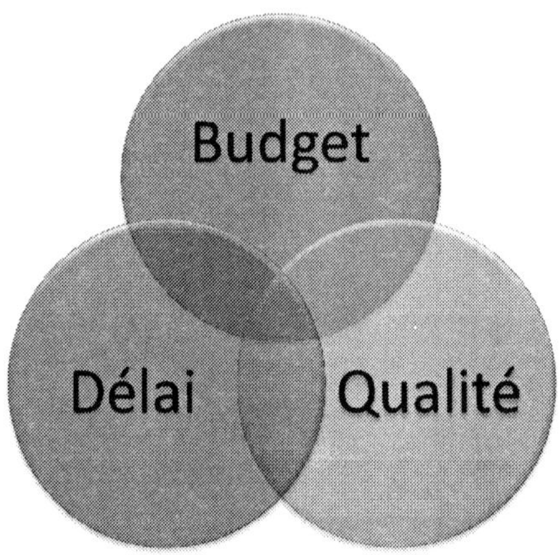

4. Ateliers proposés

Deux ateliers (étude de cas) vous sont proposés tout au long de cet ouvrage, qui vous permettront selon votre profil préférentiel, de vous mettre véritablement en situation de suivre un projet digital learning.

Tous les éléments de réponse vous seront fournis à la fin du livre dans la partie « Atelier ».

Étude de cas 1 :

Vous êtes responsable de formation dans une PME et devez lancer un plan de formation hybride à destination des commerciaux de l'entreprise, dispersés en Europe. Vous devez dispenser une formation sur un nouveau produit lancé par votre entreprise, en avance sur ses concurrents.

Étude de cas 2 :

Vous êtes Consultant Formateur Indépendant ou vous dispensez des formations sur les réseaux sociaux professionnels (utilité, méthodes, mode d'emploi). Tout le monde vous parle de digital learning. Vous voulez vous lancer mais vous ne savez pas par où commencer…

5. Remerciements

Je tiens tout particulièrement à remercier Jean Philippe Déranlot, Jean Marc Fayolle, Sébastien Fraysse, Madeleine Flanagan, Béatrice Lhuillier, Didier Mirey, Thomas De Praetere, Jacques Rodet, pour les témoignages experts qu'ils ont acceptés de fournir dans ce livre.

Partie 1
Le projet digital learning

Chapitre 1.1
Cadrer le projet

A. Introduction

L'objectif de cette première partie est de vous présenter concrètement un projet e-learning : comment commencer ? Quelles en sont les étapes ? Qui sont les acteurs de projet ? L'objectif est également de vous montrer comment choisir une solution de digital learning parmi d'autres solutions de formation, en toute connaissance de causes.

À l'issue de cette partie, vous saurez dans quel cas intégrer l'e-learning dans un dispositif de formation hybride, comment gérer un projet, quels sont les facteurs clés du succès d'un projet digital learning et comment composer le mix formation.

Cette partie passe aussi en revue les différentes étapes et les livrables d'un projet e-learning, et vous donne un aperçu des acteurs et de leur rôle dans un projet.

B. Cadrer le projet

Nous allons dans cette première étape cadrer le projet, en fixer le périmètre en termes de cible, d'objectifs, de résultats attendus. Tout cela sera formalisé dans le premier document de référence que constitue la note de cadrage.

L'objectif de ce document est de rendre le projet compréhensible par tous et de permettre à tous les acteurs de parler de la même chose pour travailler dans la même direction vers la poursuite des mêmes objectifs. Ce document peut également établir des règles de fonctionnement, une organisation du projet.

1. Dispositif de formation hybride

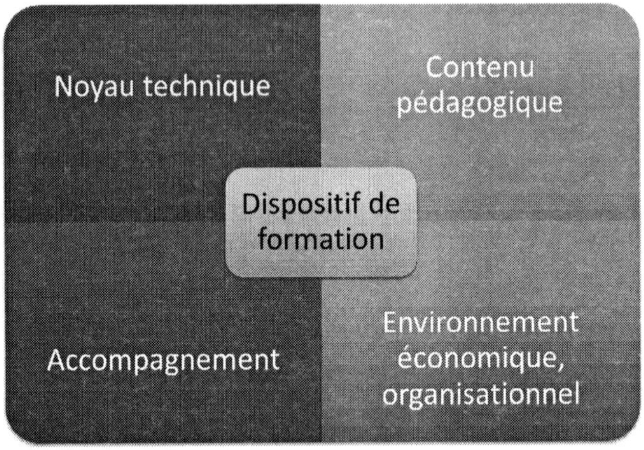

Qu'appelons-nous dispositif de formation hybride ?

- Le dispositif mis en œuvre l'est dans un environnement économique (celui de l'entreprise ou de l'institution) et organisationnel : le projet de digital learning s'appuie sur une équipe organisée (ou pas).
- Le projet de digital learning s'appuie sur un noyau technique déjà en place, ou à mettre en place : le LMS s'intègre en général dans un système d'informations préexistant et défini par des options techniques, des contraintes et des moyens alloués à ce noyau technique. Le Learning Management System (LMS) est chargé de gérer les contenus, les utilisateurs, nous y reviendrons.
- Le contenu pédagogique qui sera proposé sur ce noyau technique comprend une multitude de ressources media, e-learning organisées et structurées en cours ou en parcours. Ce contenu peut être acheté ou/et fabriqué.
- L'accompagnement qui est associé à ces parcours peut être présentiel ou distant, synchrone ou asynchrone, proposer différents outils pour communiquer et échanger avec les apprenants.

2. Définir les besoins

L'entreprise qui décide de s'engager dans la mise en œuvre d'un projet de digital learning entend répondre à un besoin, plus ou moins clairement exprimé.

Par quoi commencer ?

Qu'est-ce qu'un besoin ? Une étude de besoin est parfois menée en réaction à une situation déficiente ou ressentie comme telle, ou suite à un état des lieux qui dégage la présence de points à optimiser. On cherche alors ce que devrait être la situation idéale corrigeant l'état défectueux indésirable.

L'écart significatif entre la situation actuelle non satisfaisante et la situation souhaitée définit les besoins à satisfaire.

Quels sont les besoins auxquels répond un dispositif de formation ?

Pour analyser les besoins, vous allez essayer de déterminer l'écart qui existe entre les moyens pédagogiques existants et les moyens pédagogiques nécessaires pour atteindre l'objectif fixé.

Dans cette analyse, vous vous apercevrez par exemple que :

- L'entreprise éprouve des difficultés à transmettre certaines connaissances avec les moyens traditionnels : ces difficultés peuvent être dues à des questions de public, de temps, de planning, de dispersion géographique...
- L'entreprise a échoué avec certains contenus de formation : la formation dispensée n'a pas été efficace, les compétences ne sont pas acquises par les apprenants, certains savoir-faire auraient avantage à être enseignés autrement.
- L'entreprise ne dispose pas d'expertises adéquates ou disponibles pour transmettre les compétences visées.
- L'entreprise souhaite innover dans sa politique de formation et moderniser son image.
- Il existe un dysfonctionnement auquel le digital learning pourrait répondre favorablement : coûts de formation trop élevés, difficulté à réunir les stagiaires en présentiel, formation à diffuser à un grand nombre d'apprenants dispersés, formation à diffuser dans un délai très court
- L'entreprise désire revoir la politique de formation.
- L'entreprise souhaite faire des économies sur son budget formation.

De ces constats et des pistes d'optimisation dégagées, une question se pose : l'introduction de digital learning va-t-il régler le problème constaté ?

3. Définir les objectifs du projet

Pour analyser puis formaliser la demande, vous étudierez les points suivants :

a. La problématique de l'entreprise

Les problématiques d'une entreprise et les objectifs fixés au digital learning peuvent être :

- Réduire les frais d'hébergement et de déplacement des stagiaires et des formateurs.Il est vrai que les coûts de diffusion d'une formation via un dispositif hybride ou à distance sont inférieurs au coût de diffusion d'une formation présentielle. Par contre les coûts de lancement de projet sont largement supérieurs dans le cas de dispositifs hybrides ou à distance. Nous passons d'une logique d'exploitation à une logique d'investissement avec le digital learning.

- Améliorer son image : le digital learning fait aujourd'hui partie intégrante des dispositifs de formation. Les apprenants, de plus en plus nombreux à avoir testé l'e-learning, si l'on en croit toutes les études sur le sujet, le plébiscitent pour ses qualités, en regrettant parfois un manque de contact humain (si l'accompagnement n'est pas à la hauteur de l'enjeu).
- Être plus efficace : mieux gérer les compétences de son personnel ? Le digital learning est loin d'être la solution miracle à toutes les problématiques de formation. Par contre, la mise en œuvre d'un projet de digital learning « oblige » mécaniquement l'entreprise et son service formation à (mieux) formaliser certains éléments pour qu'ils soient disponibles et accessibles sur la plateforme : catalogue de formation, objectifs pédagogiques des parcours, programme des cours, modalités proposées, supports de cours...

  Rappelons toutefois que toutes les études réalisées sur l'efficacité de telle ou telle modalité de formation nous rappellent depuis 15 ans que la formation à distance est tout aussi (in)efficace que la formation présentielle.

b. L'apprenant au centre du dispositif

Depuis la préhistoire du e-learning, on parle d'un apprenant au centre des dispositifs : individualisation des apprentissages, souplesse des modalités, gestion des prérequis...Tout cela concourt à placer l'apprenant au centre des dispositifs et à mieux répondre à sa demande de formation. Mais nous sommes malgré tout restés très longtemps dans des dispositifs "top-down", verticaux, où le formateur, à travers le LMS, dispense le savoir à un apprenant qui le reçoit. Aujourd'hui nous avons véritablement changé de paradigme, avec entre autres l'avènement des réseaux sociaux et autres MOOC : le contenu, l'information est disponible partout, en temps réel et gratuitement. Formateurs et apprenants sont aujourd'hui dans des dispositifs horizontaux basés sur le collaboratif, l'échange. Le formateur ou enseignant via un dispositif hybride est un coach, un guide chargé d'apporter de la valeur ajoutée au contenu mis à disposition. L'apprenant, et pas seulement les générations Y, a intégré le numérique dans sa façon de vivre, de travailler et d'apprendre.

Par ailleurs cet apprenant 2.0 est nomade, multi-support et beaucoup plus exigeant qu'auparavant en matière de formation. L'offre de formation doit donc s'adapter à cette demande devenu mature au fil des années.

Définir la cible à laquelle on s'adresse est un des points essentiels, étant donné le fort taux d'abandon naturel des dispositifs à distance d'une part, et les difficultés et contraintes techniques rédhibitoires de certaines modalités proposées dans de mauvaises conditions d'autre part.

Posez-vous les questions suivantes pour mieux adapter votre projet à vos apprenants :

- Quel est le nombre de personnes à former ?
- Les apprenants sont-ils géographiquement dispersés ?
- Le public est-il prêt à se former ?
- A-t-il été correctement informé, est-il motivé ?
- Les apprenants perçoivent-ils l'utilité de la formation ?
- En connaissent-ils les objectifs ? Les apprenants savent-ils ce que l'on attend d'eux ?
- Quel est le niveau d'autonomie des apprenants ? Plus le niveau d'autonomie est important, plus les solutions d'e-learning seront efficaces.

Pour ce qui concerne le nombre de participants et le lieu d'enseignement, demandez-vous si le taux de participation est suffisant pour justifier les investissements nécessaires à une formation en ligne.

c. Existant formation

Le projet répond à un écart entre une situation actuelle à améliorer et une situation désirée.

Il est donc essentiel de savoir d'où on part en termes de formation pour savoir vers où on peut aller...

- Quelle est la politique de formation : le budget, les domaines de formation, les métiers concernés, la politique de gestion de compétences, etc.
- Quelle est l'infrastructure de formation : existence d'un centre interne de formation, centres de ressources, recours à des formateurs permanents ou occasionnels ?
- Quel est l'existant e-learning : historique e-learning, présence d'un LMS, réalisation de didacticiels (thèmes/publics), stratégie de production, ressources internes disponibles ?
- Quelles sont les ressources pédagogiques dont vous disposez pour réaliser la transposition de vos formations présentielles en blended learning ?
- Le plans de cours, supports de cours, objectifs pédagogiques, programme des formations sont-ils tous formalisés au sein de votre cellule pédagogique ?

d. Existant hybride

Vous partez peut-être d'un existant en matière de dispositif hybride. Vous souhaitez améliorer, développer, ou mettre à jour votre dispositif.

Dans ce cas-là, et avant de vous lancer dans un nouveau projet qui vous engage pour des mois ou des années, il est essentiel de se baser sur les retours d'expériences que vous avez effectués (formateurs et apprenants via les enquêtes de satisfaction).

e. Contenu pédagogique

Vaut-il mieux adapter un enseignement existant ou bien en développer un de toute pièce ?

- Quelle est la popularité des cours ? Un cours qui bénéficie d'une large audience représente plus d'intérêt pour la formation à distance qu'un cours qui intéresse peu de monde.
- Type de contenu : certains sujets peuvent être peu propices au digital learning, alors que d'autres s'y prêtent mieux.
- Quelles sont les ressources que vous souhaitez migrer vers la formation à distance ?
- De quel budget et de quelles ressources humaines disposez-vous pour ce projet ?

> *Pour démarrer la formation à distance, il peut être judicieux de sélectionner un thème de formation bien rodé, que l'entreprise maîtrise parfaitement et qu'il sera aisé de transposer en formation à distance, un thème également transversal pour lequel le volume d'apprenants est important.*

f. Modalités de formation

Le digital learning constitue une solution de formation qui vient en complément du présentiel, mais comment combiner les deux sur un parcours de formation ?

Nous aborderons en détail ce sujet dans le chapitre suivant mais il vaut mieux commencer par se poser les bonnes questions :

- Les ressources que vous allez injecter dans le dispositif serviront-elles essentiellement à apprendre, à réviser, à mettre à jour des connaissances, à s'évaluer, à proposer des travaux collaboratifs... ?
- Comment souhaitez-vous accompagner les apprenants dans la formation ? L'accompagnement se fera-t-il en présentiel, en distanciel ?

C. Avantages et inconvénients

Quels sont les avantages et les inconvénients d'un dispositif de formation hybride ?

Ils sont aujourd'hui relativement bien connus, autant en avoir conscience en démarrant le projet.

1. Avantages

Que permet le digital learning par rapport à la formation traditionnelle ?

Une solution e-learning :

- permet d'apporter une formation au moment opportun : en effet, l'entreprise peut concevoir et réaliser des programmes de formation pour les utiliser à un moment bien précis, le moment où les enseignements sont requis.

- Offre une formation souple en termes de lieu et de temps d'apprentissage : l'apprenant peut choisir le lieu et le moment de l'apprentissage. Le digital learning propose un large éventail de possibilités : l'apprenant peut se former dans une classe, un bureau, un centre de ressources ou à la maison. L'apprenant peut également choisir le moment de sa formation : en dehors du travail, dans le temps de travail, sur une période planifiée ou non, juste avant d'avoir à utiliser les compétences couvertes par le cours.
- Réduit les coûts de formation. L'entreprise qui choisit le digital learning réduit les coûts de formation (en particulier les frais d'hébergement, de déplacement des formateurs et stagiaires). Il faut bien sûr relativiser cette réduction des coûts en tenant compte de l'importance des frais de développement et de déploiement des dispositifs de digital learning.
- Uniformise et personnalise l'apprentissage : avec des solutions de formation à distance, il est possible de former les salariés des entreprises dispersés géographiquement, de multiplier les stratégies pédagogiques pour les adapter à l'apprenant, de localiser les contenus pour les contextualiser.
- Accélère l'apprentissage et permet une diffusion simultanée : un cours peut être diffusé simultanément sur des centaines, voire des milliers de postes de travail. De plus, la durée de formation est réduite, on considère en effet que le temps de formation à distance est largement réduit par rapport à la formation présentielle.

En d'autres termes, le digital learning :

- minimise le temps passé hors du lieu de travail,
- touche plus de collaborateurs en moins de temps,
- rend l'apprentissage plus rapide,
- diminue à long terme les coûts de formation par apprenant,
- permet une plus grande flexibilité : chacun suit à son rythme et selon un parcours choisi,
- accroît l'accessibilité de la formation,
- touche les apprenants par la technologie,
- s'appuie sur la capacité d'auto-formation et d'autonomie des apprenants.

2. Inconvénients

Examinons maintenant les principaux inconvénients des dispositifs à distance et hybrides :

- L'e-learning est dépendant de contraintes techniques qui peuvent être bloquantes : la bande passante des postes clients peut être limitée par exemple, ce qui génère une exécution plus lente des éléments multimédia ou bien l'impossibilité de proposer des classes virtuelles, le processus d'apprentissage peut s'en trouver pénalisé.

- Absence de contact humain : le formateur n'est pas présent avec les apprenants et ne peut donc pas jouer le rôle d'animation, de support, d'accompagnement qui lui incombe au cours d'une session de formation présentielle. Ceci est une question récurrente posée par les formateurs et les apprenants. La meilleure solution digital learning se trouve souvent dans un dispositif mixte présentiel/distanciel, appelée dispositif hybride.
- Manque d'interactivité : trop souvent, les cours e-learning ressemblent à des livres transposés en ligne, simples « tourne-pages » très peu attractifs pour l'apprenant et très peu efficaces pédagogiquement. Le travail de conception pédagogique et multimédia est essentiel, nous le verrons, pour obtenir un produit de qualité. L'innovation doit être pédagogique, la pédagogie doit pouvoir profiter de toutes les technologies mises à disposition de tous.
- Investissement initial important : le développement de produits de qualité nécessite du temps et des ressources, donc un budget conséquent surtout en début de projet. L'entreprise s'engage dans un projet de ce type pour plusieurs années, il est donc impératif de bien en fixer le périmètre pédagogique et technique, et d'envisager le déploiement du projet par étapes successives.
- Taux d'abandon : le taux d'abandon est souvent assez élevé dans les dispositifs à distance ; surtout si ces dispositifs ne proposent pas d'accompagnement et/ou de périodes de regroupement.

Le digital learning est-il adapté à toutes les formations ? Peut-être pas, mais il est souvent le complément idéal des formations traditionnelles.

Le digital learning avantage tout le monde : les salariés y trouvent un moyen de développer leurs compétences rapidement et simplement. Les entreprises y trouvent le moyen de développer leur capital-savoir de manière rapide et efficace, avec un meilleur rendement sur l'investissement.

Nous sommes aujourd'hui entrés dans une période où les offres et les demandes de services et de prestations sont plus matures, résultats d'expérience passées plus ou moins réussies. Les exigences de qualité prennent le pas sur les demandes technologiques, et c'est tant mieux !

Les avantages et les inconvénients du digital learning sont identifiés. Voyons maintenant quels sont véritablement les enjeux et les risques de ce type de solutions.

D. Enjeux et risques

Les enjeux des projets de mise en place de formation blended sont à la fois stratégiques, économiques, technologiques et pédagogiques, et cela tient essentiellement aux composantes de ce type de projet qui implique plusieurs services ou départements de l'entreprise aussi divers que les RH, l'informatique, la communication, le service financier, le service qualité...

1. Enjeux

Le développement des compétences et la formation sont devenus des axes stratégiques majeurs pour les entreprises. En effet, le savoir, les compétences permettent aux entreprises d'acquérir des avantages compétitifs importants.

Ainsi, le défi à relever est énorme et se situe dans le développement constant des compétences dans un contexte hautement concurrentiel, quel que soit le secteur d'activité.

De plus, le digital learning n'est pas simplement la transposition de la formation présentielle à l'écran. La mise en place d'un dispositif hybride implique la gestion de nouvelles dimensions :

- Individualisation de la formation : le formateur, tuteur ou coach, quel que soit le nom qu'on lui donne, s'adresse à des individus et non plus à des groupes d'apprenants réunis dans un même lieu et en même temps.
- Multiplicité de modalités : les technologies sont là, à disposition, riches et multiples. Comment en faire un bon usage pédagogique ?
- Multi-supports : l'apprenant nomade se forme aujourd'hui aussi bien sur PC que sur tablette ou smartphone. Or les dispositifs et contenus déployés ne sont pas forcément portables d'une configuration à l'autre.
- L'information est devenue matière première et constitue une valeur ajoutée essentielle pour l'entreprise. Les compétences, connaissances, savoirs et savoir-faire doivent pouvoir être acquis très rapidement, et le digital learning a un rôle très important à jouer dans ce sens-là.
- La mobilité géographique et professionnelle des personnes, les adaptations stratégiques des entreprises rendent de plus en plus nécessaire la formation et la diffusion rapide des formations.

On le voit, le digital learning répond à des enjeux décisifs pour l'entreprise.

Mais il est également important d'identifier les risques de ce type de formation, pour mieux les maîtriser.

2. Risques

Voyons maintenant quels sont les risques à gérer pour ne pas aboutir à l'échec d'un projet digital learning :

- Mauvaise préparation : trop de projets sont vite et mal préparés sans que les ressources et les budgets prévus soient suffisants pour répondre aux exigences du projet : il est essentiel de savoir évaluer le coût d'un projet et toutes ses implications en termes de ressources matérielles, logicielles, humaines.
- Taux d'abandon plus élevé que dans la formation traditionnelle : cela est prévisible, il est donc nécessaire de préparer un accompagnement adéquat, dès la phase de conception pédagogique et technique.
- Méconnaissance des TIC et des TICE : il faut bien connaître la culture de l'entreprise. Si les futurs apprenants ne savent pas manipuler Internet et les ordinateurs, ils seront rapidement découragés et abandonneront avant la fin.
- Non-implication des acteurs : nous le verrons plus loin, un dispositif digital learning implique beaucoup d'acteurs dans l'entreprise, il faut en être conscient et motiver les acteurs très tôt dans le projet.
- Temps d'acquisition des solutions : ce temps peut être assez long surtout si l'entreprise démarre dans le digital learning, il vaut mieux ne pas sous-estimer ce temps-là.
- Limites du parc et de l'infrastructure informatique : une estimation précise des configurations de postes clients est nécessaire pour éviter que les apprenants butent sur des contraintes techniques. Le nomadisme des apprenants rend plus difficile la gestion de ces contraintes techniques.
- Manque de ressources expertes : l'estimation de ressources existantes et nécessaires est essentielle : il ne faut pas hésiter à faire appel à des professionnels, le digital learning est un métier qui demande des compétences mixtes en pédagogie et en multimédia.
- L'e-learning est trop souvent considéré comme un moyen de glissement de la responsabilité de l'apprentissage vers l'apprenant. Le présentiel est considéré comme une meilleure approche méthodologique, d'où la nécessité d'accompagner le changement. La résistance au changement peut bloquer ou freiner les projets de déploiement.

E. Contraintes techniques

Votre dispositif de formation hybride va certainement s'intégrer dans un système d'information existant avec ses contraintes, il faut donc s'adapter aux choix qui ont été faits par la Direction Informatique.

Il est important de tenir compte de ces contraintes techniques dès le début du projet :

- Type de connexion Internet : la population à former bénéficie-t-elle d'une qualité de connexion suffisante pour accéder aux ressources dans de bonnes conditions ?

- Supports matériels : les entreprises s'équipent de plus en plus en tablettes, également plébiscitée sur un plan privé. Or la plupart des modules e-learning aujourd'hui déployés le sont au format Flash, format qui n'est pas lu par les supports Apple : ceci n'est qu'un exemple de contrainte technique.
- Comment sont équipés les postes cibles : carte son, webcam, casque... ?
- Comment le digital learning va-t-il impacter la bande passante ? Comment économiser cette bande passante si elle s'avère insuffisante ou sous-dimensionnée ?
- Comment le LMS doit-il s'interfacer avec le système d'information existant ? Sera-t-il possible par exemple de récupérer les annuaires utilisateurs pour les importer dans la plateforme ?
- Hébergement interne, externe : quelle est la solution d'hébergement choisie par la Direction des Systèmes d'Information (DSI) ?
- Quel est le choix de l'entreprise en termes de langage et de solution technique : open source, propriétaire ?
- Quelle est la politique de sécurité de l'entreprise ? En matière d'affichage web (JavaScript et pop-up bloqués par exemple) ?
- En matière de support technique et de maintenance applicative, comment fonctionne l'entreprise ?

En tout état de cause, la DSI de l'entreprise doit très tôt être impliquée dans la préparation du projet.

Le meilleur conseil à donner ici est certainement d'opter pour une solution technique souple, évolutive, simple, bien dimensionnée.

F. Stratégie

1. Quelle stratégie adopter ?

a. Les défis

Pour les entreprises, l'enjeu est très important : il s'agit de bien choisir la politique de développement des compétences, en maîtrisant les coûts, et en étant le plus efficace possible.

Le digital learning ne constitue pas la solution miracle à toutes les questions et problématiques en matière de formation. C'est simplement un outil supplémentaire.

Les défis à relever sont nombreux :

- L'entreprise doit sans cesse augmenter ses performances et pour ce faire, de plus en plus de personnes doivent pouvoir accéder à la formation pour développer leurs compétences. La production et la diffusion des formations doivent être rapides.

- Impératif qualité : il faut aussi bien sûr penser à mesurer l'efficacité de la formation. Le meilleur résultat réside dans l'augmentation des performances globales de l'entreprise grâce à la montée en compétences des individus.
- L'environnement change : pour qu'une stratégie de formation soit efficace, il est plus intéressant de la penser en termes de gestion de développement des individus plutôt qu'en termes de consommation de cours.
- Capital formation : les nouvelles lois sur la formation professionnelle permettent ou permettront aux apprenants que nous sommes de garder l'historique des formations suivies et de les capitaliser. Les certifications seront de plus en plus importantes dans la demande de formation. La récente mise en place en France du compte individuel de formation attaché à une personne tout au long de sa vie, va favoriser la recherche de formations certifiantes et diplômantes, qui viendront ajouter de la valeur au CV des apprenants. Nous sommes véritablement entrés aujourd'hui dans une ère où la personne va pouvoir se former tout au long de sa vie et apporter la preuve de ses acquisitions de savoirs et de compétences.

b. L'utilité pédagogique du digital learning

À quoi peut servir exactement le digital learning dans un dispositif de formation ? La question doit être posée en tout début de projet. Voici quelques réponses.

Grâce au e-learning, vous pouvez par exemple :

- réaliser une mise à niveau des apprenants au début d'un cours en face à face,
- apporter la théorie nécessaire avant une mise en pratique en présentiel,
- effectuer un suivi ou une actualisation des connaissances apportées par une formation classique,
- proposer un complément à la formation classique,
- proposer des témoignages d'experts ou de personnes qualifiées, des retours d'expérience sur des savoir faire,
- proposer un espace de formation informelle (social learning) d'échanges et de collaboration entre pairs, ou/et entre pairs et tuteurs.

c. Les bonnes questions

Avant d'introduire l'e-learning dans votre dispositif de formation, posez-vous les bonnes questions.

- Pourquoi mettre telle formation à distance ? Quel est le plus apporté par rapport à la formation traditionnelle ?
- Comment mettre en place un dispositif de formation à distance ? Et sous quelle forme ?
- Avec quel accompagnement ? Quel sera le rôle du tuteur à distance dans ce cours ? Quel sera le rôle de la plateforme ? Souhaitez-vous par exemple réaliser un tracking (suivi de l'historique) des apprenants ?
- Pourquoi et comment utiliser tel ou tel outil ? Pourquoi utiliser par exemple des outils de visioconférence ? Est-ce bien utile ?
- Qu'apporte telle ou telle modalité au contenu pédagogique ?

2. Estimation budgétaire

a. Évaluation

La question récurrente de votre service financier sera toujours la même : la formation à distance améliore-t-elle la productivité et sera-t-elle moins chère que la formation traditionnelle ?

Pour calculer le coût d'un dispositif e-learning, il faut commencer par se demander :

- Le sujet a-t-il déjà été traité ? Sous la même forme ou sous une autre forme ? Peut-on utiliser un contenu déjà prêt tel quel, ou bien en l'adaptant ?
- Quel niveau d'interactivité souhaite-t-on ? Le niveau de complexité multimédia augmente le coût de production mais accroît l'efficacité pédagogique.
- De quelles ressources multimédias dispose-t-on ? Faites un inventaire précis des ressources existantes et nécessaires.
- Maintenance : quelle sera la fréquence de mise à jour des cours ? Le contenu sera-t-il ou non rapidement obsolète ?
- Ressources : quelles sont les ressources (pédagogiques et techniques) nécessaires à la maintenance et à l'actualisation des parcours ?
- Accompagnement : un dispositif sans accompagnement est quasiment voué à l'échec. Quel accompagnement proposez-vous et quel en est le coût ? Quelle est la fréquence des périodes de regroupement, quel est le rôle des tuteurs...

Pour évaluer le coût d'un dispositif, vous devez intégrer le prix du développement de la solution, le coût de déploiement et le coût de maintenance/mise à jour.

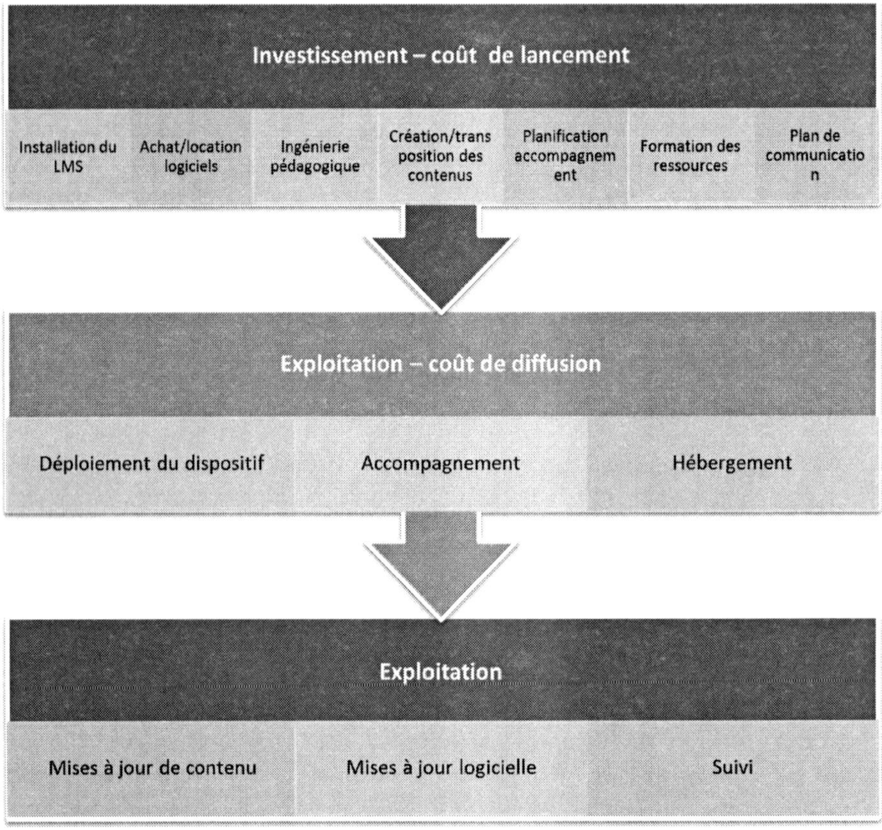

Sachez que globalement, par rapport au présentiel, le coût de développement est supérieur, mais le coût de diffusion est moindre.

b. Économisez

Quelques conseils pratiques pour ne pas dépenser inutilement.

- Développez en premier des contenus/cours qui répondent aux besoins les plus importants : par exemple développer les cours qui prennent le plus de temps aux formateurs, le plus de temps aux apprenants, qui coûtent le plus cher en présentiel, plutôt que d'opter pour les cours qui sont les plus faciles à créer.
- Prenez le temps de faire votre marché avant de choisir un grand nom et un grand prix.
- Prenez des conseils, le digital learning est un métier. De plus les offres de prestation digital learning ont envahi le marché proposant prestations, solutions, produits, il est parfois difficile de s'y retrouver. L'accompagnement d'un consultant de métier peut vous faire gagner du temps, de la qualité et vous éviter de perdre de l'argent par une mauvaise estimation des besoins ou un mauvais choix de solutions.

G. Étude de cas 1

1. Données

Votre entreprise lance un nouveau produit et souhaite que les commerciaux soient formés à ce produit très rapidement pour prendre de vitesse la concurrence.

La formation à un nouveau produit est habituellement dispensée en une journée en face à face.

Vous avez une équipe de trois formateurs dont un qui a déjà pratiqué le tutorat chez un employeur précédent.

Vous n'avez pas de ressources techniques.

Il n'y a pas de comité de pilotage.

L'objectif général de la formation fixé par la Direction est que les commerciaux sachent vendre ce nouveau produit.

Aucune plateforme n'est installée.

Les apprenants utilisent les TIC de façon professionnelle et sont dispersés géographiquement en Europe.

2. Instructions

Votre responsable vous demande de l'accompagner à une réunion de sensibilisation au e-learning dans laquelle toutes les directions de l'entreprise seront représentées.

Votre responsable vous demande également de préparer le cadre du futur dispositif de formation à distance.

Vous devez proposer un cadre de travail au projet pour tous les acteurs qui y seront impliqués : définir un planning, des objectifs, une organisation projet, déterminer les résultats attendus.

Vous préparez une réunion de présentation dans laquelle vous allez défendre le choix du blended learning.

Avec les données dont vous disposez, définissez le périmètre du projet, préparez la note de cadrage pour ce projet.

H. Étude de cas 2

1. Données

Vous êtes Consultant Formateur Indépendant.

Vous réfléchissez à l'introduction de blended learning dans vos formations, mais pour l'instant vous n'avez pas beaucoup de compétences en la matière, vous vous documentez et vous vous renseignez mais vous êtes plutôt en mode « découverte ».

Vous ne disposez pas de plateforme.

Vos cours sont structurés, vos supports d'animation sont bien conçus, vos supports de cours sont numérisés.

Il y a une partie pratique importante dans vos deux jours de formation présentielle.

2. Instructions

Vous allez vous tourner vers un consultant digital learning pour vous accompagner dans cette démarche qui va modifier votre activité professionnelle.

Avec les données dont vous disposez, définissez le périmètre du projet, préparez la note de cadrage pour ce projet.

Chapitre 1.2

Composer l'hybridation

A. Introduction

Les dispositifs de formation hybrides sont des dispositifs de blended learning, où se mêlent modalités à distance et modalités présentielles, mais dire ceci ne suffit pas à montrer la variété des possibilités. Les technologies aujourd'hui à notre disposition permettent de proposer aux enseignants et aux apprenants un éventail élargi d'outils et de contenus toujours plus interactifs et ludiques. La question que l'on peut se poser à ce stade pourrait être la suivante : si les technologies sont là, l'innovation pédagogique est-elle présente dans ces dispositifs hybrides ?

Le blended learning combine ainsi plusieurs dimensions espace/temps dédié ou non, méthodes synchrone/asynchrone, mode connecté ou déconnecté, le tout en proposant finalement à l'apprenant trois situations d'apprentissage (autonomie, collaboratif, tutoré).

Essayons d'y voir plus clair avec ce schéma qui se place du point de vue de l'apprenant : que lui propose-t-on ?

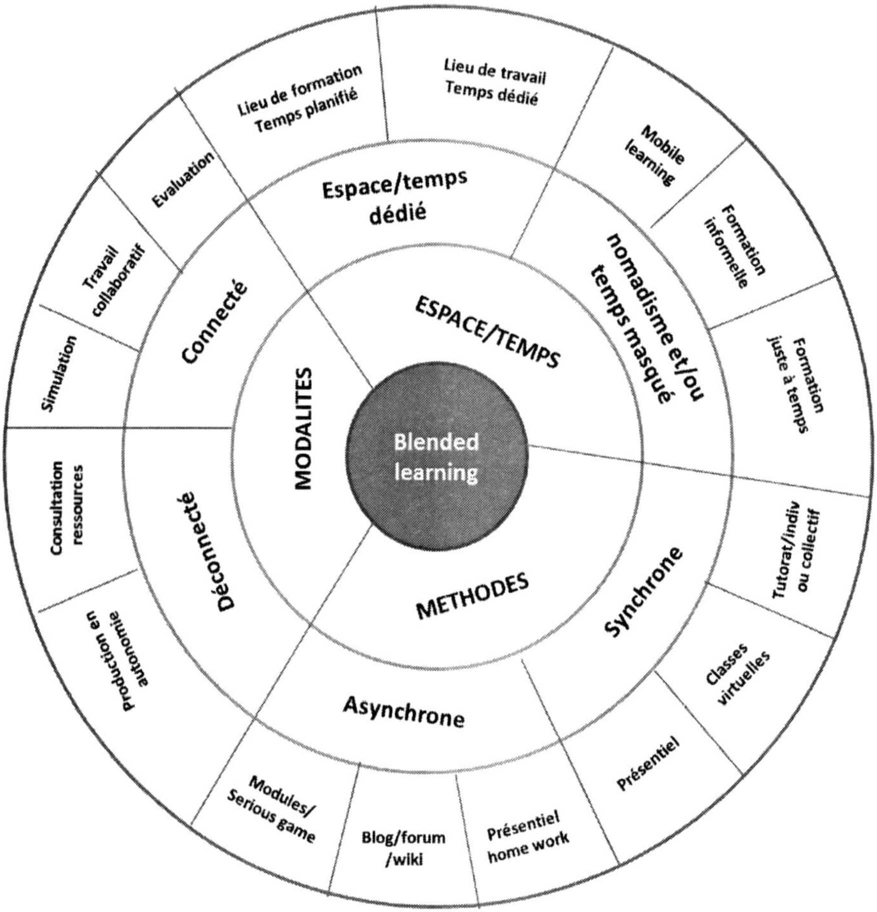

Passons en revue les trois dimensions principales.

B. Espace/temps

Vous pouvez intégrer une part plus ou moins importante de digital learning dans un dispositif de formation.

Les séances de regroupement peuvent se situer au début, au milieu ou à la fin du parcours de formation, être uniques ou multiples.

On a coutume de séparer ces deux dimensions espace/temps alors que la situation d'apprentissage dans laquelle l'apprenant se trouve va dépendre en réalité d'une autre question. Utilise-t-il du temps dédié (ou pas) à sa formation ?

L'apprenant peut soit se trouver :

- Dans un espace réservé ou pas à la formation (centre de ressources, domicile, poste de travail, centre de formation...) peu importe, mais sur un temps qu'il dédie complètement à son apprentissage.
- Dans un lieu qui peut également varier mais sur un temps qui a été planifié dans un parcours de formation : regroupement virtuel (classe virtuelle...) ou présentiel
- Dans pas mal de cas, nomadisme oblige, l'apprenant va se former lors de temps masqués qui n'apparaitront pas dans son agenda. Dans ce cas-là il décide de se former entre deux temps identifiés et marqués. La frontière entre les différentes plages s'estompe (temps de travail, temps de loisirs). Prenons le mobile learning par exemple : avec la généralisation des supports mobiles (tablettes, smartphone et futurs objets connectés...) l'apprenant peut se former n'importe où et surtout n'importe quand. Dans le cas de la formation informelle, les échanges entre pairs ou les questions réponses à un expert par exemple, il n'y a en général pas de temps dédié. L'entreprise propose un dispositif et l'apprenant l'utilise au gré de ses besoins. C'est également vrai pour la formation juste à temps, les grains pédagogiques vont être suivis au moment où on a besoin des compétences enseignées. La formation est alors plutôt considérée comme un prérequis de la tâche à réaliser.

C. Synchrone/asynchrone

L'émergence du digital learning a mis en évidence les notions de synchronicité et d'asynchronicité qui existaient déjà en présentiel.

1. Formation asynchrone

Cette méthode s'adapte aux disponibilités de l'apprenant. L'apprenant a accès à un ou des instruments qu'il utilise librement (vidéo, audio, texte...).

Le suivi des apprenants se fait en temps décalé, via des mails, des forums, des envois de documents.

Avec des outils asynchrones, les apprenants évoluent à leur propre rythme et naviguent librement sans être tenus par des rendez-vous ou des horaires de classes. Ils peuvent également revenir en arrière à leur guise, répéter certaines parties du cours à souhait...

2. Formation synchrone

La formation synchrone est caractérisée par une interaction directe. Elle se déroule en temps réel : apprenants et formateurs sont réunis dans une classe virtuelle en un temps donné et planifié.

L'exemple type est la classe virtuelle. Les TIC permettent de créer une classe traditionnelle avec des apprenants distants géographiquement. On retrouve alors les avantages de ce type de formation. Le formateur peut jouer son rôle d'animation, agir sur la dynamique du groupe comme il le ferait en présentiel, même si les contraintes techniques peuvent être pénalisantes....

Sans pour autant que ce soit exhaustif, vous trouverez dans le schéma ci-dessous des composantes potentielles pour chaque méthode, synchrone et asynchrone.

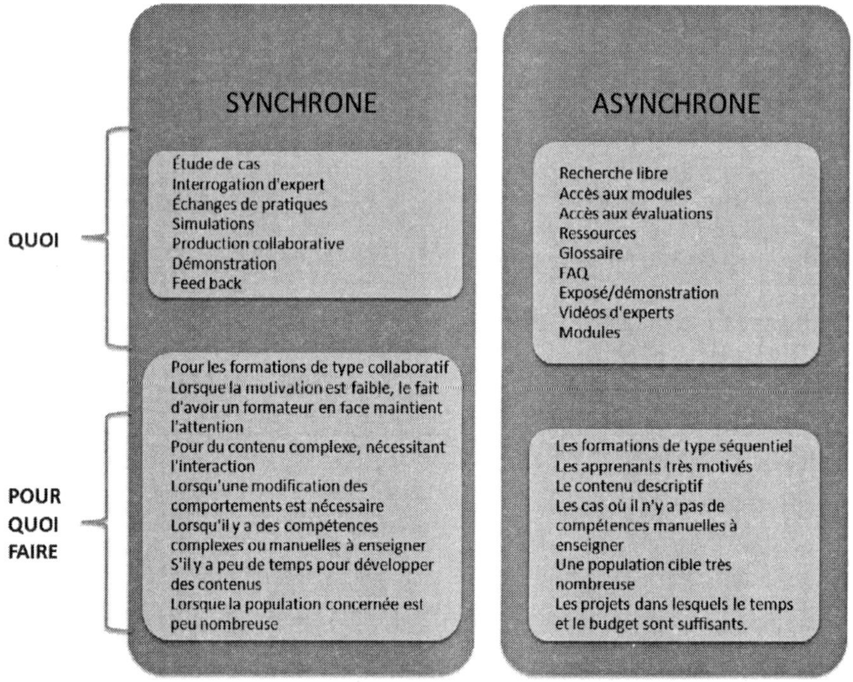

D. Connecté/déconnecté

L'apprenant peut être en ligne ou déconnecté de la plateforme, noyau technique du dispositif.

Il sera forcément connecté pour travailler en mode collaboratif par exemple, pour échanger avec ses pairs ou avec son tuteur, pour suivre des classes virtuelles.

Il pourra être déconnecté pour suivre des grains pédagogiques spécifiques, accessibles en mobile learning par exemple, pour consulter des ressources qu'il aura téléchargées, pour consulter des vidéos ou écouter des podcasts.

E. Situation de l'apprenant

Parallèlement à cette typologie, nous pouvons distinguer trois situations d'apprentissage avec des objectifs et des fonctionnements bien spécifiques.

L'apprenant peut être :

- en autonomie : il « picore » alors des grains pédagogiques à son propre rythme.
- tutoré/accompagné : il est en lien, en situation d'échange avec son tuteur, son coach en présentiel ou en distanciel pour des séances individuelles ou en groupe.
- en mode collaboratif : l'apprenant est alors connecté ou en face à face et participe à la réalisation de travaux, de mini projets collaboratifs. Il produit quelque chose, par oral ou par écrit, il agit sur son parcours d'apprentissage. Ses productions viendront éventuellement alimenter le contenu de formation et pourront être mises à disposition des apprenants suivants.

F. Composition du mix

La richesse des possibilités implique qu'il n'y a pas un seul mix possible pour un dispositif ou un parcours, mais de multiples possibilités.

Votre choix sera également guidé par des contraintes qui peuvent être de type :

- Techniques : cela peut être lié à la bande passante dédiée par exemple, ou aux configurations des postes clients, aux difficultés éventuelles de connexion des apprenants distants.
- Organisationnelles : disposez-vous de ressources suffisantes pour mettre en place un tutorat efficace ?
- La cible : qui sont vos apprenants, comment se comportent-ils par rapport à la formation à distance, que souhaitent-ils ? Il peut être intéressant de leur poser la question.
- Quels sont les objectifs de l'entreprise, de l'institution ou du formateur qui propose le dispositif ?

Avant de composer le mix, il vous faudra donc en premier lieu fixer les objectifs pédagogiques du ou des parcours, en connaissant vos contraintes et vos moyens.

1. Fixer les objectifs pédagogiques

Comme dans tout plan de formation, intégrant ou non le digital learning, il vous faudra détailler les objectifs principaux et spécifiques pour chaque parcours proposé.

L'objectif principal décrit une compétence qui doit être acquise en fin de formation et qui pourra être mise en œuvre en situation de travail dès la fin du cours.

Cet objectif principal est formulé en verbes d'action et répond à la question : de quoi doit être capable l'apprenant à la fin du parcours ?

Par exemple : vendre un produit, animer une réunion, utiliser un logiciel...

2. Qualité pédagogique

Elle est primordiale.

Beaucoup d'erreurs ont été commises dans le court passé du e-learning, erreurs dues à une mauvaise qualité pédagogique et à une surenchère technique inutile.

Ce qui constitue la valeur d'un produit pédagogique, fût-il multimédia, est le contenu et la scénarisation de celui-ci. Dans un module e-learning, il n'y a pas de formateur pour compenser le manque de contenu par de l'animation. Le contenu constitue la matière première d'un produit e-learning et le défi à relever dans l'avenir pour ce type de solution de formation se situe essentiellement dans la qualité pédagogique.

La technologie et le graphisme sont là pour servir le contenu, ils ne doivent pas l'occulter, le rendre illisible ou invisible.

La technique est là pour répondre à toutes les demandes, et elle joue son rôle. Le contenu doit répondre à des critères de qualité qui seuls, permettront aux apprenants de vraiment y trouver leur compte, et qui leur permettront également de considérer le digital learning comme une « vraie » solution de formation.

3. Accompagnement

L'accompagnement est un des facteurs clés du succès des projets digital learning. L'apprenant placé au centre du dispositif, ou bien en situation de formation informelle, doit d'autant plus être accompagné qu'il est peu habitué à la formation à distance et peu autonome.

On reproche souvent aux solutions de digital learning le manque de contact humain, le manque de suivi ainsi que le manque d'implication du service formation dans le suivi et l'accompagnement des apprenants.

L'accompagnement doit être prévu dès le début du projet. Prévoyez un accompagnement adéquat. Un des principaux risques des dispositifs hybrides ou à distance, se situe dans le taux d'abandon qui peut être très important. Si vous mettez en place un plan d'accompagnement pédagogique et technique correct, vous diminuerez largement ce risque.

TÉMOIGNAGE JACQUES RODET

Jacques Rodet, initiateur et animateur de t@d, est la référence incontournable en matière de tutorat. Le tutorat reste un des facteurs clés de succès des dispositifs hybrides, comment évolue la demande de vos clients en matière d'accompagnement de dispositif de formation ? Comment voyez-vous cette évolution à terme ?

Le tutorat est effectivement une des conditions de la réussite des apprenants à distance. Dans l'histoire de la FAD, à chaque fois que le tutorat a été négligé, comme c'est le cas actuellement dans les moocs, les taux d'abandon ont pu dépasser les 90 % des inscrits. Actuellement, les demandes en matière d'organisation du tutorat viennent des organisations diffusant des parcours e-learning dans lesquels les services d'accompagnement des apprenants n'avaient pas été prévus. Afin de mieux faire réussir les apprenants, et donc de les fidéliser, mais également pour atteindre les objectifs stratégiques des formations, les entreprises prennent conscience de la nécessité de structurer et de délivrer des services tutoraux. Il s'agit donc très fréquemment d'intervenir de manière corrective dans le cadre de dispositifs existants.

À terme, il serait souhaitable que les porteurs de formations à distance ou hybrides anticipent les besoins de soutien des apprenants, à travers la réalisation d'une véritable ingénierie tutorale, conjointe à l'ingénierie pédagogique. Il serait également utile que ces services tutoraux soient quantifiés afin de pouvoir estimer leur coût et en définir le modèle économique.

Jacques RODET
Consultant-formateur - Président de la SAS JRODET conseil
Maître de conférences associé à l'UVSQ
Initiateur et animateur de t@d, le portail du tutorat à distance
https://sites.google.com/site/jacquesrodet/
http://www.tutoratadistance.fr/

Quel est le rôle de l'accompagnement ?

Nous le verrons plus loin dans cet ouvrage, le rôle du formateur a largement évolué avec la mise en œuvre de dispositifs hybrides proposant de plus en plus d'outils collaboratifs. Nous travaillons désormais dans des dispositifs horizontaux où le tuteur, l'accompagnateur va servir de guide à l'apprenant, va ajouter de la valeur au contenu qui lui est proposé sur le LMS.

Les tuteurs et coachs chargés de l'accompagnement à distance des apprenants les guideront et les assisteront dans leur parcours d'apprentissage, répondront à leurs questions, favoriseront les échanges et les interactions entre pairs, animeront les regroupements.

4. Composer le mix

L'essentiel est d'utiliser les moyens pédagogiques à votre disposition en regard des objectifs pédagogiques fixés.

Il existe des solutions simples de mix (par exemple un module pour apporter les connaissances, une classe virtuelle pour accompagner les apprenants, une évaluation en présentiel...) mais il vaut mieux tenir compte avant de composer le mix, du public, des objectifs, des contraintes, des ressources disponibles.

Quelle combinaison choisir ?

Nous l'avons vu, la meilleure solution se situe du côté du blended learning, savant mélange entre formation à distance et périodes de regroupement ou formations présentielles.

Les avantages d'une solution de blended learning sont essentiellement :

- meilleure acquisition pédagogique,
- feed back sur apprentissage,
- avantages cumulés des deux méthodes de formation (présentielle et distancielle) : individualisation et souplesse pour l'e-learning, capitalisation avec la formation présentielle,
- réduction du taux d'abandon : les apprenants sont remotivés pendant les périodes de regroupement,
- meilleure implication des apprenants : auto-évaluation, autonomie,
- meilleure mobilisation des acteurs,
- vous pouvez intégrer dans votre dispositif des outils synchrones et asynchrones.

5. Nouvelles formes d'apprentissage

De nouvelles tendances émergent dans les approches de formation, et avec elles, de nouvelles modalités d'apprentissage sont disponibles.

a. Formation collaborative

Cette nouvelle forme pédagogique monte en puissance et peut être très efficace.

Cette méthode est basée sur la collaboration entre apprenants. Les TIC favorisent naturellement cette méthode. La méthode collaborative est particulièrement appropriée pour mener des efforts créatifs, pour encourager la recherche de solution, pour créer des communautés d'échanges et de savoirs.

Les avantages en sont évidents : les apprenants collaborent en produisant du contenu, ils sont ainsi plus impliqués dans leur formation et le contenu produit peut venir enrichir les ressources des apprenants suivants.

b. Formation action

La formation action, c'est la pédagogie basée sur l'expérience. Les apprenants sont mis face à une situation dans laquelle ils doivent réagir pour la faire évoluer vers un objectif fixé.

Les capacités du multimédia peuvent et doivent favoriser les mises en situation. La transposition d'une action réelle par une action virtuelle est réalisable en partie. Les présentations multimedia peuvent prendre l'aspect de situation à résoudre en réalisant des séries d'actions, sans forcément proposer des scénarios définis, comme dans les jeux par exemple.

L'apprenant décide de son parcours et de ses méthodes selon ses analyses de la situation décrite, technique calquée sur une situation réelle. S'il se trompe, il comprend l'impact de ses erreurs car l'application adapte la situation à ses actions.

Dans ce cas, la complexité et la souplesse de l'application sont importantes pour une approche pédagogique créée autour de l'action et de l'expérimentation.

Mais le virtuel ne peut malgré tout se substituer complètement au formateur. En effet, celui-ci a un rôle d'analyse et de conseil, il est très compliqué pour une application d'avoir un regard critique et de proposer une analyse basée sur l'expérience que peut apporter le formateur.

G. Classe inversée

DÉFINITION

La classe inversée (ou renversée) est une approche pédagogique qui inverse les rôles traditionnels d'apprentissage. Elle est aussi appelée flipped classroom.

Le modèle traditionnel d'enseignement repose sur des cours magistraux, où l'enseignant explique un sujet, suivi par les devoirs à la maison, où l'élève fait des exercices. Dans la classe inversée, l'élève visionne (préalablement et à la maison) des vidéos, des balados ou fait des lectures proposées par l'enseignant (ou partagées par d'autres enseignants). En classe, l'élève tente alors d'appliquer les connaissances à la résolution de problèmes et à des travaux pratiques. Le rôle de l'enseignant est alors d'accompagner l'élève dans l'élaboration de tâches complexes. Ce temps dégagé en classe peut être utilisé pour d'autres activités fondées sur l'apprentissage, notamment la pédagogie différenciée et l'apprentissage par projet.

La classe inversée accorde plus de temps de manipulation avec l'enseignant, lui permettant de guider les étudiants, en les assistant au moment de l'assimilation de l'information et de la création de nouvelles idées (extrémité supérieure de la taxonomie de Bloom).

...

Source : http://fr.wikipedia.org/wiki/Classe_invers%C3%A9e

Des initiatives de cours inversés peuvent être favorisées par les dispositifs hybrides de formation. Il est ainsi facile de proposer à l'apprenant de suivre le cours à distance avant de venir tester ses connaissances et les expérimenter en présentiel individuellement ou en groupe.

H. Étude de cas 1

1. Données

Vous avez peu de budget, un délai court de trois mois pour tout lancer et vous devez mettre en place un dispositif blended.

On vous demande d'utiliser le plus possible les ressources en interne.

On vous a demandé également de proposer une classe virtuelle dans le dispositif.

2. Instructions

Vous devez composer un mix intégrant présentiel, distantiel, outils de web 2.0 et accompagnement.

Le DRH vous donne trois mois pour réaliser le pilote et vous demande de lui proposer une démarche.

Que lui proposez-vous ? Comment composez-vous le mix ?

I. Étude de cas 2

1. Données

Vous avez peu de budget, un délai court de deux mois pour tout lancer et vous devez proposer un parcours blended à vos prochains clients.

2. Instructions

Vous souhaitez composer un mix intégrant présentiel, distantiel, outils de web 2.0 et accompagnement.

Que proposez-vous ? Comment composez-vous le mix ?

Chapitre 1.3

Gérer le projet

A. Introduction

Nous allons aborder dans ce chapitre la partie purement méthodologie de projet : comment procéder en respectant les étapes du projet, comment produire des livrables pertinents, comment mobiliser et impliquer les acteurs du projet ? Quels sont les facteurs clés de succès d'un projet digital learning ?

B. Le projet

Afin que votre projet ait toutes les chances de réussite, il vous faudra adopter une méthodologie de gestion de projet rigoureuse.

La fonction de management de projet répond à ces nécessités. Un ensemble de compétences, d'outils, de méthodes va être appliqué aux activités d'un projet afin d'optimiser la gestion et le déroulement dudit projet, d'obtenir le résultat souhaité en minimisant les risques et en optimisant l'utilisation des ressources, en maîtrisant les coûts, et enfin en respectant les délais.

Le management de projet répond aux exigences suivantes et les projets de digital learning n'échappent pas à cette règle immuable. Tout projet doit répondre à une exigence de qualité en respectant des délais et des budgets fixés en amont.

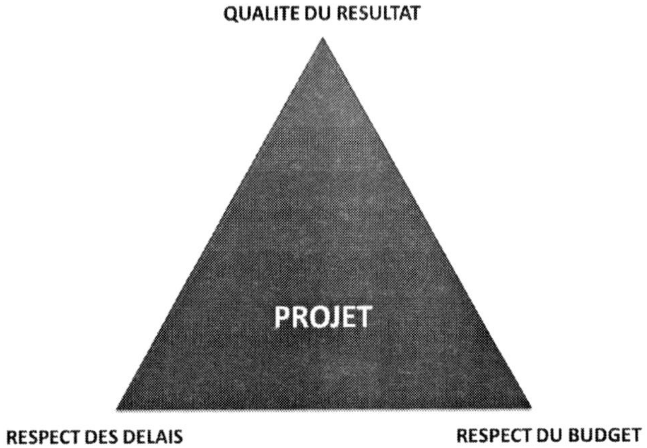

Un projet est constitué par un ensemble de tâches orientées vers la réalisation d'un résultat final (produit ou service), le tout dans un budget et un délai contraint. Un projet a une date de début et une date de fin, c'est ce qui le différencie des opérations qui elles, sont répétées. Le projet, lui, est unique.

Notons par ailleurs que la grande majorité des projets, encore aujourd'hui, dépassent largement le budget ou/et le délai alloué, ceci est dû dans la majorité des cas à une mauvaise préparation ou à un mauvais cahier des charges (ou à une absence de cahier des charges).

Les projets digital learning impliquent un ensemble de compétences, d'acteurs très divers du fait même de la transversalité de ce type de projet, et de leurs composantes (pédagogiques, techniques, organisationnelles). Parallèlement au projet lui-même, la mise en œuvre d'un plan de communication constitue souvent une clé de la réussite de ces projets.

C. Phases

1. Les étapes et livrables

Dans une vision classique de gestion de projet on distingue cinq étapes fondamentales, chacune se concrétisant par la production d'un livrable et par sa validation par le comité de pilotage du projet. La validation de chaque étape par le client conditionne le passage à l'étape suivante.

Les livrables sont produits par l'équipe projet ou par le chef de projet en coordination avec l'équipe, et validés par le comité de pilotage.

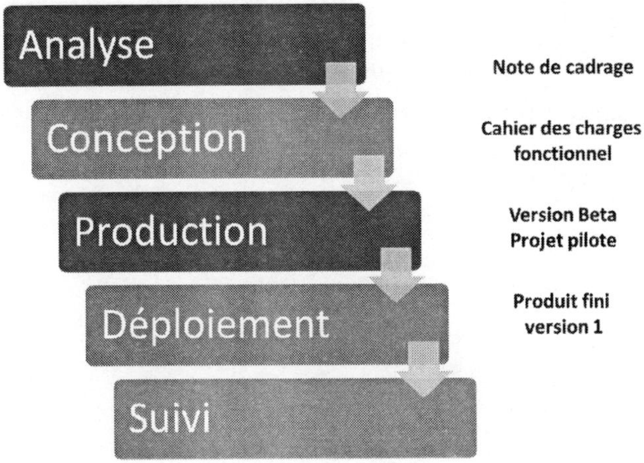

2. Analyse

Pendant la phase d'analyse, la demande est formalisée dans une note de cadrage qui fixe le périmètre du projet. Des choix sont effectués par rapport à la situation globale envisagée.

Lors de cette étape est également mis en place un comité de pilotage (COPIL) dont les membres sont chargés de suivre l'évolution, de prendre les décisions concernant le suivi de projet, d'organiser les recettes et de valider les livrables.

L'étape d'analyse se termine par la livraison de la note de cadrage. L'objectif de la note de cadrage est de compléter la demande initiale, de rendre le projet compréhensible par tous les acteurs, de formaliser le périmètre du projet afin que tous les acteurs puissent travailler dans la même direction en respectant des règles de fonctionnement communes.

3. Conception / Cahier des charges fonctionnel

La phase de conception du projet aboutit à la réalisation du cahier des charges, document de référence sur lequel la demande est détaillée.

Le cahier des charges décrit le projet, formalise en détail la demande dans ses dimensions techniques, pédagogiques, organisationnelles et stratégiques.

Dans le cas d'un dispositif hybride par exemple, il décrira les fonctionnalités souhaitées pour la plateforme, les contraintes techniques liées au système d'information de l'entreprise ou de l'institution, les objectifs de la plateforme, le détail des parcours pédagogiques souhaités...

Le cahier des charges constitue un préalable à tout projet informatique : étude de l'existant, analyse des besoins, spécifications des caractéristiques fonctionnelles, cadre juridique : autant d'aspects qu'il faut maîtriser pour réussir un projet.

Le cahier des charges est en général rédigé par le chef de projet en coordination avec son équipe projet.

Ce document sert de référence pour tous les acteurs du projet :

C'est un document de conception et de réalisation dont le rôle est de décrire et d'expliquer l'apparence générale du futur dispositif.

Il contiendra notamment les éléments suivants :

- Description du projet : quels sont les objectifs, la cible, l'environnement économique, organisationnel, informatique du futur dispositif ; quels sont les enjeux et les risques du projet.
- Description fonctionnelle : s'il s'agit de la mise en œuvre d'un dispositif de formation à distance, le document décrit les fonctionnalités souhaitées de la façon la plus détaillée et précise possible. On y trouvera également les résultats attendus du dispositif.
- Description des contraintes : le projet qui va démarrer s'inscrit dans un périmètre plus large et dans un contexte existant dont les acteurs du projet devront tenir compte. Par exemple la plateforme devra respecter la charte graphique de l'entreprise, et devra s'inscrire de façon harmonieuse dans le système d'information déjà en place dans l'entreprise ou l'institution.

- Gestion de projet : cette partie décrira les modalités de suivi de projet, les dates de livrable, l'organisation des recettes des différentes étapes.

Ce document, validé par le comité de pilotage, sert de référence à l'équipe projet. À la livraison finale lors de la phase de recette, le produit livré est confronté aux fonctionnalités décrites dans le cahier des charges.

4. Production

La phase de production ou phase de développement concrétise la phase de conception. L'équipe de production développe le projet sur la base des livrables précédents. L'équipe de production entre en jeu et commence à réaliser les différentes briques techniques et pédagogiques du projet. Le LMS va être installé et paramétré, le contenu est transposé, l'accompagnement est mis en place.

À la fin de l'étape de production, le produit est disponible sous sa version Beta. On peut également parler de produit pilote.

Le dispositif est en place, mais pas forcément dénué de tout défaut. Il peut être testé sur un panel d'utilisateurs pilotes (key users).

Cette étape est très importante dans un projet de déploiement de dispositif de formation à distance puisqu'elle permet de tester le dispositif sur un volume restreint d'utilisateurs, représentant votre population cible.

Cette étape est nécessaire parce qu'on ne peut jamais savoir à l'avance comment le produit sera perçu, comment la plateforme se comporte exactement, comment les modules et les cours s'y intègrent.

C'est l'étape cruciale de l'implantation du digital learning dans une organisation. Le pilote doit être le plus représentatif possible de la réalité du produit. Les informations recueillies lors du suivi permettront les ajustements nécessaires.

Le pilote est une représentation simplifiée du produit final ; il permet d'en présenter les fonctionnalités et les grandes lignes.

Voici sept règles à observer pour réussir cette phase pilote :

1. Commencez modestement, limitez les risques.
2. Testez le produit sur un échantillon de personnes représentatives.
3. Apportez une attention particulière aux prérequis nécessaires.
4. Utilisez l'infrastructure technologique définitive.
5. Le projet pilote doit être déployé dans les mêmes conditions que le projet final.
6. Construisez une grille d'analyse de suivi.
7. Mesurez les acquis d'apprentissage.

Les corrections apportées dans cette version sont mineures. Il ne s'agit pas d'ajouter des fonctionnalités non prévues ou de modifier en profondeur le projet.

La version beta corrigée et déboguée aboutit à la version 1 livrée au client et déployée en réel, celle qu'utiliseront les apprenants.

Après la phase pilote et les recadrages effectués, le projet peut alors être déployé à échelle réelle.

5. Mise en œuvre et déploiement

La phase de déploiement consiste à déployer le produit sur la plateforme, mais par étape. Le projet pilote va être déployé, puis évalué ; le déploiement à l'échelle réelle se fait ensuite. Des versions progressives de l'application sont intégrées et livrées jusqu'à la version 1.

- Déploiement du pilote sur la plateforme.
- Livraison des versions progressivement finalisées : version alpha, bêta, version 1.
- Organisation des inscriptions, des sessions, des parcours apprenants via la plateforme.

6. Évaluation, capitalisation, suivi

La dernière phase qui est en réalité la plus longue consiste à suivre le projet déployé, en mettant en place par exemple des indicateurs de suivi, en réalisant des enquêtes auprès des utilisateurs...

Nous venons de décrire ici une méthode classique de gestion de projet, dite en cascade ou séquentielle. La fin d'une étape conditionne le passage à la suivante mais d'autres méthodes de gestion de projet coexistent.

D. Méthodes agiles

Les méthodes agiles placent l'interaction avec le client au centre du projet. Ces méthodes peuvent convenir aux projets e-learning de la même façon qu'aux autres projets.

Les partisans des méthodes agiles partent du principe qu'il est impossible de prévoir à l'avance (en phase de conception) un produit dans ses moindres détails. Les aléas (contraintes non prévues, demandes du client...) sont autant d'éléments qui modifient potentiellement le projet.

Il existe un ensemble de méthodes agiles, toutes basées sur l'« Agile manifesto » publié en 2001.

DÉFINITION

*Le **Manifeste agile** est un texte rédigé par dix-sept experts du développement d'applications informatiques sous la forme de plusieurs méthodes dites agiles. Ces experts estimaient que le traditionnel cycle de développement en cascade ne correspondait plus aux contraintes et aux exigences des organisations en évolution rapide. Les méthodes agiles ne sont pas apparues avec l'Agile manifesto en 2001 mais celui-ci détermine leur commun dénominateur et consacre le terme d'« agile » pour les référencer. Les valeurs et principes du Manifeste agile sont défendus par l'Agile Alliance.*

http://fr.wikipedia.org/wiki/Manifeste_agile

Cette méthode de gestion de projet, comme la méthode classique ou en cascade comporte des avantages et des inconvénients.

Le postulat de cette méthode est de dire qu'il est impossible de concevoir et planifier un produit (informatique) dans ses moindres détails avant de démarrer le développement tant les aléas sont inhérents à ce type de projet.

Les méthodes agiles préconisent de démarrer le développement très tôt, en fixant des objectifs à court terme, et d'avancer avec le client, c'est-à-dire le demandeur, sur les fonctionnalités à ajouter. L'estimation des coûts pour l'ajout des fonctionnalités est aussi faite au fur et à mesure.

Ainsi le client est plus impliqué dans le projet (qui est un produit à développer) et les acteurs du projet (développeurs) doivent être plus réactifs face à la demande du client.

Ces méthodes agiles mettent en avant quatre valeurs :

- l'interaction entre les individus,
- un logiciel qui fonctionne,
- la collaboration avec le client,
- l'adaptation au changement.

Pour que ce type de méthode fonctionne, le client doit être mobilisé de façon continue, cela peut être difficile à gérer dans le cas d'un comité de pilotage incluant plusieurs personnes peu disponibles par exemple, ce qui est fréquent.

Par contre, l'avantage majeur est que le client voit très vite le produit qu'il a commandé et peut réagir très vite.

Ce que l'on observe aujourd'hui, c'est que la majorité des projets sont gérés de façon classique (conçus avant d'être développés) mais qu'on introduit un peu d'agilité dans les process de développement.

E. Les acteurs

Nous allons détailler dans cette section les acteurs intervenant dans les projets digital learning.

1. Stratégie de mise en œuvre

Vous pouvez réaliser votre projet avec une équipe interne à l'entreprise, ou externaliser la réalisation du projet, ou bien encore travailler avec une équipe mixte.

Chaque solution possède ses points forts et ses points faibles.

a. Réaliser en interne

Si vous décidez de réaliser votre projet digital learning avec une équipe interne à l'entreprise, vous êtes sûr que vous avez toutes les ressources nécessaires, tant pédagogiques que techniques.

L'équipe pédagogique va réaliser l'ingénierie pédagogique, la transposition de vos parcours présentiels en distanciel, l'équipe technique va prendre en charge la sélection, l'installation, le paramétrage et la personnalisation de la plateforme.

Vous aurez également besoin de ressources pour produire/médiatiser les grains pédagogiques conçus par votre équipe pédagogique ainsi que des logiciels (outils auteurs) pour produire ses grains.

Avec une équipe interne, vous maîtrisez votre projet de bout en bout sans dépendre d'un prestataire, mais cette solution peut s'avérer plus coûteuse si les ressources humaines utilisées ne sont pas suffisamment expérimentées en matière de digital learning.

b. Externaliser

Les prestataires e-learning, généralistes ou spécialisés sont (de plus en plus) nombreux sur le marché. Ce sont des professionnels, et ils ont l'expérience de multiples projets similaires, ce qui permet aux clients de bénéficier de ce retour sur expérience, et d'envisager des solutions techniques ou pédagogiques auxquelles ils ne pensent pas forcément.

Par contre le choix du prestataire n'est pas chose aisée tant les offres sont diverses, et les solutions (techniques surtout) sont nombreuses.

Il vous faudra bien connaître les offres du marché pour ce qui concerne les prestations et les technologies pour ne pas faire d'erreurs et par exemple risquer de choisir une technologie qui va contraindre les objectifs de votre projet.

c. Choisir une équipe mixte

Vous pouvez également opter pour une équipe mixte, les solutions sont multiples. Vous gardez en interne la partie pédagogique par exemple si vous avez une cellule pédagogique formée aux TICE, ou bien vous gardez la partie technique si votre service informatique souhaite et peut piloter l'installation du dispositif technique.

Le conseil que l'on peut se permettre de donner par rapport à ce choix est le suivant : il vaut mieux garder en interne les parties du projet que l'on maîtrise, idéalement celles qui constituent le cœur de métier de l'entreprise : la partie pédagogique pour un organisme de formation, la partie technique si le service informatique est conséquent ou/et si la plateforme LMS doit interagir avec de multiples systèmes déjà en place.

2. Équipe projet

Une fois ces choix réalisés, une équipe projet est en place.

Les choix vont dépendre de l'importance et de l'envergure du projet, mais une équipe projet digital learning est forcément multi-compétences et s'organise autour de deux grands axes :

- un axe pédagogique,
- un axe multimédia/informatique.

Cette composante multi-compétences de l'équipe est très importante. Ces deux axes de compétences ne communiquent pas forcément entre eux naturellement. Donc le rôle de coordination, d'animation, de gestion des risques rempli par le chef de projet va s'avérer très important.

F. Rôles et responsabilités

Quel est le rôle de chacun ? Pour mieux le comprendre, voici quelques éléments d'explication.

1. Le chef de projet

Le chef de projet est le garant du bon déroulement du projet. Son rôle est d'atteindre les objectifs dans les meilleures conditions possibles.

Il est chargé de la conduite de projet, démarche qui vise à structurer et à optimiser le déroulement d'un projet en planifiant, budgétisant, gérant les ressources humaines, minimisant les risques, assurant le suivi et la coordination de projet.

Concrètement, le chef de projet est chargé de suivre et coordonner le projet dans toutes ses étapes, faire valider les livrables par le comité de pilotage du projet, communiquer selon le plan défini, d'allouer et gérer les ressources projet, ressources humaines, logicielles, matérielles, cela en restant dans le périmètre projet.

Le chef de projet intervient de manière constante dans la première phase, puis plus ponctuellement dans les phases suivantes, pour assurer le suivi, la coordination et valider les étapes projets.

Les qualités recherchées pour un chef de projet incluent le sens des relations humaines, des qualités d'écoute, le sens de l'organisation, des capacités certaines à prendre des décisions, de la souplesse et de la rigueur.

Dans la phase de livraison, le chef de projet organise le recettage du projet.

Il est le garant de la qualité du projet.

Vous trouverez ici une description détaillée du métier de chef de projet e-learning : http://metiers.internet.gouv.fr/metier/chef-de-projet-e-learning

Outre le chef de projet qui est multicasquettes par nature, un ensemble de compétences vient enrichir l'équipe projet, en voici quelques-unes.

2. Composante pédagogique

La première composante d'une équipe projet digital learning est la composante pédagogique. De quoi se compose cette partie de l'équipe projet ?

a. Expert contenu

Il est le garant de la validité et de la pertinence du contenu brut du cours.

b. Ingénieur pédagogique

L'ingénieur pédagogique est responsable du contenu du cours c'est-à-dire de l'enseignement qui sera diffusé dans le parcours.

Il élabore les cours avec les experts contenus à partir des choix pédagogiques et multimédia, d'une combinaison de texte, d'images, d'éléments multimédia, d'interactivité.

C'est un spécialiste de la pédagogie. Il définit les scénarios d'apprentissage pour chaque séquence et réfléchit à la pertinence des ressources utilisées.

Si le contenu impose des ressources multimédia, il les prévoit, les conceptualise, les recense et produit un scénario technique qu'il fournit à l'équipe de production.

C'est un spécialiste de l'adaptation de contenus pédagogiques spécifiques à la formation à distance (cours, ressources, activités d'apprentissage).

3. Composante graphique et multimédia

Dans la phase de production, les membres de l'équipe projet (concepteur, graphiste, développeur, technicien, spécialiste sons et vidéos) sont sollicités à diverses étapes du projet.

a. Directeur artistique

Le directeur artistique est chargé de la définition de la charte graphique du module avec l'ingénieur pédagogique. Il rédige le cahier de médiatisation dans lequel on trouvera les choix graphiques, l'organisation des médias en fonction des contenus et des objectifs à atteindre.

b. Webdesigner, graphiste

La webdesigner réalise la charte graphique décidée par le directeur artistique et validée par le client : style, apparence, couleurs, mise en page.

Il conçoit l'aspect général de l'interface en accord avec les objectifs pédagogiques et les scénarios d'apprentissage validés. Il est responsable du look général de l'interface.

c. Intégrateur

L'intégrateur produit le module selon les instructions données dans le cahier des charges et dans le story board. C'est un utilisateur expert de logiciel auteur ou un programmeur. Il peut être un spécialiste HTML5 par exemple.

d. Spécialiste multimédia/Rich Media

C'est un professionnel de la vidéo, du son, de l'animation. Il exécute les fonctionnalités validées dans le story board.

Il numérise, monte et intègre vidéo et son dans les parcours e-learning.

4. Composante informatique

Les compétences informatiques sont également essentielles, l'administrateur du LMS possède idéalement des compétences réseaux.

Il est capable de répondre à toutes les questions techniques concernant l'intégration des parcours dans la plateforme.

Quand le parcours est prêt, il est intégré dans le LMS ou l'intranet.

Il peut être également chargé techniquement de l'inscription des utilisateurs : tuteurs, concepteurs, apprenants, de la planification des sessions de formation.

Après le déploiement des cours e-learning, il assure la maintenance technique de l'ensemble du système et le support technique.

Il peut également gérer le respect des standards e-learning.

G. Mobilisation et communication

L'implication des acteurs doit se faire très tôt dans le processus de déploiement d'un dispositif de digital learning. Cette implication peut se faire à travers la mise en place d'un plan de communication en direction de toutes les personnes concernées : direction, futurs apprenants, acteurs du projet.

Le plan de communication est un des facteurs clés de succès des projets digital learning.

1. Évolution des rôles

Les enjeux liés au développement nécessaire des compétences et les nouvelles formes de travail entraînent une modification du rôle de chacun et ceci est d'autant plus vrai lors de la mise en place d'un projet e-learning.

Le rôle des formateurs évolue : au lieu de concevoir des stages classiques à destination de groupe d'apprenants, ils doivent inventer et concevoir des combinaisons de modalités d'apprentissage à destination d'individus distants. L'apprenant est au centre du dispositif.

Le rôle des Directions Ressources Humaines et Formation doit également changer. Nous devons passer d'une ère de consommation de formation à une ère où le développement des compétences est individualisé, et où les personnes deviennent responsables de leurs choix de formation.

2. Communiquez

Pour atteindre les objectifs fixés dans les meilleures conditions possibles, il vous faut absolument communiquer très tôt, puis tout au long du projet.

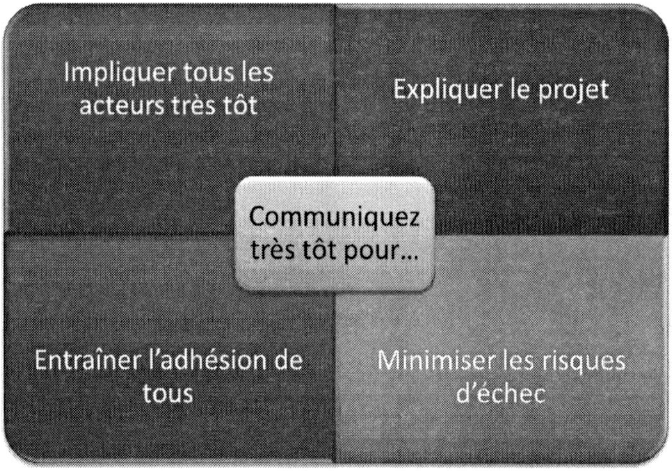

H. Conclusion : les facteurs clés de succès

Pour ce qui concerne plus particulièrement votre projet digital learning, soyez vigilants sur les points suivants, détaillés tout au long de cet ouvrage :

- Gestion du projet rigoureuse : fixez des étapes de validation, prévoyez des livrables précis. Ne passez pas à l'étape suivante sans validation du commanditaire.
- Mobilisation : veillez à ce que les acteurs impliqués directement et indirectement soient mobilisés très tôt dans le projet. Prévoyez un plan de communication pour faciliter cette implication.
- Qualités des contenus et de l'accompagnement : la valeur pédagogique du cours est essentielle. L'apprenant suit le cours pour le contenu, en utilisant la technique, pas l'inverse.
- Ressources : prévoyez des ressources suffisantes, ne sous-estimez pas le travail pédagogique et multimédia nécessaire à la réussite de tout projet digital learning.
- Bon choix des outils : soyez conscients du fait que les choix techniques impactent l'ensemble du dispositif (choix des outils de création, le choix de la plateforme). Le tout doit être évolutif et en accord avec la configuration des postes clients (de plus en plus nomades) et les normes en vigueur.

I. Étude de cas 1

1. Données

Vous disposez de ressources pédagogiques, mais pas assez.

Vous n'avez pas de ressources techniques.

Il n'y a pas de comité de pilotage.

Vous avez un délai très court.

2. Instructions

Préparez la rédaction du cahier des charges, indiquez les éléments économiques, organisationnels, pédagogiques, techniques.

Quelles sont les étapes de votre projet ?

Quels en sont les livrables ?

Quels sont les acteurs de votre projet ?

J. Étude de cas 2

1. Données

Vous disposez de contenu pédagogique pour la formation présentielle.

Vous n'avez pas de ressources techniques, mais disposez d'un conseil métier.

Vous avez un délai très court.

2. Instructions

Vous allez travailler en mode agile avec le consultant métier.

Par quoi allez-vous commencer ?

Partie 2
Les plateformes

Chapitre 2.1
Choisir le LMS

A. Introduction

Les plateformes constituent le noyau technique indispensable à tout dispositif de formation à distance.

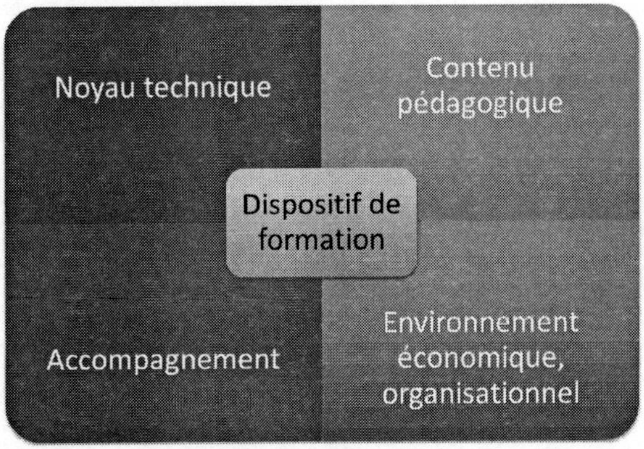

Nous allons les étudier plus en détail dans ce chapitre.

B. Définition

1. Les LMS

Les plateformes de formation à distance ou Learning Management System (LMS) sont des outils logiciels dont le rôle est d'assister le pilotage des enseignements à distance.

LMS (Learning Management System) : outil logiciel permettant de gérer les parcours de formation, d'effectuer un suivi des résultats apprenants, de diffuser en ligne des contenus d'apprentissage.

On trouve essentiellement aujourd'hui sur le marché du digital learning des LCMS, LMS permettant en plus de gérer du contenu.

LCMS (Learning Content Management System) : LMS offrant en plus la possibilité de gérer les contenus.

2. Caractéristiques

La plateforme LMS est une solution logicielle qui assiste la conduite de la formation à distance.

Les plateformes se caractérisent par :

- la mise à distance de la relation de l'apprenant et du formateur/tuteur,
- la mise à distance de l'apprenant et des ressources,
- la mise en relation des différents lieux de formation et les différents acteurs d'une action de formation.

Dans le cas d'une formation présentielle, les trois entités temps, espace et cours sont réunis : un groupe d'apprenants se forme dans un même lieu sur un même programme, dans un même temps.

Dans le cas de la formation à distance, le temps, l'espace et le programme sont distincts, et la plateforme LMS sert à les réunir virtuellement en permettant une consultation à distance des contenus pédagogiques, une individualisation de l'apprentissage, un accompagnement et un suivi pédagogique à distance.

Plusieurs centaines de LMS sont présentes sur le marché, vous avez donc un large choix de solutions techniques pour votre projet digital learning.

C. Historique

L'e-learning est passé en quelques années de dispositifs pédagogico-techniques calqués sur le mode présentiel où la plateforme sert à diffuser du savoir en mode vertical à des dispositifs centrés sur l'apprenant où la plateforme devient un lieu de rencontre et d'échanges entre apprenants et entre apprenants, formateurs et tuteurs.

Le formateur, qui a du changé de posture, intervient dorénavant comme un guide, un tuteur, un coach et guide les apprenants dans leur apprentissage, crée des débats, favorise les échanges. Il n'a plus à apporter le contenu depuis « son estrade », celui-ci étant disponible par ailleurs en accès libre.

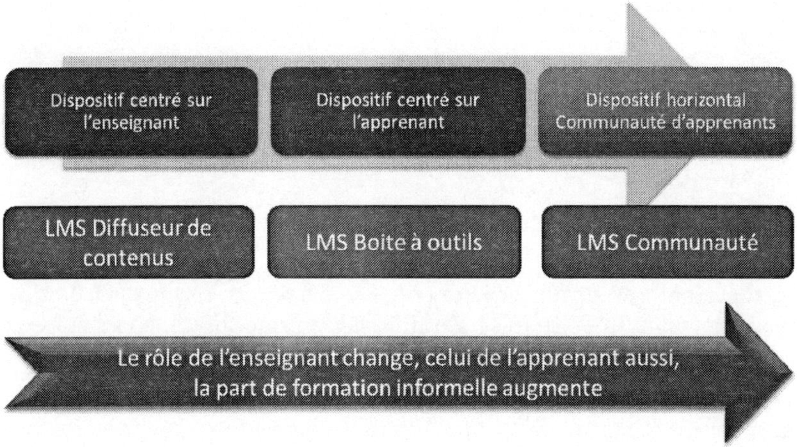

Les plateformes de nouvelle génération mettent le focus sur les outils collaboratifs et les fonctionnalités de réseaux sociaux où les apprenants viennent :

- partager leurs connaissances,
- poser des questions et chercher des réponses auprès de leurs pairs,
- apporter des témoignages et des retours d'expérience qui viennent enrichir le contenu de la formation.

La formation se rapproche, à travers les outils collaboratifs mis en place, de la gestion de connaissances, à travers des plateformes de formation, qui sont poussées dans certaines entreprises pour capitaliser le savoir-faire des salariés et initier le dialogue inter générationnel par exemple.

Cette horizontalité est également très pregnante dans les formations en face à face : les étudiants/stagiaires ne viennent plus chercher un contenu, mais une valeur ajoutée au contenu. L'enseignant/formateur est là pour apporter cette valeur ajoutée, son rôle n'est plus de diffuser un contenu de formation.

D. Panorama rapide

La première distinction typologique que nous pouvons effectuer est la distinction classique entre logiciel open source et logiciel propriétaire.

Selon Wikipedia :

> *La désignation **open source** (au Québec : « code source libre ») s'applique aux logiciels dont la licence respecte des critères précisément établis par l'Open Source Initiative, c'est-à-dire la possibilité de libre redistribution, d'accès au code source et de travaux dérivés.*

1. LMS open source versus Propriétaire

Les plateformes open source occupent une part importante du marché des LMS. Le nombre de plateformes présentant des fonctionnalités et une qualité comparables se situe aujourd'hui autour de 200 environ. Les services offerts autour de l'outil, comme le conseil, le support technique, la formation, l'assistance technique prennent de plus en plus d'importance.

Le choix d'une plateforme n'est pas chose aisée : les outils majeurs du marché proposent des technologies et des fonctionnalités équivalentes.

Il est bien évident que si vous vous orientez vers une plateforme open source, cela ne signifie pas pour autant que tout sera gratuit. Les prestations de service et les expertises permettant de vous assurer la qualité du service seront payantes.

Pour ce qui concerne les plateformes payantes, vous trouverez des offres à quelques centaines d'euros et d'autres coûtant plusieurs milliers d'euros par an, et les fonctionnalités proposées seront plus ou moins complètes.

Nous ne pouvons pas fournir dans cet ouvrage une liste exhaustive des LMS, mais en cherchant bien, vous trouvez des comparatifs gratuits plus ou moins complets sur Internet, voici quelques adresses utiles.

Vous trouverez, sur ce lien wikipedia une liste commentée de plateformes open source : http://fr.wikipedia.org/wiki/Liste_de_plateformes_p%C3%A9dagogiques_sous_licence_libre

Retrouvez ici le comparatif logiciel de BSOCO concernant les LMS : http://www.comparatif-logiciel.com/software.php?sous_categorie=lms&results=all

Vous trouverez également ici : http://www.lms-selection.com/fr2/ une mine d'informations et de témoignages intéressants.

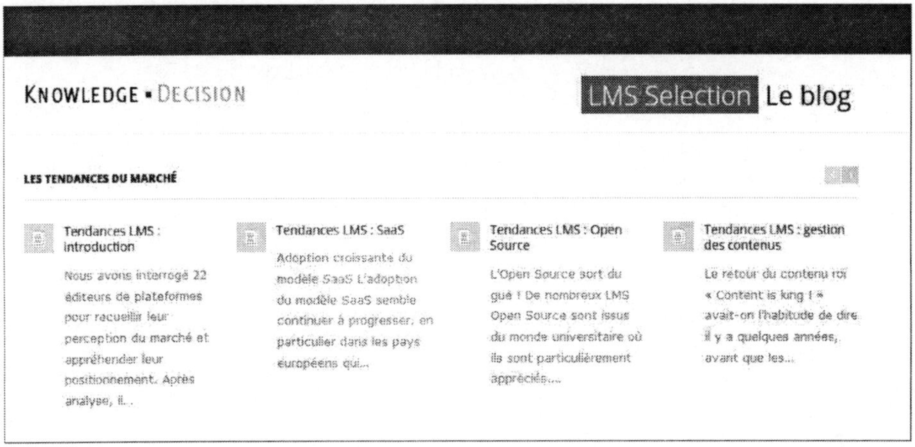

2. Testez en ligne

Étant donné la diversité des outils disponibles et leur équivalence apparente, il n'est pas facile de choisir, nous parlerons plus loin des critères de sélection de L(C)MS, mais avant de choisir votre plateforme open source, vous pouvez en tester plusieurs en ligne.

Nous allons nous rendre sur un site qui propose de tester un ensemble d'outils open source dont les LCMS.

Rendez-vous sur : http://www.opensourcecms.com/

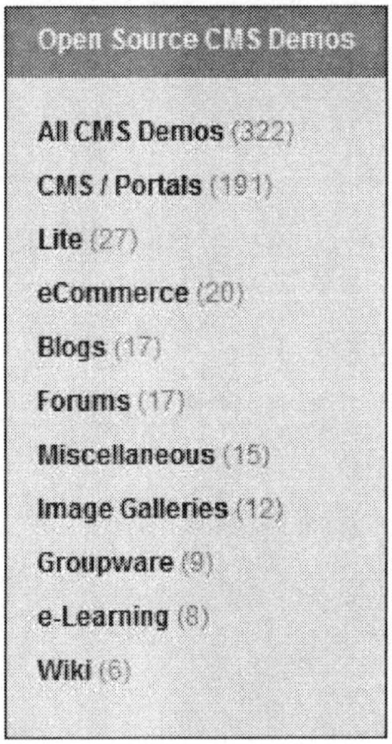

Sur la gauche de l'écran, la liste des outils à tester apparaît, classée par catégorie.

✎ Cliquez sur la catégorie **e-Learning**.

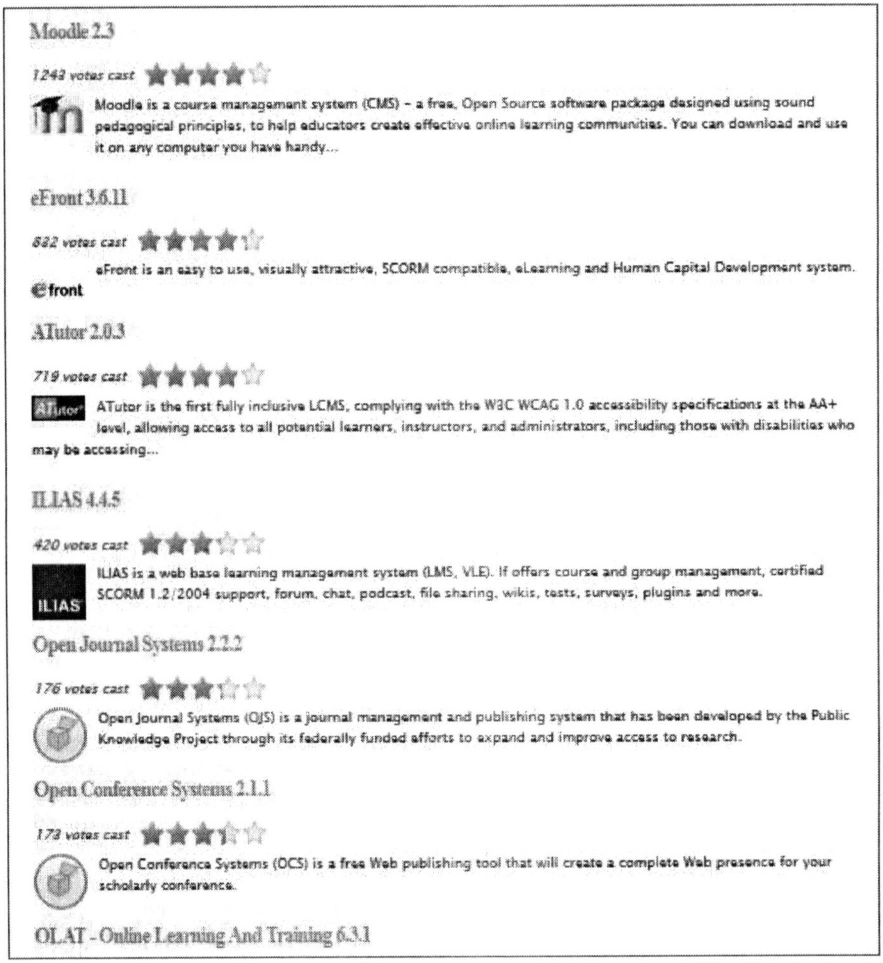

La liste des LMS apparaît, vous pouvez cliquer sur leurs logos pour démarrer les démos et tester les plateformes.

Un identifiant et un mot de passe vous sont attribués pour le test.

Vous pourrez ainsi voir un panorama des fonctionnalités proposées et avoir une idée de l'ergonomie de l'interface avant d'effectuer votre choix définitif.

Testons par exemple Moodle, une plateforme utilisée par plusieurs centaines de millions d'utilisateurs dans le monde, notamment dans le monde éducatif.

DÉFINITION

Moodle est une plateforme d'apprentissage en ligne (en anglais : Learning Management System ou LMS) sous licence libre servant à créer des communautés s'instruisant autour de contenus et d'activités pédagogiques. Le mot « Moodle » est l'abréviation de Modular Object-Oriented Dynamic Learning Environment : « Environnement orienté objet d'apprentissage dynamique modulaire ».

Outre la création de cours à l'aide d'outils intégrés (ressources et activités) à l'usage des formateurs, Moodle offre des possibilités d'organisation des cours sous forme de filières (catégories et sous-catégories, cohortes...) qui lui donne également des caractéristiques propres à la mise en place de dispositifs complets d'enseignement.

À un système de gestion de contenu (SGC) déjà cité, Moodle ajoute aussi quelques outils d'interactions pédagogiques et communicatives créant un environnement d'apprentissage en ligne : cette application permet de créer, via le réseau, des interactions entre pédagogues, apprenants et ressources pédagogiques.

Dans les dernières versions (2.5, 2.6, 2.7) la personnalisation poussée de sa page d'accueil lui confère également la possibilité de faire office de portail unique d'accueil des apprenants.

De tels systèmes de e-formation sont aussi nommés « formation ouverte et à distance » (FOAD) ou encore « environnements d'apprentissage médiatisé ».

Source : http://fr.wikipedia.org/wiki/Moodle

✎ Cliquez sur **Moodle**.

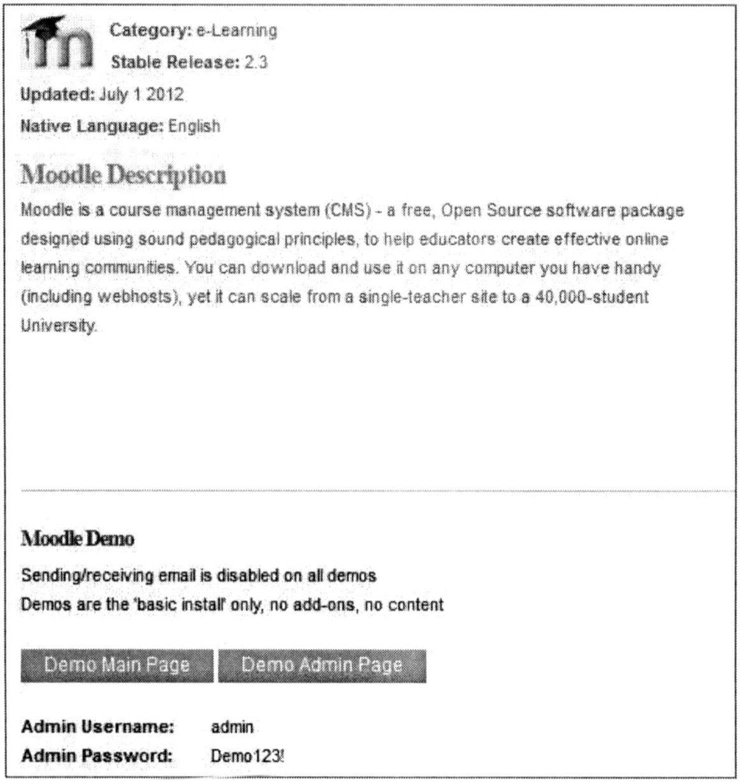

- Cliquez maintenant sur le bouton Demo Main Page.
- Connectez-vous en utilisant l'identifiant et le mot de passe fournis sur l'écran précédent.

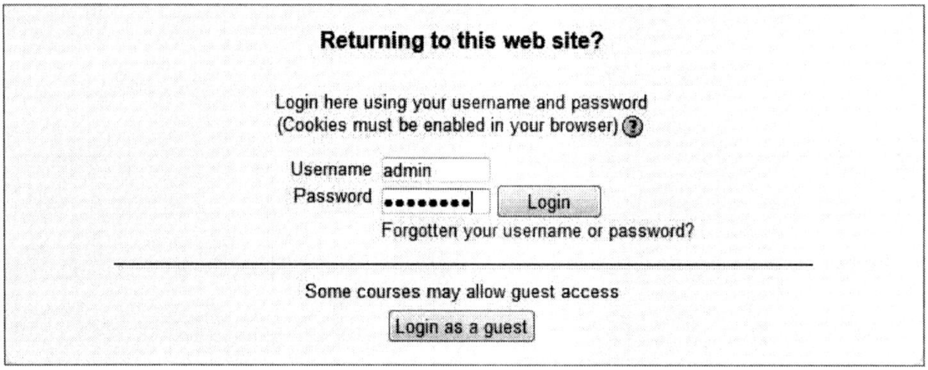

✎ Cliquez sur le bouton **Login**.

Vous pouvez maintenant tester le LMS.

Vous entrez donc dans l'interface d'administration de **Moodle**.

Sur la gauche de l'écran, vous voyez toutes les fonctionnalités disponibles et utiles à la création et au suivi de cours et de parcours de formation.

✎ Cliquez par exemple sur le dossier **Courses** qui vous permet de créer des cours, d'inscrire des apprenants à ces cours, de gérer les prérequis associés aux cours...

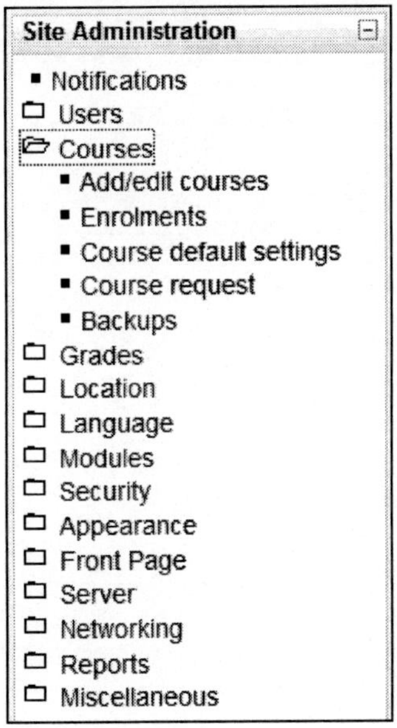

✎ Cliquez ensuite sur **Add/edit courses**.

L'interface qui vous permet de créer un cours s'ouvre alors.

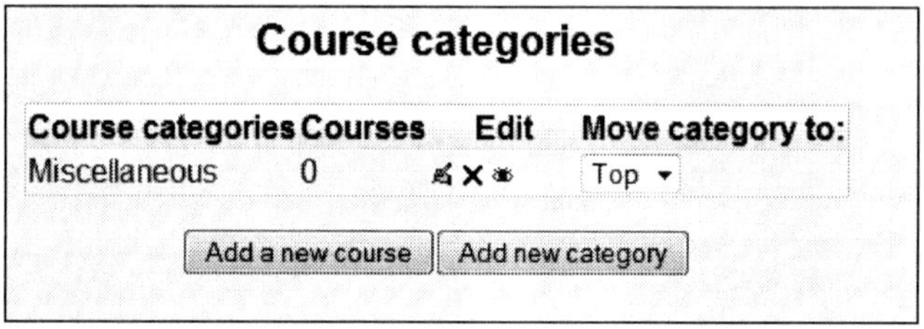

Vous pouvez, à partir de cet écran, soit créer une catégorie de cours, soit créer un cours dans la catégorie existante ou dans la catégorie **Miscellaneous**.

Tous les cours doivent appartenir à une catégorie de cours.

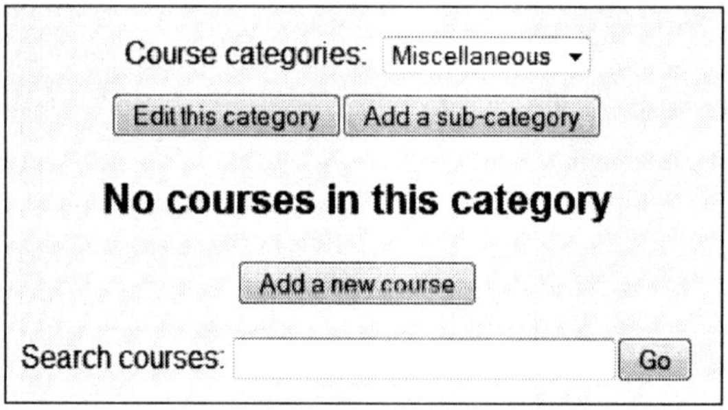

✎ Cliquez sur **Add a new course**.

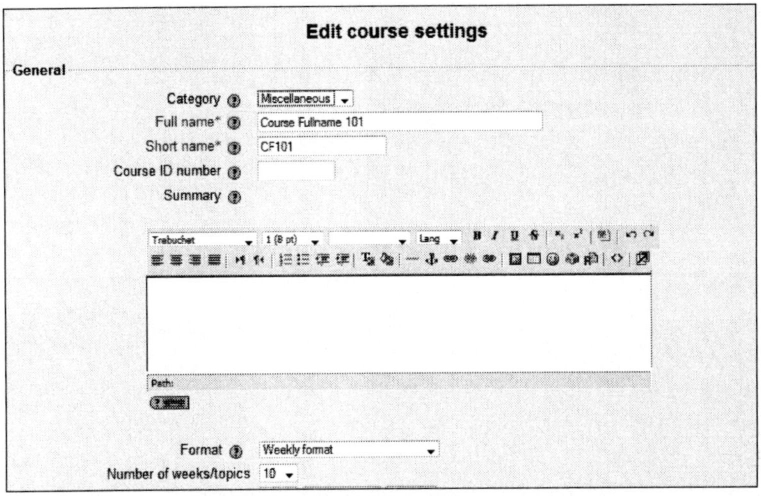

Dans cette fenêtre, vous pouvez renseigner les divers éléments du cours, puis continuer la démarche.

Ce site de test peut être utile avant de se décider pour un logiciel qui accompagnera l'entreprise plusieurs années, comme cela est souvent le cas des LMS.

Notez également que la plupart des LMS proposent soit des campus virtuels de démonstration, soit des comptes de test sur des plateformes disponibles en ligne.

3. LMS versus LCMS

Quelle est la différence entre les deux ? Pour résumer, disons que les LCMS permettent de créer du contenu, ce que ne permettent pas les LMS

Le LCMS, à travers des outils de production de contenu proposé permet directement de créer des ressources pédagogiques : vous trouverez par exemple, directement accessible à l'intérieur de la plateforme un quizzeur pour créer des quiz, un outil auteur pour créer des rapid learning...

Le LMS permet uniquement d'importer des contenus de formation produits par des outils externes à la plateforme.

Regardons de plus près les fonctionnalités proposées par le LMS.

E. Fonctionnalités

Pour piloter un dispositif de formation à distance (ou hybride), les L(C)MS proposent trois types de fonctionnalités que nous allons examiner ici :

- des fonctionnalités de gestion et d'administration,
- des fonctionnalités pédagogiques,
- des fonctionnalités techniques.

1. Fonctionnalités de gestion et d'administration

Les activités de gestion technique et d'administration pédagogique se font principalement dans l'interface d'administration de la plateforme.

- Gestion de parcours : la plateforme permet d'organiser les grains pédagogiques en parcours et d'inscrire dans ses parcours des utilisateurs (apprenants et tuteurs).
- Gestion des apprenants : le LMS doit couvrir la gestion des comptes apprenants (création, modification, suppression, attribution des cours, des groupes), les inscriptions en ligne.
- Gestion de l'accompagnement : la plateforme doit permettre aux tuteurs de suivre les apprenants, d'inscrire les apprenants dans des cours ou des groupes, de planifier des cours, d'animer des groupes d'apprenants.
- Gestion du suivi : le cœur de métier d'un LMS si l'on peut dire, c'est de mettre à disposition un suivi des apprenants et plus généralement un suivi des évènements survenus sur la plateforme : cela peut prendre la forme de résultats aux quiz, des résultats quantitatifs sur l'utilisation des ressources, des durées de connexion...

2. Fonctionnalités pédagogiques

Le LMS constitue un support pour l'administration pédagogique.

Ainsi l'administrateur ou/et les utilisateurs autorisés pourront gérer toute l'administration pédagogique.

a. Administration pédagogique

L'administration pédagogique consiste à :

- gérer la structure pédagogique des apprentissages en créant des parcours, en planifiant des séances, en créant des activités,
- gérer les apprenants une fois qu'ils sont inscrits sur un parcours : il sera ainsi possible de leur envoyer un message, de tchater avec eux, de suivre leurs travaux, de remplir leur agenda, de corriger leurs travaux...

b. Gestion des contenus pédagogiques

Les utilisateurs identifiés comme auteurs de cours/enseignants assureront les activités suivantes :

- Créer et importer des ressources didactiques.
- Créer des parcours en y associant grains pédagogiques, évaluations, rendez-vous planifiés, intermèdes tutoraux....
- Communiquer avec les apprenants via les outils de communication et les outils collaboratifs.

c. Gestion de l'apprentissage

L'apprenant inscrit sur un LMS peut « gérer son apprentissage » de façon individualisée. Il pourra ainsi suivre un cours, communiquer avec ses pairs ou tuteurs, réaliser les évaluations prévues dans le parcours, consulter son historique, livrer des travaux individuels ou collectifs, travailler en groupe, consulter ses scores, télécharger des ressources, consulter et gérer son agenda privé...

3. Fonctionnalités techniques

Les fonctionnalités techniques offertes par les LMS/LCMS sont nombreuses :

- Paramétrage de la plateforme.
- Personnalisation de l'environnement graphique ou de l'ergonomie.
- Installation des ressources pédagogiques sur le serveur.
- Outils de communication : vous trouverez dans les plateformes des outils permettant de communiquer en direct comme le chat et des outils permettant de communiquer de manière asynchrone, comme le mail et le forum. Ces applicatifs permettent d'animer un groupe, de favoriser les échanges entre tuteurs et apprenants ou entre apprenants. Ils servent entre autres à pallier le manque de contact humain dans la formation à distance.
- Outils collaboratifs : les outils web 2.0 (wikis, blogs, réseaux sociaux...) sont de plus en plus présents dans les LMS. Lorsqu'ils sont bien utilisés, ils permettent d'enrichir le contenu de l'enseignement avec des ressources reçues des apprenants et des tuteurs. Ainsi la qualité et la richesse pédagogique des contenus s'en trouvent optimisées.
- Outils de planification : l'autre atout des plateformes est de proposer en plus des outils permettant de planifier : rendez-vous, classes, regroupements... Ainsi des agendas communs et privés servent à organiser des activités diverses.
- Outils de classe virtuelle : la majorité des plateformes proposent soit un connecteur à un outil de classe virtuelle (en général Adobe Connect ou Webex) soit un outil de classe virtuelle directement installé avec la plateforme.

Une fois les fonctionnalités détaillées, votre choix reste à faire, alors que décider ?

Examinons maintenant les critères de sélection des plateformes.

F. Critères de sélection

À ce stade de votre projet vous avez déjà fixé les objectifs de votre dispositif hybride, évalué les besoins, défini la cible, et vous connaissez les contraintes techniques. Pourtant le choix de la plateforme reste à faire.

Vous avez pu tester certaines plateformes.

Sur quels critères allez-vous vous baser pour choisir votre future plateforme ?

Nous vous proposons ci-après une liste de critères à prendre en compte pour ce choix.

Pour effectuer le bon choix, vous examinerez plusieurs types de critères :

- pédagogiques
- techniques
- ergonomiques
- technologiques
- financiers

1. Critères pédagogiques

Les critères pédagogiques sont très importants dans la mesure où l'apprenant jugera au final la formation sur sa qualité pédagogique. Ces critères sont donc à examiner en détail :

- Moteur de recherche des cours : la présence d'un moteur de recherche facilite la mise en valeur du catalogue de formation.
- Gestion des parcours : est- il aisé de créer des parcours, de manipuler les ressources, d'importer des modules SCORM, de créer des évaluations...
- Outils de travail personnels : l'étudiant aura-t-il à sa disposition un espace travaux, un outil de prise de notes ?
- Suivi pédagogique personnalisé : quels outils sont proposés pour le tutorat par groupe ou individuel.
- Suivi apprenant : richesse du système de reporting : avez-vous toutes les informations nécessaires pour réaliser un suivi poussé de l'apprenant.
- Possibilité de gestion des documents pédagogiques : création, import, export.
- Présence d'outils auteurs ou/et exerciseurs faciles à utiliser : si vous avez l'intention de créer des ressources didactiques, testez les outils auteurs et les quizzeurs proposés.

2. Critères techniques

Le service informatique impliqué techniquement dans le projet s'attachera à examiner les points suivants :

- Fiabilité et évolutivité : dans le cas d'une orientation vers l'open source, il est plus confortable d'utiliser une plateforme déjà bien en place sur le marché, avec une grande communauté de développeurs active, et qui dispose de prestataires agréés pouvant vous assurer une qualité de service.
- Facilité d'installation et de maintenance.
- Formation des utilisateurs internes : une prestation de formation (et d'assistance) est-elle proposée ?
- Réactivité et efficacité du support technique du prestataire : examinez de près la garantie de services proposée.
- Formats de fichiers pris en compte à l'export et à l'import : quels types de fichier pouvez-vous importer dans la plateforme ? Il vaut mieux que la palette proposée soit la plus riche possible : .ppt, .pdf, images, .doc...
- Interfaçage avec le système d'information en place : la plateforme va rejoindre un ensemble déjà constitué, le système d'information de l'entreprise ou de l'institution. Vous gagnerez du temps et de l'efficacité dans la gestion des utilisateurs si vous pouvez par exemple récupérer/synchroniser la base de données utilisateurs de l'entreprise (via un annuaire LDAP par exemple). De la même façon, si un module SSO (*Single Sign-On*) est proposé par la plateforme, cela permettra une identification unique de l'utilisateur (à défaut, il devra s'identifier par exemple une fois pour se connecter à l'intranet, puis une autre fois pour se connecter à la plateforme).

Pour SSO, Wikipédia propose la définition suivante :

> *L'**authentification unique** (ou identification unique ; en anglais **Single Sign-On** ou **SSO**) est une méthode permettant à un utilisateur de ne procéder qu'à une seule authentification pour accéder à plusieurs applications informatiques (ou sites web sécurisés).*

- Configuration logicielle nécessaire et configuration client minimum : quelle configuration client minimum le LMS exige-t-il ? Le nomadisme croissant des utilisateurs rend plus hétérogène les configurations client.
- Respect des standards digital learning : nous en parlerons plus loin dans cet ouvrage, mais les standards e-learning (SCORM) permettent au contenu pédagogique et à la plateforme de communiquer (état d'avancement, scores des apprenants...).
- Quel est le nombre de personnes maximum autorisées simultanément sur la plateforme ?
- Gestion des éléments rich média multimédia : la vidéo par exemple est de plus en plus utilisée dans le digital learning. Cette option est-elle facile à gérer via la plateforme ?

3. Ergonomie

L'ergonomie rend l'utilisation de la plateforme plus ou moins aisée et conviviale.

- Simplicité de prise en main pour tous les acteurs.
- Multilinguisme : si vos apprenants sont dispersés géographiquement, ce critère s'avère important.
- Possibilité de personnalisation de l'environnement.
- Visibilité du catalogue de formation : idéalement celui-ci doit être accessible sur la page d'accueil.

4. Outils collaboratifs, outils de communication, outils de partage

Nous l'avons vu, le web 2.0 a largement investi la formation à distance. La présence de ces outils est donc indispensable dans un dispositif hybride de formation même si vous ne les utilisez pas dans une première étape de déploiement.

- Présence de messagerie interne ou pas.
- Présence d'outils synchrones et asynchrones : lesquels ?
- Possibilité de conférences synchrones, classes virtuelles.
- Présence d'agendas communs ou personnels.
- Dépôt de documents.
- Présence d'outils web 2.0 : Wiki, blog.
- Fonctionnalités de réseau social.

5. Financier

Et bien entendu, n'oublions pas les critères financiers :

- Quel est le coût d'investissement : tarif licence, tarif hébergement, coût d'amortissement, coût d'abonnement ?
- Quel est le coût de maintenance annuel du système ?
- Quel est le coût par apprenant ?
- Quel est le tarif de l'hébergement ?

Il est important de choisir un LMS souple, évolutif, simple, de ne pas surestimer (ou sous-estimer) vos besoins tout en prévoyant l'évolution de votre politique de formation, d'où l'importance de documents projets comme le cahier des charges que l'on a détaillé au début de cet ouvrage.

Voici un petit tableau qui pourra vous aider à comparer les plateformes envisagées :

Critères					
	Pédagogiques	Techniques	Ergonomiques	Financiers	Généraux
LMS1					
LMS2					
LMS3					

Le choix de la plateforme va de pair avec la solution d'hébergement.

G. Hébergement

Rappelons tout d'abord et à toutes fins utiles ce qu'est la prestation d'hébergement.

1. Définition

*Un **hébergement internet/web** est la mise à disposition par un prestataire spécialisé, d'un espace loué ou acheté, sur un serveur, permettant le stockage et l'accessibilité des ressources/applications déposées sur ce serveur.*

Le prestataire spécialisé (hébergeur) garantit la disponibilité du serveur, un support, une maintenance, l'accès au serveur 24h/24 et 7j/7 en contrepartie du paiement d'un contrat d'hébergement.

Votre LMS est installé sur un serveur web. Les utilisateurs y accèdent via un navigateur après identification.

Le choix de la solution d'hébergement est déterminant pour le fonctionnement du dispositif de formation à distance.

Quelles sont les options possibles ?

Vous pouvez décider soit :

- d'héberger vous-même votre LMS, sur un serveur web interne à votre entreprise,
- de faire héberger en externe votre système, par un prestataire spécialisé.

2. Modes d'hébergement

a. Hébergement en interne

Vous installez le logiciel sur vos serveurs, qui en général héberge d'autres applications (sites web...). Le dispositif s'appuie donc sur votre infrastructure et votre service informatique.

Cela suppose que vous disposez en interne des ressources pour administrer ce serveur et les applications qui y sont installées.

b. Hébergement en externe

Si vous optez pour l'hébergement externe, le prestataire vous proposera alors certainement un hébergement en mode SaaS (*Software as a Service*) : le logiciel en tant que service est un concept consistant à proposer un abonnement à un logiciel plutôt que l'achat d'une licence.

3. Comment choisir la solution d'hébergement ?

Ce choix dépend essentiellement de vos besoins, de votre budget et des ressources disponibles dans votre service informatique.

- En termes de coûts : le modèle SaaS est intéressant et accessible aux petites et moyennes organisations, ainsi que pour la mise en œuvre de projets tests. L'hébergement en interne représente un investissement plus lourd, en coûts directs et en coûts indirects.
- Implémentation : le modèle SaaS est rapide à mettre en œuvre et s'appuie sur les meilleures pratiques développées par une équipe dédiée et expérimentée, chez le prestataire sélectionné. La solution d'hébergement en interne repose entièrement sur les compétences et disponibilités de votre service informatique.
- Prestations associées : le mode SaaS est associé en général et de façon contractuelle à des prestations de mises à jour, de maintenance planifiées. En termes de sécurité, le sujet est d'autant plus important que vous proposez des contenus confidentiels ou réglementés. Si vous optez pour le mode SaaS, la sécurité est gérée par le prestataire. Si vous optez pour l'hébergement interne, votre service informatique doit disposer de ressources compétentes et disponibles.

Le modèle SaaS s'avère souvent être le plus intéressant, techniquement et économiquement.

Pour en apprendre plus sur l'hébergement des LMS et les avantages comparés des différents modèles, allez voir : http://www.lms-selection.com/fr2/?p=84

H. Évolution des LMS

La plateforme de formation à distance, aujourd'hui noyau de tout dispositif digital learning, a progressivement évolué pour suivre la demande des utilisateurs et pour intégrer les outils technologiques apportés essentiellement par le web 2.0.

La demande des utilisateurs s'oriente de plus en plus vers une gestion des compétences plutôt que vers une gestion de la formation. La plupart des LMS intègre donc, au moins partiellement, la gestion des compétences. Le LMS doit être capable de « calculer » l'écart entre compétences présentes et compétences nécessaires à acquérir.

Les réseaux sociaux prennent progressivement leur place, notamment dans les processus d'apprentissage informel. Ainsi de plus en plus de plateformes proposent une fonctionnalité (ou/et une connexion) de réseau social via lequel l'apprenant et l'enseignant peuvent échanger dans une même communauté.

Par ailleurs, les vidéos sont de plus en plus utilisées à des fins pédagogiques. Les LMS proposent donc des fonctionnalités de plus en plus poussées pour gérer les éléments multimédia intégrés dans les parcours pédagogiques.

Autre signe de la transformation numérique des entreprises, les LMS sont de plus en plus utilisés dans les formations présentielles comme outil complémentaire ou comme centre de ressources.

Ces fonctionnalités émergentes dans les LMS, sont certainement appelées à se développer, à la demande des entreprises, qui souhaitent que l'apprenant, le salarié, l'étudiant dispose d'un véritable environnement numérique de travail plutôt que d'une « simple » plateforme de formation.

Une autre évolution sera, certainement à terme, l'intégration dans les LMS de fonctionnalités d'e-commerce, encore peu présentes aujourd'hui. En effet, dans la mesure où l'utilisateur, via le catalogue de formations de mieux en mieux géré (recherche, filtre, auto-évaluation), peut choisir son parcours, s'y inscrire, on ne voit pas pourquoi il ne pourrait pas directement l'acheter sur la plateforme.

Et enfin une des évolutions déjà présente, est la possibilité d'apprendre de façon désynchronisée. L'apprenant suit un ou deux modules par exemple, puis lorsqu'il se reconnecte sur le système, son historique est mis à jour par le LMS : cela répond à l'évolution du monde professionnel dans lequel le travail est de plus en plus nomade et où la frontière entre temps de loisirs et temps professionnel est de moins en moins marquée.

Mentionnons enfin l'émergence de certains projets de plateformes, sous forme de monde virtuel : l'apprenant est immergée dans son univers de formation, peut communiquer avec ses pairs en temps réel, se déplace d'une salle à l'autre pour accéder aux ressources, travailler en groupe...

TÉMOIGNAGE

Thomas De Praetere, vous êtes l'éditeur de la plateforme Dokeos.

Le monde du digital learning est en constante évolution. Comment la demande de vos clients évolue-t-elle ? Comment sera Dokeos dans deux ou trois ans ?

Trois choses ont changé :

1. Le contrôle de la qualité devient un enjeu majeur pour la compétitivité des entreprises. Pour certaines, le contrôle qualité est aussi requis pour obtenir une autorisation de mise sur le marché. De plus en plus souvent, ce n'est pas la direction RH qui nous contacte, mais le département Qualité qui souhaite former et évaluer les collaborateurs. Elles recherchent une solution de validation des compétences et un reporting qui soit présenté sous la forme d'un Fichier Individuel de Formation directement exploitable par les instances d'audit et de contrôle.

2. La mondialisation et la nomadisation sont devenues la norme. Les employés des entreprises travaillent dans plusieurs pays, depuis leur domicile et en déplacement. Sur des ordinateurs, des tablettes, des téléphones. Les solutions de digital learning se doivent de répondre à ce besoin en proposant des interfaces dites liquides qui s'adaptent à tous les appareils.

3. Les réseaux sociaux se sont imposés. L'apprentissage est devenu social. Les équipes collaborent dans l'apprentissage comme elles collaborent dans les projets : savoirs co-construits, appel à contribution, bases de données de connaissances. Les dispositifs les plus fins sont capables de combiner un modèle pyramidal avec un modèle horizontal. Par exemple à travers des documents de type Manuel ou Mode Opératoire qui sont ensuite soulignés et annotés par les participants.

Thomas De Praetere
Dokeos
www.dokeos.com

I. Étude de cas 1

1. Données

Votre entreprise n'a pas de LMS. Une plateforme sera nécessaire pour déployer le module à concevoir, mettre en place les outils d'accompagnement et suivre les apprenants car tel est le souhait de la direction de l'entreprise.

2. Instructions

Votre responsable hiérarchique vous a demandé de choisir un LMS. Tout le SI de l'entreprise est basé sur l'open source. Vous vous orientez donc vers ce type de sélection.

Vous devez choisir le LMS le mieux adapté à votre besoin et déterminer la solution d'hébergement qui vous semble la meilleure.

Votre DSI souhaite héberger le LMS en interne, vous préparez une argumentation pour le modèle SaaS qui vous paraît le plus judicieux.

J. Étude de cas 2

1. Données

Vous n'avez pas de LMS à disposition et n'envisagez pas à court terme d'en avoir un.

Pour l'instant, vous souhaitez introduire un peu de distance dans vos sessions de formation.

2. Instructions

Vous commencez à vous documenter sur les plateformes parce que vous avez l'intention à moyen terme de transposer votre catalogue de formation en blended. Vous aurez besoin d'une plateforme et commencez à vous documenter.

Listez les fonctionnalités qui vous semblent essentielles pour l'utilisation que vous prévoyez.

Chapitre 2.2

Utiliser une plateforme

A. Démarrer

Dans ce chapitre nous allons utiliser les fonctionnalités d'un LMS selon les principaux rôles que le LMS attribue aux utilisateurs :

- Apprenant
- Créateur de cours
- Tuteur
- Administrateur
- Support technique et pédagogique

Pour que cela soit plus concret, nous partirons d'une plateforme exemple, le LMS Open Source Chamilo.

Pour mieux connaître ce projet, allez sur www.chamilo.org.

Chamilo propose un campus virtuel que nous allons utiliser. Nous allons commencer par créer un compte sur ce campus :

✎ Rendez-vous sur le campus de démo de Chamilo : http://campus.chamilo.org/

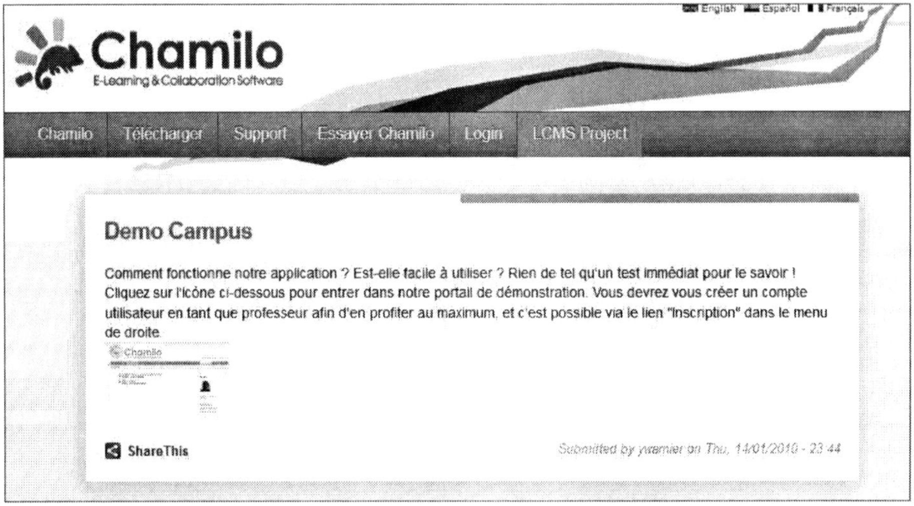

✎ Cliquez sur l'image pour vous inscrire et tester la plateforme.

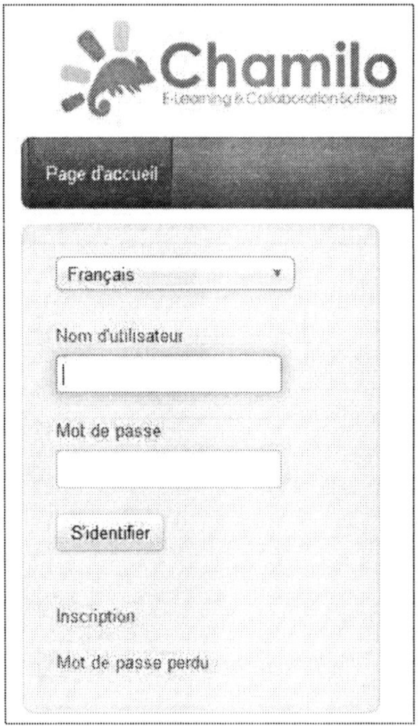

- Cliquez sur le lien **Inscription**.
- Sur la fenêtre suivante, renseignez les champs comme indiqué :

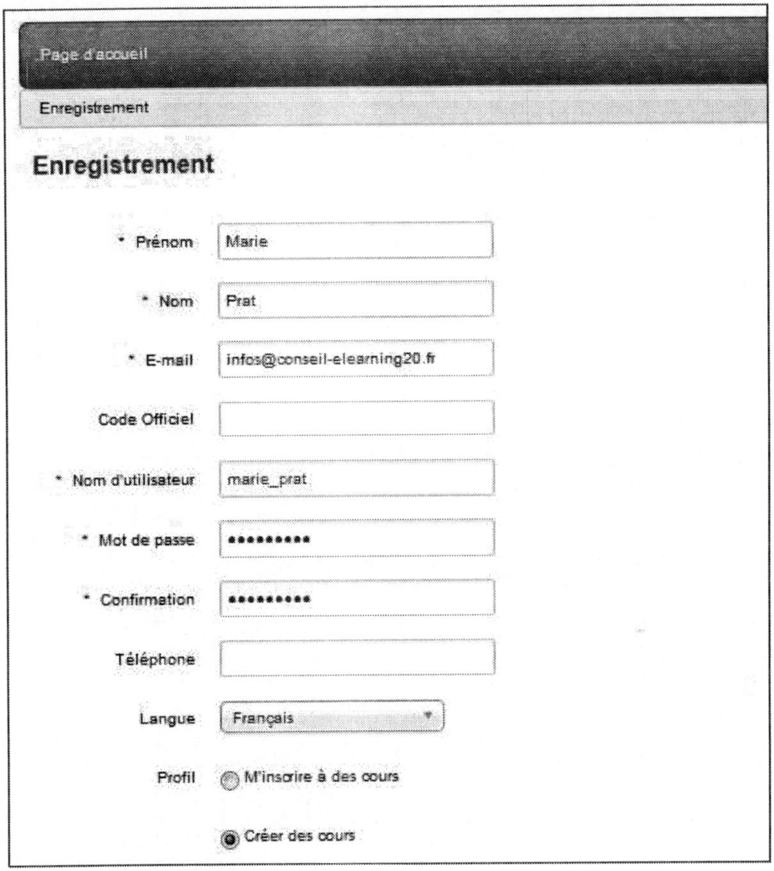

- Pensez à activer l'option **Créer des cours** pour pouvoir ensuite être reconnu comme enseignant par le LMS.
- Validez l'enregistrement en cliquant sur le lien **Valider mon inscription**.

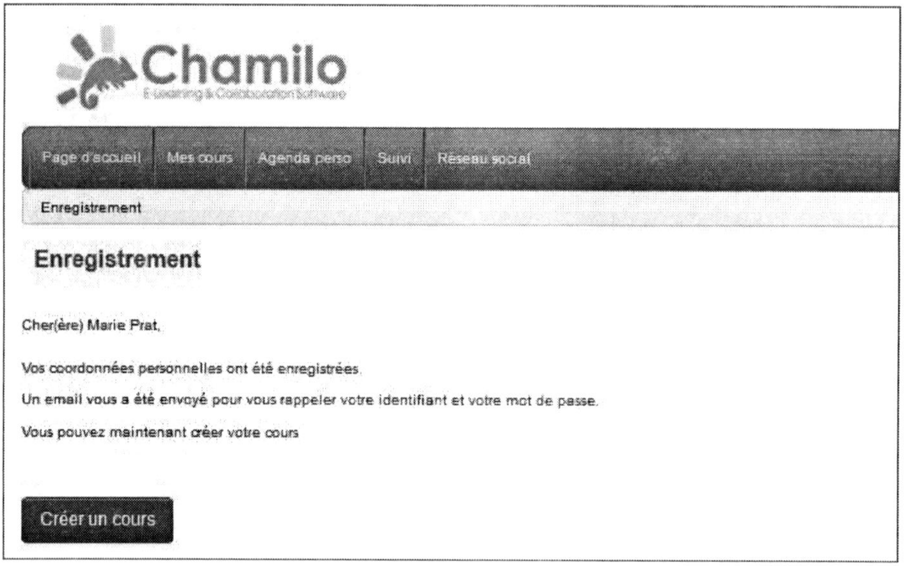

Vous pouvez, immédiatement après, créer un cours en cliquant sur le bouton associé.

Nous allons ensuite successivement, sans entrer dans le détail de toutes les fonctionnalités, tester les rôles de :

- créateur de cours,
- apprenant,
- tuteur,
- administrateur,
- support.

Cela vous permettra d'appréhender la plateforme sous tous les rôles utilisateurs.

> *Pour tester les outils e-learning de façon plus complète, vous pouvez vous reporter au livre e-learning : utiliser les outils web 2.0 pour développer un projet du même auteur et dans la même collection.*

B. Créer des cours

1. Profil et rôle

Créateur de cours : c'est le rôle généralement alloué au formateur (ou au concepteur multimédia qui travaille en coordination avec lui).

Le formateur est chargé d'alimenter le LMS en cours, d'animer des groupes et d'assurer le suivi pédagogique des apprenants.

La plateforme lui permet d'assurer toutes ces fonctions, il pourra ainsi :

- créer des parcours d'apprentissage intégrant différentes ressources pédagogiques,
- concevoir des situations d'apprentissage à distance,
- concevoir, réaliser et intégrer des ressources pédagogiques,
- ajouter, modifier ou supprimer des cours,
- inscrire des apprenants à des cours et constituer des groupes virtuels,
- animer un cours en utilisant les outils de communication et d'échange (chat, forum...) s'il joue également le rôle de tuteur,
- réaliser le suivi pédagogique des apprenants : suivi de l'historique, consultation des scores, organisation des évaluations...

2. Exemple

a. Créer un cours

Nous repartons de l'écran ci-dessous sur le campus virtuel de Chamilo.

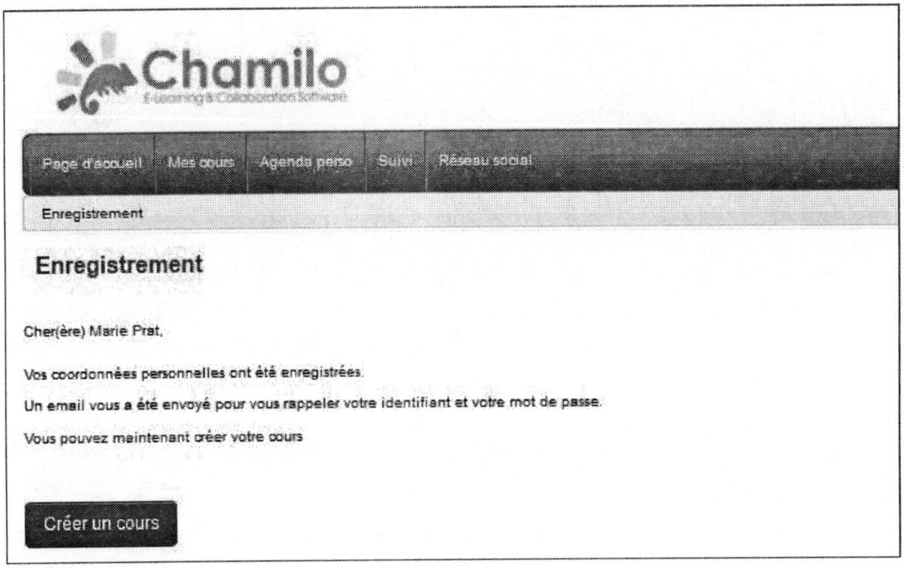

✎ Sur l'écran ci-dessus, cliquez sur le lien **Créer un cours**.

Comme dans tous les LMS, pour satisfaire les normes en vigueur et pour alimenter un catalogue de formations pertinent, vous allez indiquer des renseignements généraux quant au cours à créer : le nom du cours, la catégorie dans laquelle vous souhaitez le ranger, le code éventuel associé...

Vous pouvez compléter ce formulaire plus tard dans la démarche de création.

✎ Renseignez les champs comme indiqué.

✎ Cliquez sur le lien : **Créer ce cours**.
Patientez quelques secondes le temps que votre cours soit créé.

✎ Cliquez sur le nom du cours, vous pouvez alimenter votre cours dans l'écran suivant.

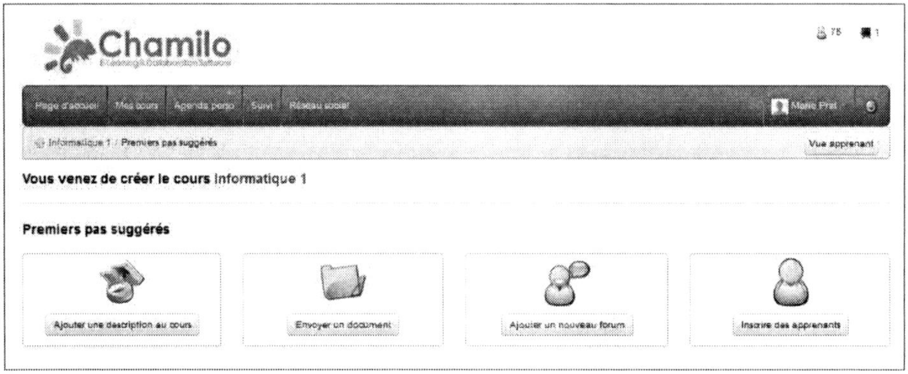

Vous pouvez alors directement ajouter les éléments suggérés à votre nouveau cours. Pour l'instant nous ne faisons rien dans cet écran.

✎ Pour accéder à la page d'accueil du cours, cliquez dans la bannière sur le nom du cours *Informatique 1*.

Vous affichez alors la page d'accueil du cours. Nous n'allons pas dans cet ouvrage détailler toutes les fonctionnalités du LMS mais sachez qu'à partir de cette page d'accueil, vous pouvez alimenter votre premier cours, en utilisant les catégories à votre disposition.

- La catégorie **Production** sert à donner des méta-informations concernant le cours créé, créer des parcours, réaliser des exercices, des évaluations, déposer des documents, proposer des liens, effectuer des annonces d'évènements, créer un glossaire...

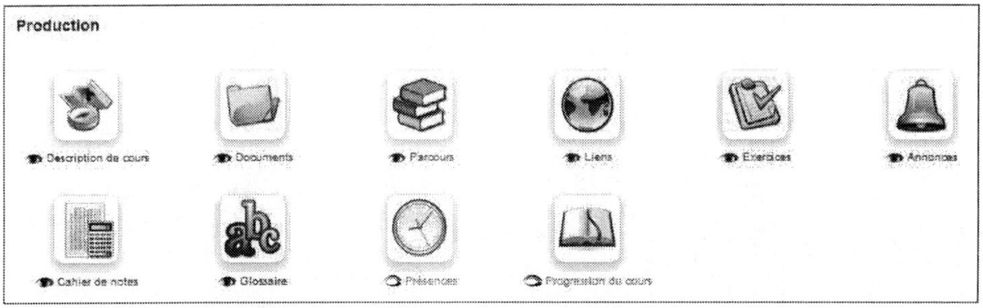

- La catégorie **Interaction** sert à gérer les groupes d'apprenants, utiliser les outils de partage et de communication, gérer les agendas et l'espace travaux...

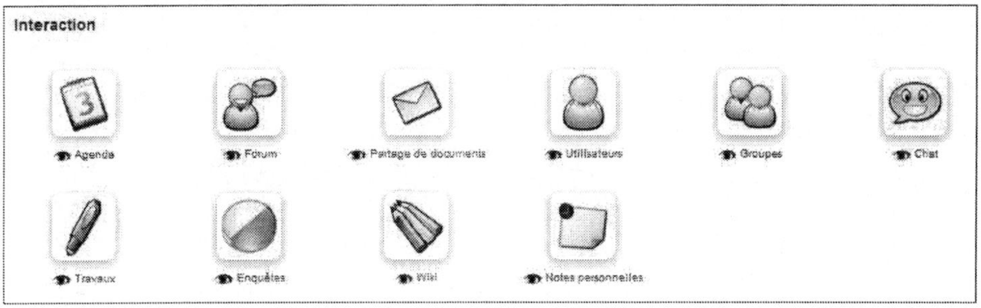

- La catégorie **Administration** sert à piloter le suivi pédagogique, et à paramétrer votre interface...

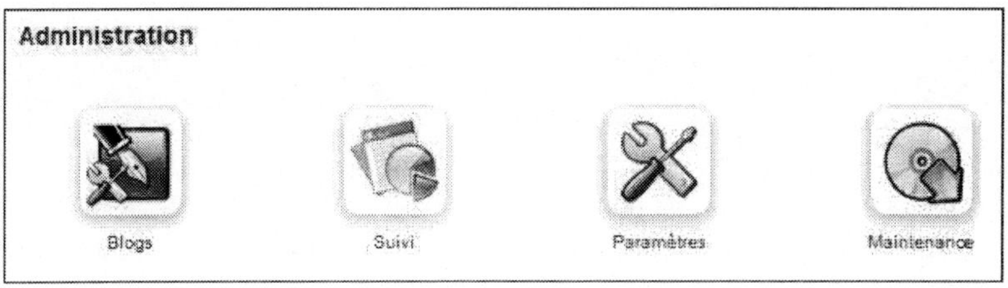

Voyons maintenant comment décrire un cours et créer un parcours.

b. Décrire le cours

Pour apporter une description bien utile au cours surtout dans le cas où vous avez à gérer un catalogue de formation.

> *Activez ou désactivez les liens sur la page d'accueil du cours en cliquant sur l'œil . Lorsque l'œil est fermé (lien désactivé), l'option n'apparaitra pas dans l'interface apprenant.*

✎ Cliquez sur le bouton **Description du cours**.

Vous pouvez renseigner les différents champs de description. Ces champs sont utiles aux apprenants pour connaître le contenu du cours avant de s'y inscrire.

✎ Cliquez sur **Description du cours** et répondez à la question posée dans la zone bleue, cela vous aidera à compléter les informations demandées.

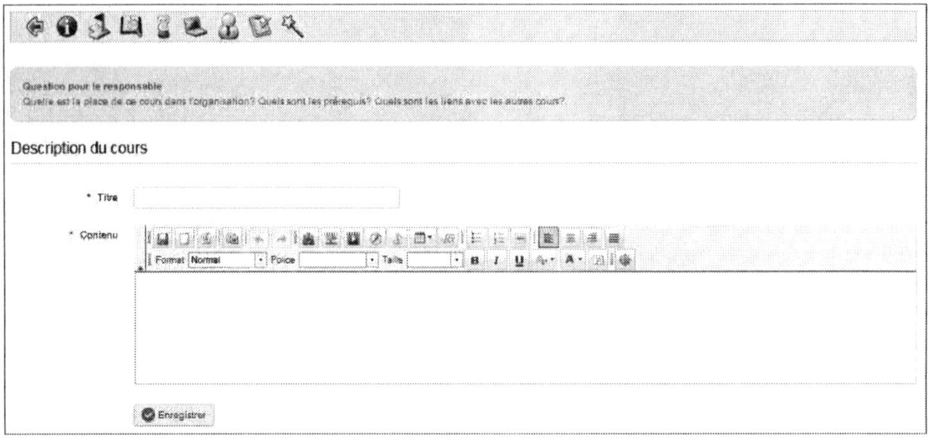

- Donnez un titre à ce cours.
- Renseignez le champ **Contenu**.
- Validez en cliquant sur le bouton **Enregistrer**.

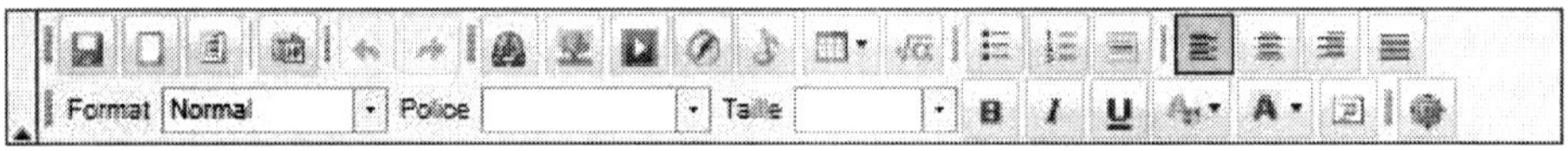

Pour les zones de plusieurs lignes à renseigner, vous disposez d'un Rich Text Editor (écran ci-dessus) qui vous permet d'effectuer des mises en forme de caractères comme dans un éditeur de texte classique.

La description du cours apparaît maintenant sur l'écran du cours. Vous pouvez continuer à renseigner ce cours.

- Cliquez sur le bouton **Objectifs**.

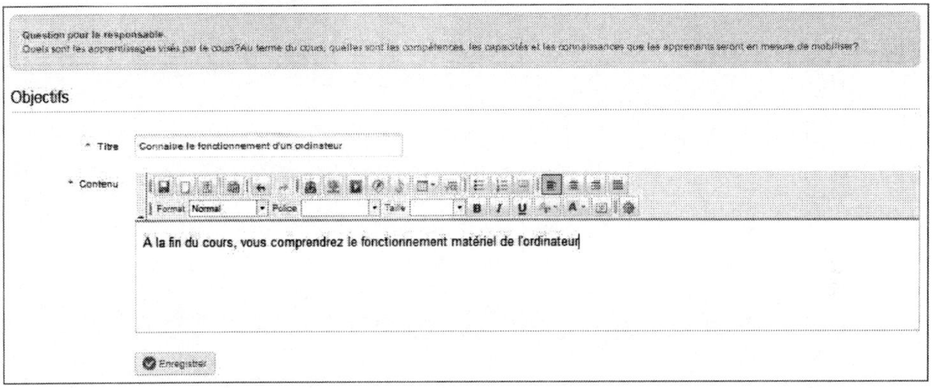

- Renseignez les champs **Titre** et **Contenu**.
- Validez en cliquant sur le bouton **Enregistrer**.

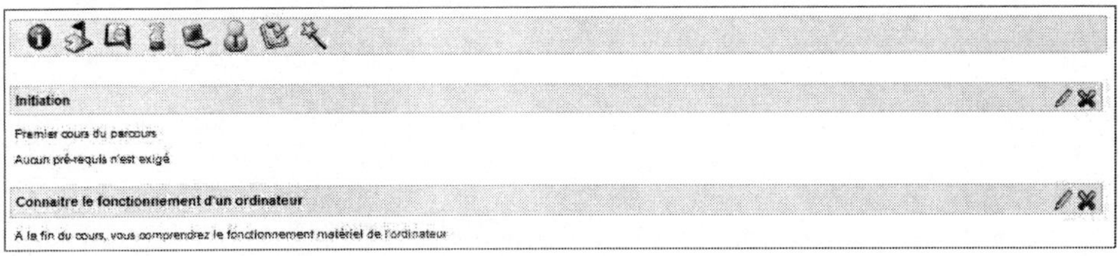

L'écran de description du cours a été mis à jour.

Vous pouvez à tout moment revenir sur des éléments déjà renseignés à l'aide des boutons : en cliquant sur le crayon vous repassez en mode ***Edition*** *et pouvez les modifier. En cliquant sur la croix rouge, vous pouvez vider la zone renseignée.*

c. Créer un parcours

Un parcours de formation propose un itinéraire pédagogique complet pouvant inclure des prérequis, des modules de formation présentielle et à distance, des phases d'évaluation formative et sommative, des classes virtuelles, un tutorat ; le parcours peut se terminer par une évaluation finale donnant lieu à une attestation de compétences par exemple.

Le parcours répond à un objectif pédagogique global correspondant en général à des compétences à acquérir et contient des étapes pédagogiques.

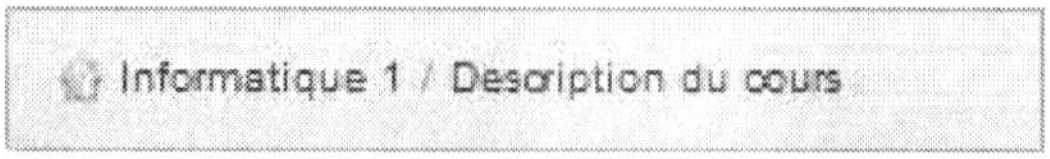

- Pour revenir à la page d'accueil du cours et continuer la démarche de création, cliquez sur le lien **Informatique 1** en haut de l'écran.

Pour revenir à la page d'accueil du cours, vous pouvez également cliquer sur l'onglet ***Page d'accueil****.*

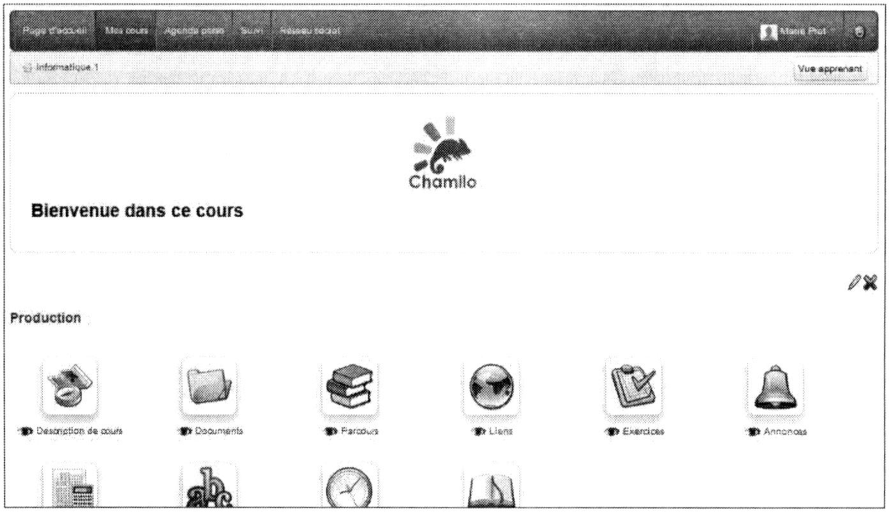

Dans la page d'accueil du cours, cliquez sur le bouton **Parcours** puis **Créer un parcours**.

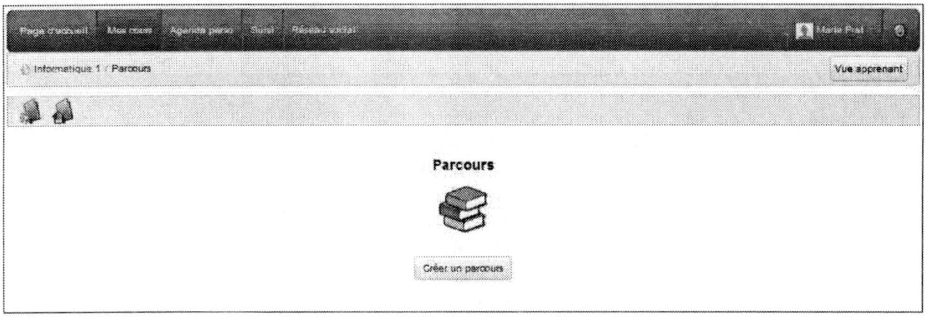

*Pour information, la fonction **Import AICC et SCORM** vous sert à importer des modules déjà produits pour les intégrer dans un parcours (voir chapitre suivant sur les standards e-learning).*

Dans cet écran, nommez le parcours, par exemple **Initiation informatique niveau 1**.

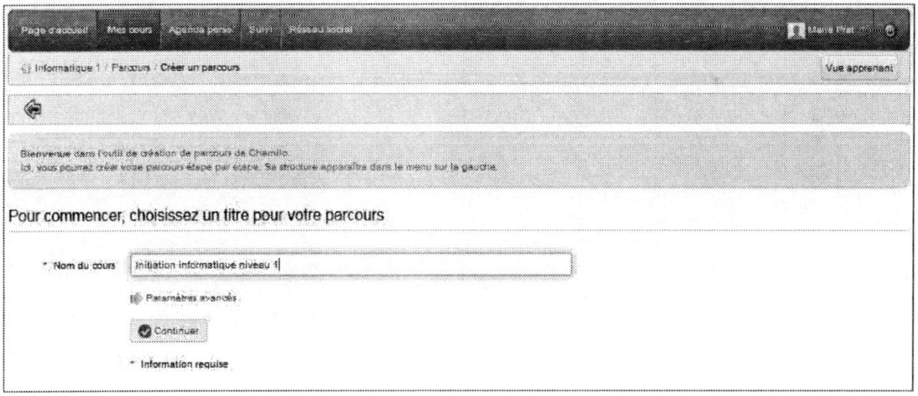

Validez en cliquant sur **Continuer**. Vous pouvez ensuite créer votre parcours étape par étape.

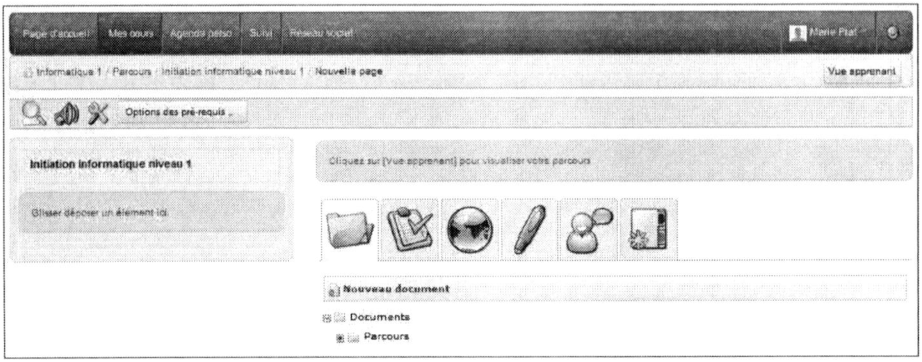

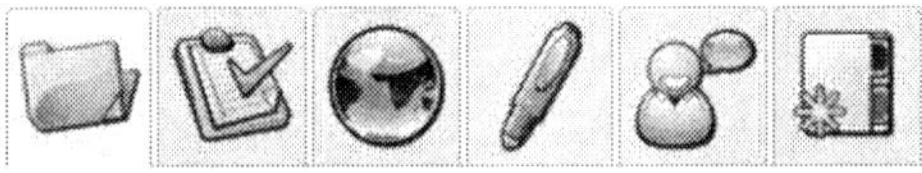

Vous pouvez à partir de cet écran :

- construire le parcours, en y ajoutant des activités ou objets de cours (ressources/documents par exemple),
- organiser votre parcours en organisant le plan de cours (chapitres),
- créer des évaluations,
- créer des liens,
- insérer de nouveaux contenus classés par chapitre,
- insérer de nouvelles étapes dans le parcours : étapes d'évaluations, de test, de contenus multimédia (podcast, vidéo...).

Le sommaire du parcours apparaît sur la gauche, vous y verrez également la hiérarchie/arborescence au fur et à mesure de la construction du parcours.

Vous savez comment créer un cours et un parcours. Plaçons-nous maintenant du côté de l'apprenant.

C. Apprendre

1. Profil et rôle

L'apprenant est au centre du dispositif de formation à distance.

Il va suivre un itinéraire pédagogique dans lequel il est guidé (étapes pédagogiques) et accompagné (outils de tutorat).

L'apprenant est le destinataire final de tout dispositif hybride de formation.

Il va se connecter à la plateforme pour accéder à ses cours et pour les suivre.

Ainsi, l'apprenant va utiliser la plateforme pour :

- s'inscrire à des cours (directement ou non),
- suivre un apprentissage à distance,
- consulter des ressources,
- organiser son travail et son parcours,
- communiquer avec son tuteur et/ou avec les autres apprenants,
- s'évaluer avant, pendant, et après le cours,
- consulter les résultats de ses évaluations,
- consulter son historique de formation.

2. Exemple

Retrouvons l'écran Chamilo :

✎ Retrouvez la page d'accueil du cours.

✎ Cliquez ensuite sur le bouton **Vue apprenant**, en haut à droite de la fenêtre.

Vous êtes maintenant considéré comme un apprenant par la plateforme et avez accès aux outils choisis pour vous par le créateur du cours.

✎ Cliquez sur l'onglet **Suivi** pour visualiser les informations de votre historique sur le LMS.

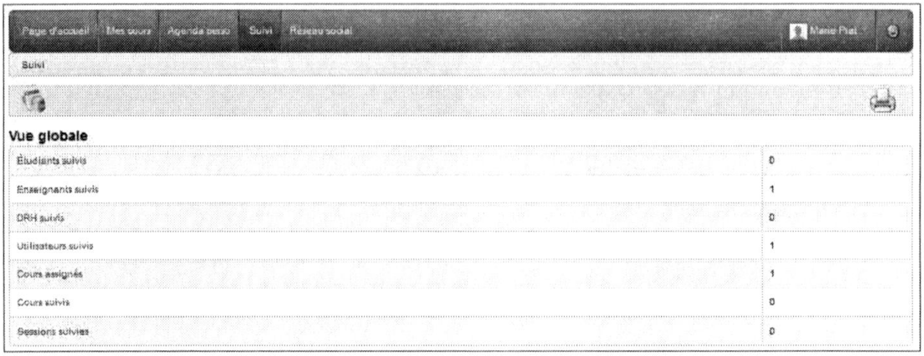

✎ Cliquez sur le lien **Cours assignés** pour visualiser les informations de votre historique sur le parcours actif.

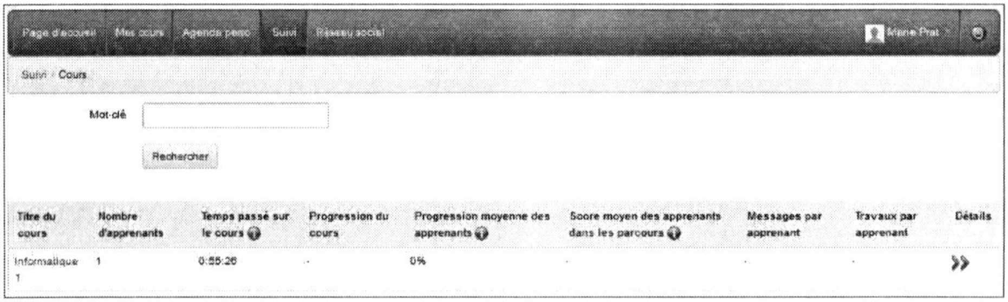

✎ Cliquez sur l'onglet **Agenda perso** dans la bannière du haut pour visualiser votre agenda privé. Sur cet agenda, pourront être programmés par votre tuteur ou formateur, des classes virtuelles ou d'autres évènements ponctuels ou récurrents.

Notez également que le LMS propose une fonctionnalité de « réseau social » dont voici un aperçu :

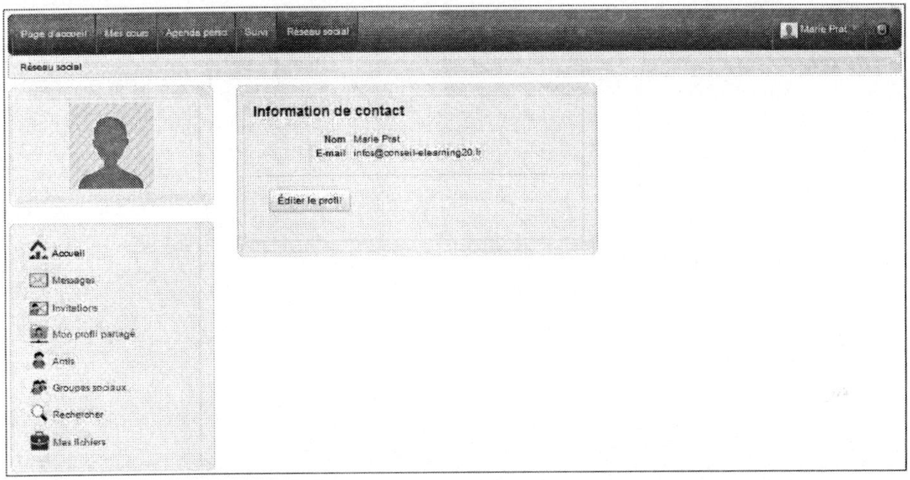

D. Accompagner/animer

1. Profil et rôle

Le tuteur (qui peut parfois se confondre avec le personnage du formateur) :

- a une culture métier ou bien (et ce n'est pas exclusif) maîtrise parfaitement les outils de communication et d'échanges du LMS,
- accompagne, conseille, soutient, motive et remotive les apprenants,
- est proche de l'utilisateur, communique avec lui.

Ainsi le tuteur va utiliser la plateforme pour :

- communiquer avec les apprenants,
- suivre l'apprenant dans son parcours,
- planifier des évènements (classe virtuelle, webinar, séances de chat...),
- alimenter les wikis, blogs, forums...,
- suivre les résultats des évaluations,
- consulter l'historique des sessions pour mieux accompagner les apprenants.

2. Exemple

- Si nécessaire, déconnectez-vous puis reconnectez-vous sur le portail pour avoir de nouveau accès à la page d'accueil du cours en tant que responsable de cours.

Dans la mise en situation décrite ici, il n'y a pas de distinction sur le LMS entre le rôle de tuteur et celui de créateur de cours.

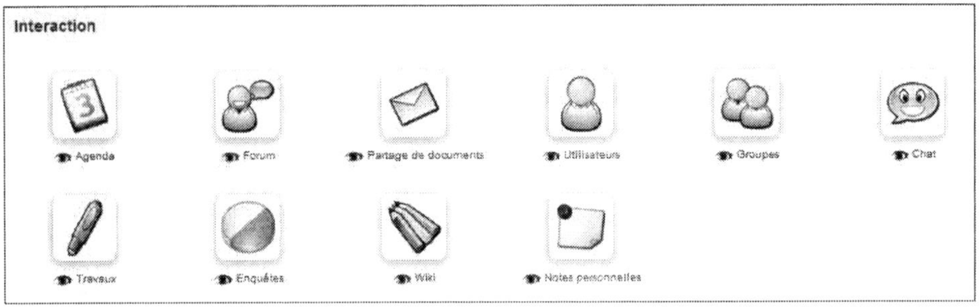

- Dans la catégorie **Interaction** : vous pouvez gérer les groupes d'apprenants, utiliser les outils de partage et de communication, vous pouvez gérer les agendas et l'espace travaux...
- En cliquant sur le bouton **Wiki**, vous pouvez créer facilement un wiki pour permettre aux apprenants d'enrichir le cours par exemple.

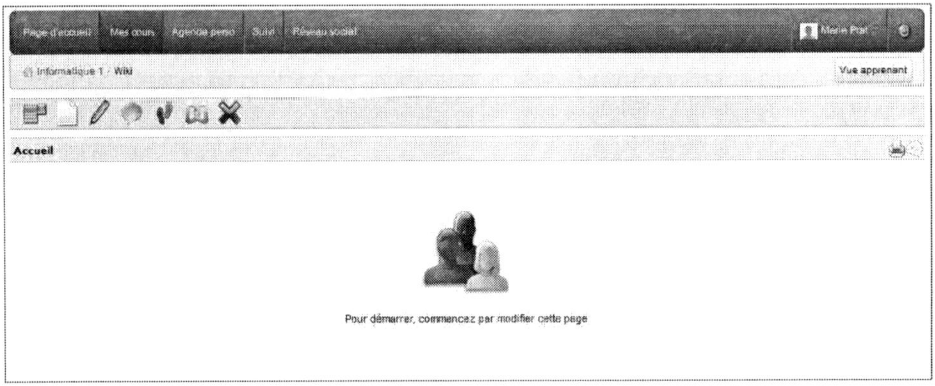

- À partir de la page d'accueil, en cliquant sur le bouton **Agenda**, vous pouvez créer des évènements, inscrire des apprenants à des évènements. Ils recevront alors un mail d'invitation envoyé via la plateforme.

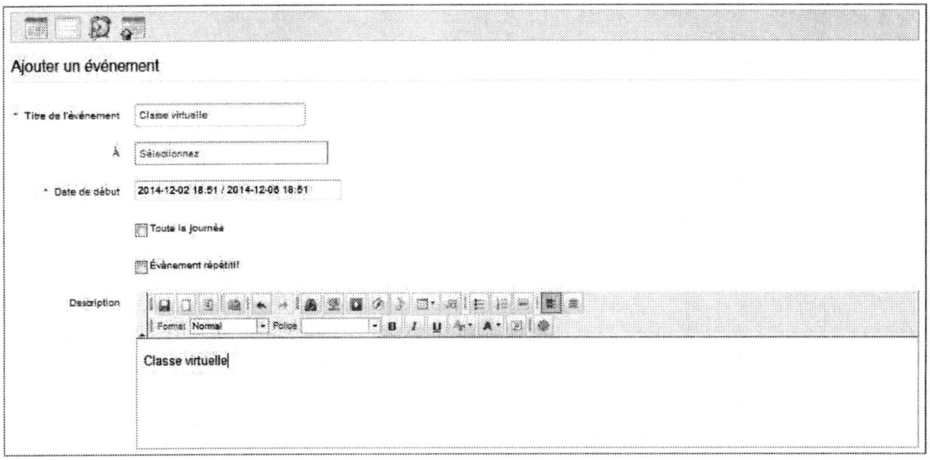

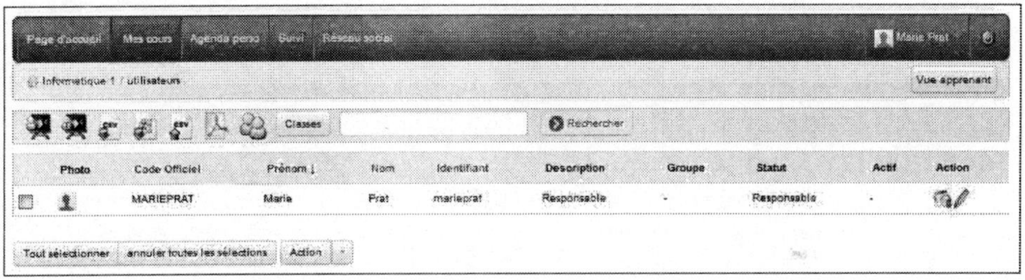

✎ À partir de la page d'accueil, en cliquant sur le bouton **Utilisateurs**, vous pouvez inscrire des apprenants à des cours, ils recevront un mail d'inscription leur donnant accès au cours prévu. Vous pouvez également accéder au détail de l'activité de l'utilisateur.

E. Administrer

1. Profil et rôle

L'administrateur du LMS constitue une ressource très importante dans un dispositif hybride, il a en général une culture informatique. Il est chargé de gérer la base de données utilisateurs du LMS (création, modification, suppression d'utilisateurs).

Il va gérer les droits d'accès à la plateforme, effectuer le suivi technique de la plateforme, superviser (ou réaliser dans le cas d'un hébergement interne) la maintenance et la mise à jour logicielle de la plateforme.

2. Exemple

Revenez à la page d'accueil du cours en tant que responsable de cours.

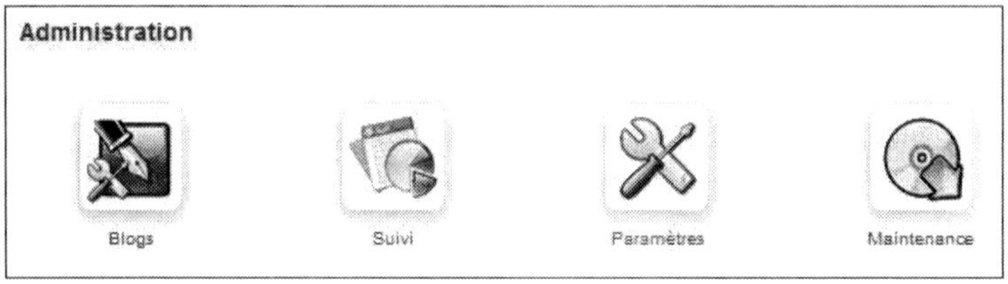

✎ Dans la catégorie **Administration** : vous pouvez assurer le suivi pédagogique, paramétrer votre interface...

Dans cette catégorie, vous avez accès aux fonctions d'administration du cours.

✎ À partir de la page d'accueil, en cliquant sur le bouton **Paramètres**, vous revenez aux paramètres généraux du cours, vous pouvez gérer les accès au cours, les permissions utilisateurs, les alertes par mail...

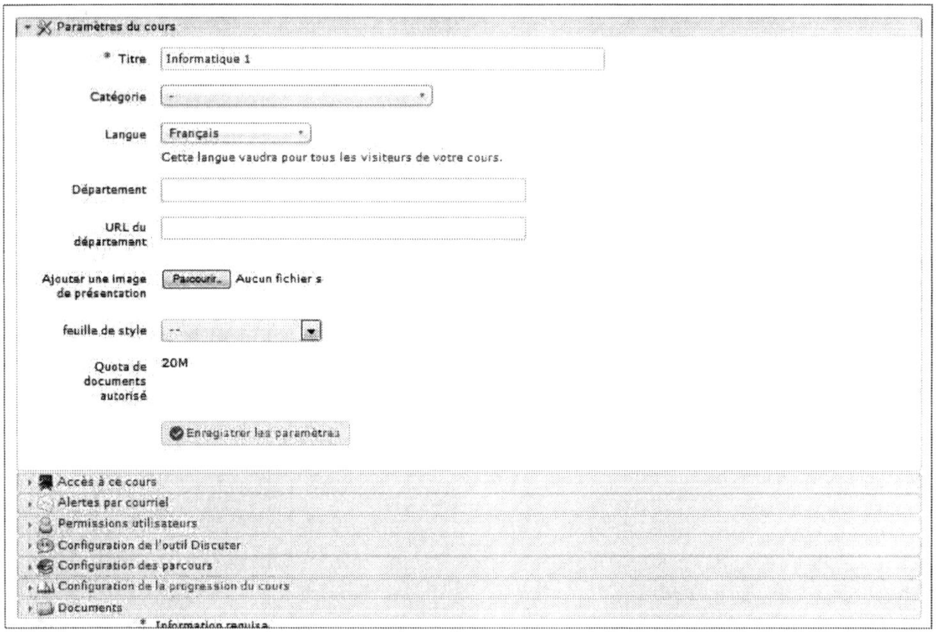

✎ À partir de la page d'accueil, en cliquant sur le bouton **Suivi**, vous pouvez alerter les apprenants qui sont inactifs, voir le suivi du cours, voir le suivi de l'utilisation des ressources...

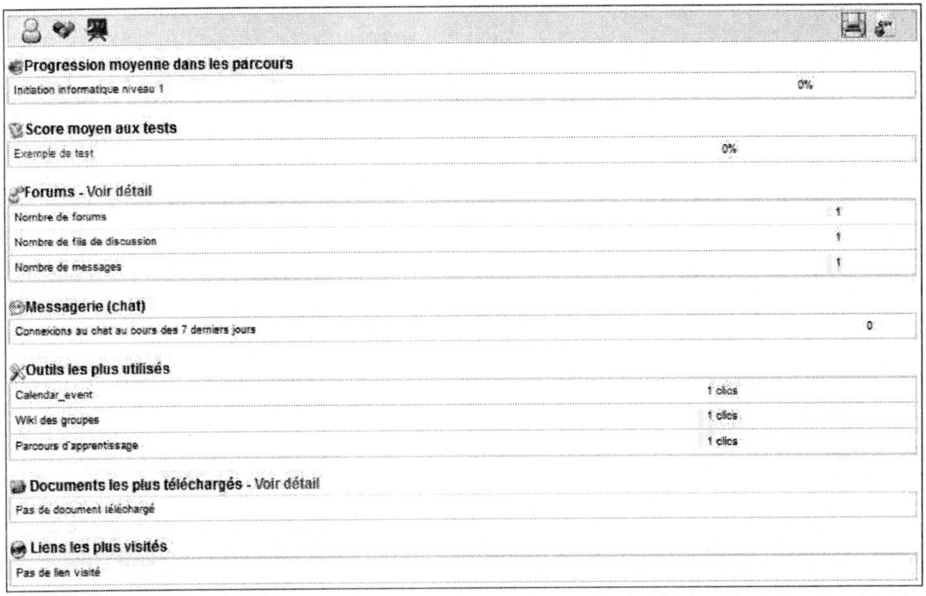

À partir de la page d'accueil, en cliquant sur le bouton **Maintenance**, vous pouvez sauvegarder, copier, vider un cours...

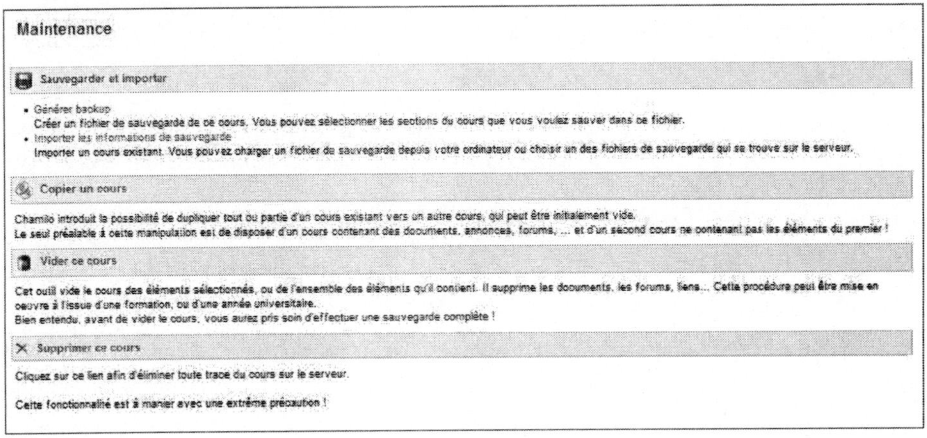

F. Les supports

1. Profil et rôle

Deux types de support sont nécessaires dans un dispositif hybride de formation.

- Le support pédagogique qui est généralement assuré par le formateur ou/et tuteur : ce support répond à des problématiques concernant le contenu pédagogique.
- Le support technique, généralement assuré par une ressource informatique, chargée de faire en sorte que l'apprenant ne soit pas bloqué par un dysfonctionnement du système ou par un manque d'information et de soutien.

Plus précisément, le rôle du support technique est :

- d'assurer la qualité du service : temps de réponse, qualité des connexions.
- de répondre aux questions techniques posées par les utilisateurs.

2. Exemple

Selon la stratégie de support pédagogique et technique qui est mise en place par l'entreprise, les personnes ressources du support peuvent recevoir des mails de la part des utilisateurs, ou bien ouvrir des fils de discussion sur le forum, ou dépanner par téléphone les apprenants.

G. Étude de cas 1

1. Données

Vous avez opté pour la plateforme Chamilo.

2. Instructions

Pour le prochain Copil, vous devez montrer à vos collègues les différents rôles proposés par le LMS, pour l'instant cela est un peu confus pour eux.

Ils ne comprennent pas ce que peut faire un apprenant, un tuteur, un formateur, un administrateur sur un LMS...

H. Étude de cas 2

1. Données

Vous avez testé plusieurs plateformes.

2. Instructions

Vous souhaitez proposer une plateforme très ergonomique, orientée web 2.0 pour favoriser les échanges entre apprenants et créer une communauté de clients/apprenants.

Vers quelle(s) plateforme(s) vous orientez-vous ? Pourquoi ?

Chapitre 2.3

Respecter les standards

A. Introduction

Les plateformes et les grains pédagogiques produits peuvent communiquer entre eux parce qu'ils répondent en grande majorité aux standards e-learning en vigueur.

Regardons cela plus précisément.

B. Les standards en vigueur

Le développement exponentiel du digital learning a rendu nécessaire le développement de normes et de standards pour rendre interopérables ces différentes applications. Les normes répondent à l'impératif de portabilité et de transférabilité des contenus d'une plateforme à l'autre.

La production de contenu coûte cher, il est donc forcément intéressant pour les entreprises de pouvoir réutiliser ce contenu à volonté dans d'autres parcours et sur d'autres plateformes.

Les entreprises comprennent aujourd'hui que satisfaire aux standards en vigueur peut leur permettre de rationaliser leurs coûts de formation en rendant les contenus transférables et les changements de plateforme possibles.

1. De quoi parle-t-on ?

Trois normes dominent le marché en matière de e-learning : AICC, IMS et SCORM. Très majoritairement définies par les anglo-saxons, les normes internationales sont celles qui s'appliquent dans les appels d'offres.

Les principaux avantages des normes en vigueur AICC/SCORM et IMS sont de bénéficier d'une évolution large et flexible quant au contenu de la plateforme.

En effet, une fois aux normes, les contenus sont transférables facilement d'une plateforme à l'autre, pour peu que les plateformes LMS respectent elles aussi les normes.

2. Les acteurs historiques

a. AICC (Aviation Industry CBT Committee)

Les notions de normes se basent pour la plupart sur des normes préexistantes comme celles de l'AICC (*Aviation Industry CBT Committee*) utilisées aux USA pour formaliser la formation informatique dans l'industrie aéronautique.

AICC est un comité connu depuis longtemps pour ses spécifications dans le domaine de la formation sur support informatique.

b. IMS Global Learning Consortium

IMS propose des spécifications touchant la mise en forme XML de données relatives à la formation à distance.

C'est un vaste ensemble de spécifications se basant sur le langage XML. Divers domaines sont concernés : la création de métadonnées pour du contenu de formation, la collecte d'informations sur les apprenants, la création de questionnaires.

c. SCORM (Sharable Content Object Reference Metadata)

SCORM est une norme d'enseignement assisté par ordinateur initiée par l'armée américaine.

SCORM est développée par ADL (*Advanced Distributed Learning*), c'est une initiative américaine, qui propose diverses spécifications XML issues de IMS. Cette norme traite aujourd'hui toute la chaîne de production e-learning, de la création de contenus à l'intégration dans la plateforme.

SCORM (Sharable Content Object Reference Metadata) est une suite de normes techniques qui permet aux systèmes de formation à distance d'indexer, de partager et de réutiliser, les contenus de formation, de manière standardisée.

IMS et SCORM sont complémentaires.

C. Utilité

Les contenus pédagogiques développés en respectant les normes sont rendus indépendants du système sur lequel ils sont installés. Dès lors que le contenu est indépendant du LMS, celui-ci peut être facilement réutilisé dans un autre environnement technique.

Les plateformes LMS, les outils de création de contenu sont nombreux, multiples, multilangages et multitechnologies.

Le modèle SCORM est chargé de répondre aux exigences suivantes :

- Accessibilité : c'est la capacité de repérer des composants pédagogiques à partir d'un site distant, d'y accéder et de les distribuer à d'autres sites.
- Adaptabilité : c'est la capacité à personnaliser l'enseignement en fonction des besoins définis pour les apprenants.
- Durabilité : c'est la capacité de résister à l'évolution technologique sans nécessiter une reprogrammation.
- Interopérabilité : c'est la capacité d'une application quelle qu'elle soit, à fonctionner dans un autre logiciel et environnement technique sans nécessiter d'adaptation en termes de programmation ou de configuration.
- Réutilisabilité : c'est la capacité de souplesse d'une application à être utilisée dans un autre environnement sans nécessité de modification de fond.

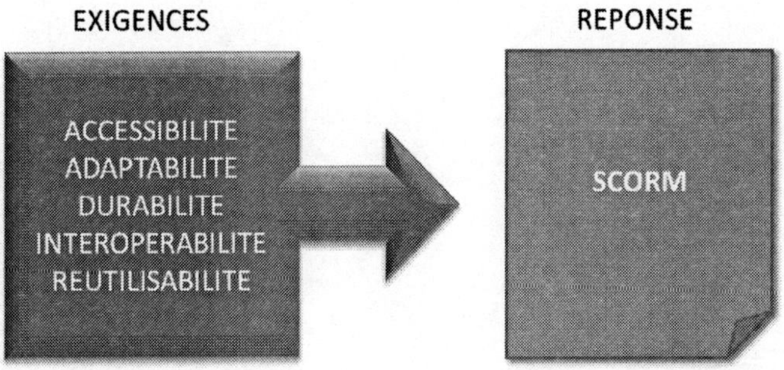

D. Comment ça marche ?

La standardisation de modules e-learning s'effectue à quatre niveaux :

- la création de contenus,
- la description des cours,
- la création de paquetages de distribution,
- le dialogue entre le contenu de formation et la plateforme.

1. Création de contenus

Les contenus de formation sont très complexes à mettre aux normes, étant donné leur diversité de format, la part de créativité inclus dans la création de modules.

Composé d'un ensemble de fichiers et de ressources, accessibles via un navigateur web, un contenu e-learning contient des cours, des évaluations, des ressources, un ensemble d'activités, le tout techniquement séparé...

Ces fichiers sont de formats disparates : images, textes, animations, fichiers PowerPoint, pages web...

Dans le modèle SCORM, ces objets sont nommés ASSETS (actifs) et sont ensuite réunis dans un SCO (*Sharable Object Content*).

a. Asset

Le contenu d'apprentissage est composé d'actifs (assets), c'est-à-dire de fichiers de formats variés.

TYPE D'ACTIFS

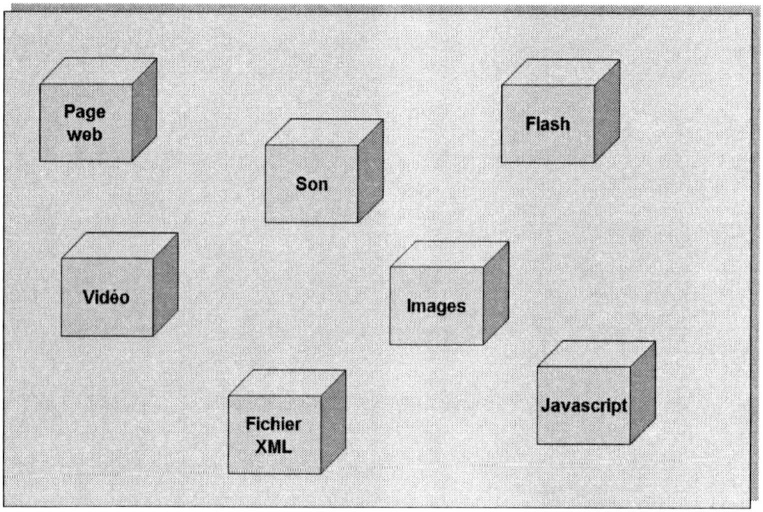

b. SCO (Sharable Content Object)

Le SCO constitue le niveau le plus fin pouvant être géré par une plateforme LMS. Un SCO est composé d'un ensemble d'actifs (assets).

Le SCO doit pouvoir être réutilisé dans un autre contexte d'apprentissage ou dans un autre environnement technique.

Les SCO peuvent ensuite être regroupés pour former une unité plus grande, par exemple un module de formation.

Ainsi, les SCO :

- sont les unités les plus petites pouvant communiquer avec le LMS,
- contiennent un ensemble d'assets,
- sont lancés par le LMS mais ne peuvent lancer d'autres SCO,
- sont réutilisables dans d'autres environnements.

2. Description du contenu de formation

Les normes gèrent très bien cet aspect qui permet de décrire les contenus de formation à l'aide de métadonnées.

L'ajout de métadonnées à un contenu de formation rend possible le tri, le classement des cours. Ils sont ensuite aisément repérables dans le catalogue de formation ou via un moteur de recherche.

Ces métadonnées permettent la définition d'un dictionnaire de termes décrivant le contenu de l'objet d'apprentissage.

Ainsi, on va affecter au contenu des métadonnées contenant des informations du type :

- Auteur
- Mots-clés
- Titre
- Public
- Durée du cours
- Prérequis
- Description
- ...

Une fois que le contenu est décrit, vous allez en préparer la livraison vers la plateforme.

3. Création du paquetage de distribution

La spécification SCORM traitant de l'empaquetage va regrouper un ensemble d'éléments constitués de métadonnées, de contenus, d'informations sur le déroulé pédagogique.

On va alors créer un fichier zip contenant tous les fichiers utiles ainsi qu'un fichier XML (appelé Manifest).

Un cursus ou module de formation peut contenir plusieurs modules ou objets indépendants (techniquement) les uns des autres.

Ces objets doivent ensuite être agrégés pour être présentés à l'apprenant dans un ordre pédagogiquement logique.

Les normes sont utilisées pour cette agrégation.

L'agrégat de contenu va contenir :

- des SCO, des assets,
- la description du cours,
- des informations concernant la navigation,
- des ressources.

On va pour cela créer un fichier XML nommé « manifest » qui contiendra la structure du cours et la liste des objets de ce cours.

Ensuite, tous ces éléments sont rassemblés dans un fichier zip.

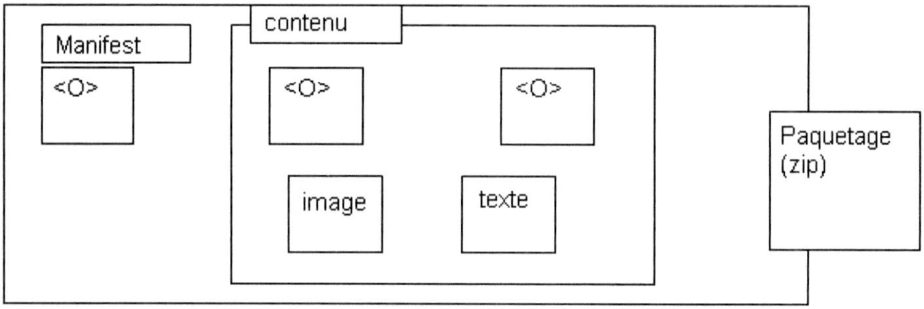

L'ensemble ainsi créé sera intégré dans la plateforme qui sera chargée de l'interpréter.

L'étape suivante consiste à rendre possible le dialogue entre contenu et plateforme.

4. Dialogue entre grains et plateforme

Vous disposez maintenant d'un contenu opérationnel et présentable mais qui ne dialogue pas encore avec la plateforme, or une communication est nécessaire entre l'objet pédagogique et le LMS.

Le LMS et le contenu vont dialoguer via l'utilisation d'API (*Application Programming Interface*) et de fonctions normalisées écrites en JavaScript ou en Java. Cette API fournit une manière standard de communiquer avec les LMS, indépendamment de l'outil utilisé pour développer le contenu.

E. Que faire avec les normes ?

1. État des lieux

Selon l'étude publiée sur le site LMS Sélection :

- Les LMS open source respectent plutôt les standards en vigueur, certains ont obtenu la certification.
- Les éditeurs français de LMS déclarent être conformes à SCORM 1.2, SCORM 2004, ou/et AICC mais ne demandent pas la certification.
- SCORM 1.2 est universellement (ou quasiment) adopté par les LMS, SCORM 2004 rattrape son retard.

2. Quels standards respecter ?

Si vous disposez déjà d'un LMS dans votre entreprise, développez ou achetez des contenus qui sont supportés par votre LMS.

Si vous devez sélectionner et choisir un LMS, choisissez-en un qui respecte un spectre large de normes, cela vous donnera plus de marge de manœuvre pour acheter ou produire des contenus.

3. Les outils auteurs et les standards

La plupart des outils auteurs sur le marché vous permettent d'exporter directement vos ressources et autres modules au format SCORM sans que vous ayez à vous préoccuper des détails.

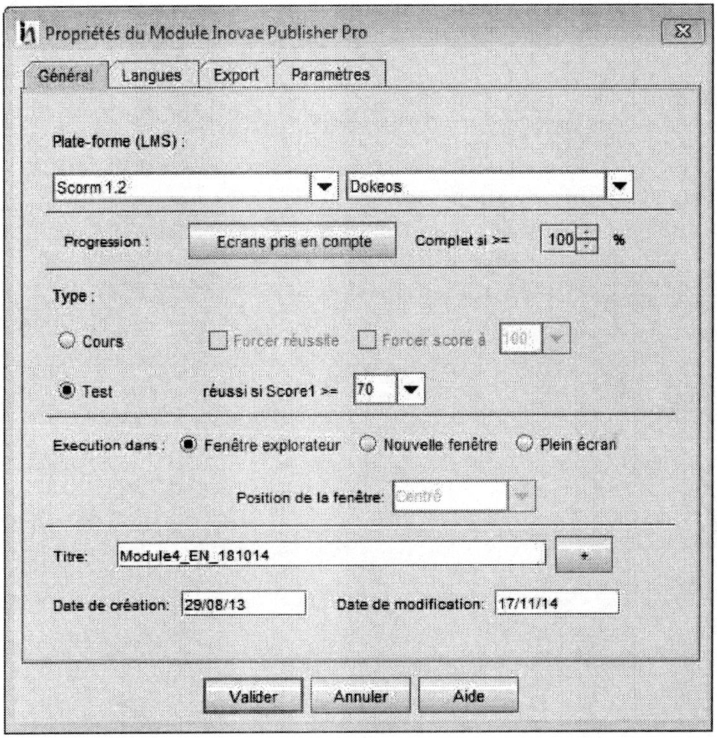

F. De SCORM vers xAPI

Le protocole digital learning SCORM qui est en place depuis des dizaines d'années et qui permet aux plateformes et aux contenus e-learning de communiquer pour remonter des informations de tracking, mais aussi aux modules "scormés" d'être portables sur une autre plateforme pourvu qu'elle soit également "scormée" est en passe d'être remplacé par un nouveau protocole, le standard xAPI.

Cette évolution constitue sans aucun doute un point de vigilance pour l'avenir proche du e-learning, par rapport à la conception de contenus et par rapport aux plateformes mises en place.

TÉMOIGNAGE

Sébastien Fraysse, votre expertise est reconnue dans le monde des plateformes et des standards e-Learning. Comment vos clients appréhendent-ils l'adoption des standards ? Quelles sont les évolutions dans ce domaine ?

Les standards permettent d'assurer la compatibilité entre « contenus pédagogiques » et « plateformes (LMS) ». Le plus célèbre s'appelle SCORM et permet de tracer la consultation des contenus par les apprenants.

On peut dire que SCORM est une vraie réussite dans la mesure où ce standard est très largement adopté et qu'il vous permet d'associer librement les outils auteurs et plateformes de votre choix. Toutefois il s'agit d'un succès en demi-teinte, les possibilités de ce standard sont très largement sous-exploitées.

Derrière le terme « standard », on imagine souvent une sorte de « format de publication » qu'il suffirait de choisir sans se poser de question. C'est ce que proposent nombre d'outils auteurs.

Plutôt que de « format », je préfère parler de « démarche de standardisation ». Cela implique une réflexion globale sur la manière d'appliquer le standard pour atteindre un objectif précis : concevoir un dispositif de suivi au service d'un meilleur accompagnement pédagogique. Vu sous cet angle, il ne s'agit pas que d'un problème technique.

Cela est d'autant plus vrai qu'un nouveau standard arrive : « Experience API » ou « xAPI ». Il s'agit du successeur de SCORM qui après 15 ans de bons et loyaux services avait besoin d'être modernisé.

xAPI va plus loin que SCORM et ouvre de nouvelles perspectives de suivi des apprentissages. Pour profiter à plein de ce nouveau standard, il faudra plus que jamais réunir autour d'une même table techniciens et pédagogues.

Sébastien FRAYSSE
Expert Standards & Plateformes e-Learning
KNOWLEDGE DECISION
www.knowledge-decision.com

Pour en savoir plus sur les standards e-learning :
http://www.elearning-standard.com/fr/utiliser-scorm-en-menageant-lavenir/

Pour en savoir plus sur xAPI : experience-api.fr

G. Étude de cas 1

1. Données

Vous insistez auprès de votre DRH sur la nécessité d'intégrer les normes dans le futur module, il ne comprend pas pourquoi.

2. Instructions

Votre DRH vous demande à quoi servent exactement les standards du e-learning.

Expliquez lui en deux ou trois phrases-clés pourquoi le respect des standards e-learning est recommandé et préférable dans tout projet digital learning.

H. Étude de cas 2

1. Données

Vous allez avoir à transposer vos supports de cours pour les adapter aux nouvelles modalités de formation que vous proposez.

2. Instructions

Pourquoi décidez-vous que vos supports de cours respecteront la norme SCORM ?

Partie 3
Les contenus pédagogiques

Chapitre 3.1
Choisir les contenus pédagogiques

A. Introduction

Après avoir abordé l'aspect technique des dispositifs, nous allons aborder l'aspect pédagogique, les ressources didactiques.

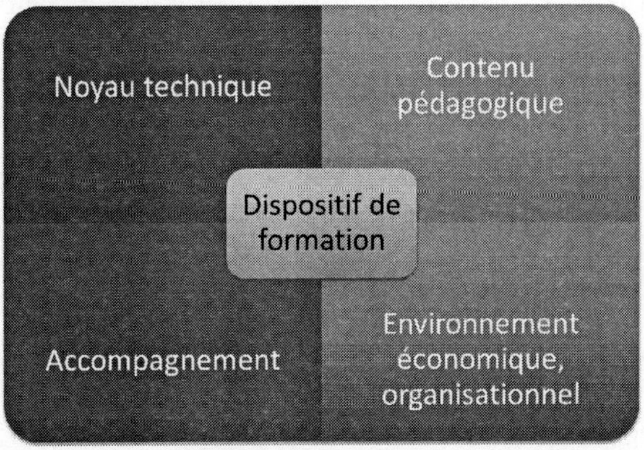

La plateforme que vous avez mise en place ou louée est prête à recevoir vos ressources pédagogiques et vos parcours de formation.

Mais comment faire ?

Allez-vous acheter ce contenu ? Allez-vous le produire vous-même et si oui, comment et avec quelles ressources ?

Autant de questions pour lesquelles nous allons, dans ce chapitre, vous proposer des éléments de réponse.

B. À propos de parcours

Commençons par éclaircir certains termes :

Un parcours de formation répond à un objectif pédagogique déterminé par :

- une compétence à atteindre formalisée au travers d'objectifs pédagogiques,
- un écart identifié entre compétence acquise et compétence souhaitée. Cet écart peut avoir été fixé par des outils de gestion des compétences (bilan, test de prérequis, auto-évaluation...).

Par exemple, le parcours pédagogique peut démarrer par un test d'évaluation des prérequis, se poursuivre par une série de modules de formation, d'activités interactives, d'évaluations formatives, et se terminer par une évaluation sommative validant ou non le cursus.

Un parcours de formation peut donc inclure :

- des modules de formation,
- des tests, évaluations,
- un accompagnement tutoral.

L'apprenant s'inscrit (ou est inscrit) sur un parcours de formation parce qu'il souhaite (ou a besoin de) acquérir un (ou plusieurs) savoir(s) ou savoir-faire.

Dès que l'on parle de formation à distance, on parle de parcours, de modules, de séquences, d'activités.

Ces termes peuvent légèrement varier selon les LMS et les intervenants.

Le parcours de formation permet donc à l'apprenant de suivre un itinéraire pédagogique répondant à un objectif pédagogique dont il doit être informé.

Ci-dessous quelques exemples de parcours :

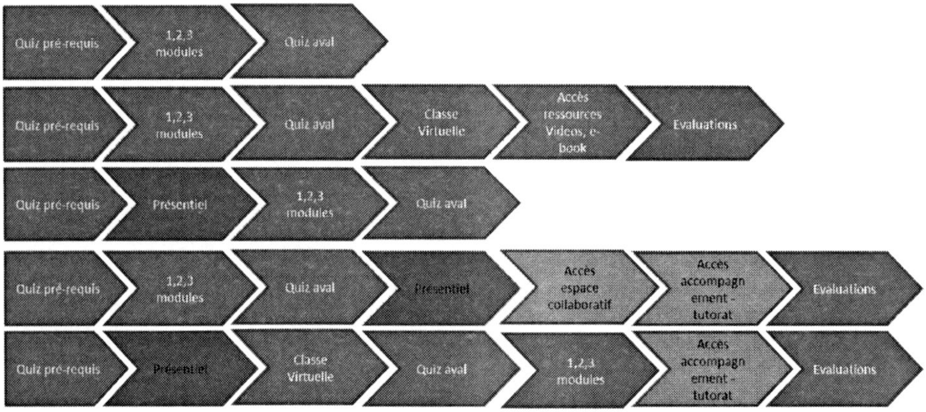

Nous l'avons vu dans le chapitre Composer l'hybridation, il n'y a pas de solution toute faite ou de parcours valable dans tous les contextes pédagogiques. Un parcours blended learning sera conçu pour répondre à des objectifs pédagogiques définis en amont, s'adaptera à la cible des apprenants, sera contraint par des moyens.

Un parcours contiendra donc des ressources multiples et hétérogènes : documents, modules e-learning, rich média et autres quiz. Le parcours proposé à l'apprenant inclura également des modalités d'accompagnement/tutorat que nous aborderons dans la quatrième partie de cet ouvrage.

C. Typologie des contenus

Comment décider de la stratégie à adopter par rapport au contenu pédagogique que vous allez proposer aux apprenants. Essayons d'y voir un peu plus clair dans une offre qui est de plus en plus fournie, très évolutive et très hétérogène.

Nous distinguerons dans ce chapitre les contenus pédagogiques en fonction de plusieurs facteurs :

- contenus sur étagère/contenus spécifiques,
- contenus en fonction de leur degré d'interactivité et mutimédia.

La première distinction que l'on peut effectuer en parlant de contenus pédagogiques est la distinction entre les contenus dit « sur étagère » et les contenus spécifiques.

1. Sur étagère versus spécifiques

a. Typologie

Les contenus sur étagère sont des contenus déjà développés, satisfaisant les standards du marché, vendus « clés en mains », prêts à être implémentés sur n'importe quel LMS.

Certains prestataires se sont spécialisés dans la production et la diffusion de ce type de contenus.

Ici le modèle économique est basé sur le volume de produits vendus. Ainsi les produits sur étagère doivent satisfaire le plus grand nombre de demandes possible. Ces produits sont donc par nature assez peu spécialisés. On trouvera dans cette offre par exemple des modules de langue, des modules informatiques, les modules de développement personnel les plus demandés.

Cette offre, si elle correspond aux objectifs pédagogiques que vous avez fixés est à considérer : les produits coûtent moins cher à l'achat qu'à la production.

Même s'il ne correspond pas à 100 % à votre besoin, posez-vous la question suivante : combien va coûter la production d'un produit répondant à 100 % de la demande ? Le jeu en vaut-il la chandelle ?

Lorsque vous achetez des modules sur étagère, ils sont disponibles soit sur la plate-forme du vendeur (et dans ce cas-là, vérifiez que vous avez accès aux statistiques de suivi), soit mis à disposition sur votre propre plateforme, soit comme marque blanche

Les contenus spécifiques, en général spécifiques aux métiers, sont des contenus développés à la demande, pour répondre à un besoin particulier exprimé par un client.

b. Critères de choix

Vous aurez à chaque fois un choix à faire : prendre des contenus existants pour éventuellement les adapter, ou bien développer un contenu spécifique.

Quel contenu voulez-vous mettre en ligne ?

La question du choix des contenus n'est pas forcément simple à régler, ne réfléchissez pas simplement en termes de coût.

Avant de vous décider pour des contenus sur étagère, examinez-les attentivement et posez-vous les questions suivantes :

- Le contenu recueilli satisfait-il les objectifs pédagogiques que sont les vôtres ?
- Pouvez-vous faire traduire ce contenu et le localiser facilement, s'il est conçu dans une autre langue ?
- Les objectifs pédagogiques sont-ils clairement formulés et correspondent-ils aux vôtres ?
- Le module est-il convivial et suffisamment interactif ?
- Satisfait-il aux normes en vigueur ? Un module SCORM pourra être déployé sur n'importe quelle plateforme et communiquer des informations de suivi à celle-ci.
- S'intègre-t-il correctement dans la culture de l'entreprise ?
- Les scénarios pédagogiques proposés sont-ils suffisamment variés et intéressants ?
- Le cours est-il adapté à votre cible d'apprenants ?

c. Évaluation

Il vous faudra ensuite pour faire le bon choix, évaluer financièrement l'une et l'autre des solutions.

Essayez de le faire le plus précisément possible. Pour la conception réalisation d'un module, différents coûts sont à prendre en compte : les coûts de conception, de production des medias par exemple, de réalisation, l'achat ou la location des outils auteurs.

Pour cette estimation financière, vous chercherez à calculer le coût par stagiaire pour l'une et l'autre des solutions.

Cette première distinction n'est pas suffisante pour décrire les contenus e-learning. On peut également proposer une typologie en fonction du degré d'interactivité des produits et de leur richesse multimédia. C'est l'objet de la section suivante.

2. Multimédia et interactivité

Les contenus e-learning proposent divers degrés d'interactivité, incorporent plus ou moins d'éléments multimédia. Ces deux indicateurs font d'ailleurs varier fortement le prix de la ressource.

Commençons par le plus simple.

a. Ressources numériques

Simples ressources numérisées en format pdf (dans le meilleur des cas), ces ressources sont déposées sur une plateforme et destinées à enrichir un centre de ressources ou à constituer des supports de cours. Les apprenants peuvent les télécharger et/ou les consulter en ligne.

Les contenus peuvent être pédagogiquement intéressants mais ne proposent aucune interactivité.

b. Podcast

Un podcast est un fichier son ou vidéo que l'utilisateur télécharge sur un site web diffuseur.

Ces modules rich media viennent enrichir les ressources pédagogiques. Ce sont en général des discours d'expert, des conférences, des cours filmés. Ces fichiers sont destinés à être écoutés ou regardés par les apprenants en complément d'un contenu plus interactif.

La plupart des plateformes aujourd'hui proposent une médiathèque dans laquelle les apprenants viennent consulter, piocher des ressources audio/vidéo.

c. Rapid learning

Ces ressources sont essentiellement des présentations PowerPoint enrichies d'un ou deux quiz pour ajouter de l'interactivité à moindre coût.

Beaucoup d'entreprises et d'institutions, pour des raisons évidentes de délai et de budget réduit, ont souhaité trouver des solutions de déploiement de e-learning plus rapides et moins chères. Les outils de production de rapid learning répondent à ces contraintes.

Le rapid learning représente une solution intéressante pour certains projets, qui doivent être déployés très rapidement, ou/et contraints par des budgets limités.

Les contenus produits en rapid learning peuvent être développés en quelques semaines et construits par les auteurs eux-mêmes, car la production ne demande pas de compétence technique particulière.

Cette solution est idéale lorsque le contenu a une durée de vie courte, quand le projet est accompagné d'un petit budget.

Les critères permettant de caractériser un projet de rapid learning sont les suivants :

- Le cours peut être développé en moins de trois semaines.
- Les auteurs interviennent comme première ressource de développement.
- Les acteurs utilisent un outil bien connu : PowerPoint par exemple.
- Les éléments multimédia sont utilisés pour accroître l'efficacité pédagogique (même si on en obtient pas toujours le résultat escompté...).
- Les modules sont courts, moins de 10 minutes en général.

Le rapid learning ne convient pas forcément à tous les projets et il faut être très rigoureux sur la qualité pédagogique.

d. Simulation logicielle

À mi-chemin entre le rapid learning et les modules spécifiques, nous pouvons placer les modules de démonstration de logiciel. Ces modules poursuivent l'objectif d'enseigner un logiciel ou une partie de logiciel.

Ils sont développés avec des outils spécifiques permettant de simuler l'action de l'utilisateur (clic ou saisie dans une zone par exemple). Ces modules sont accompagnés, ou pas, d'explications sonores.

e. Vidéos pédagogiques

La vidéo a envahi les espaces pédagogiques : vidéos, cours filmés, vidéos pédagogiques.

On a vu par exemple le succès croissant de Khan Academy :

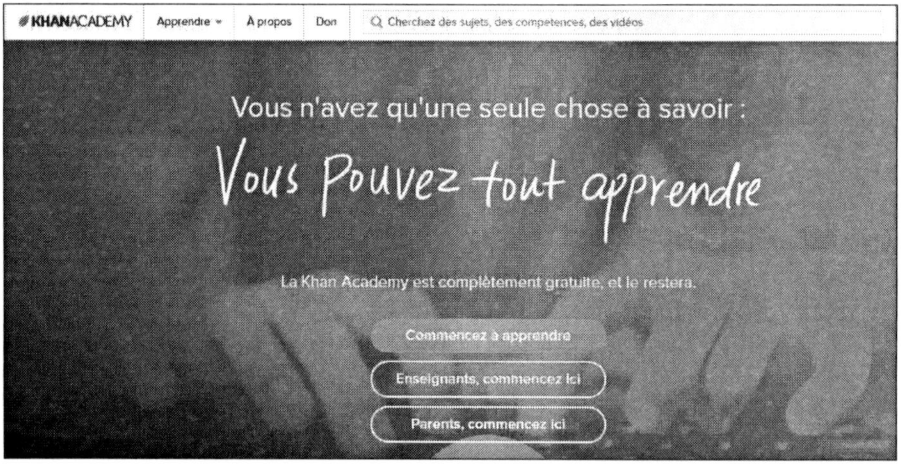

Très significatif de l'omniprésence de la vidéo également, le succès d'Open Classrooms, l'ancien "site du zero".

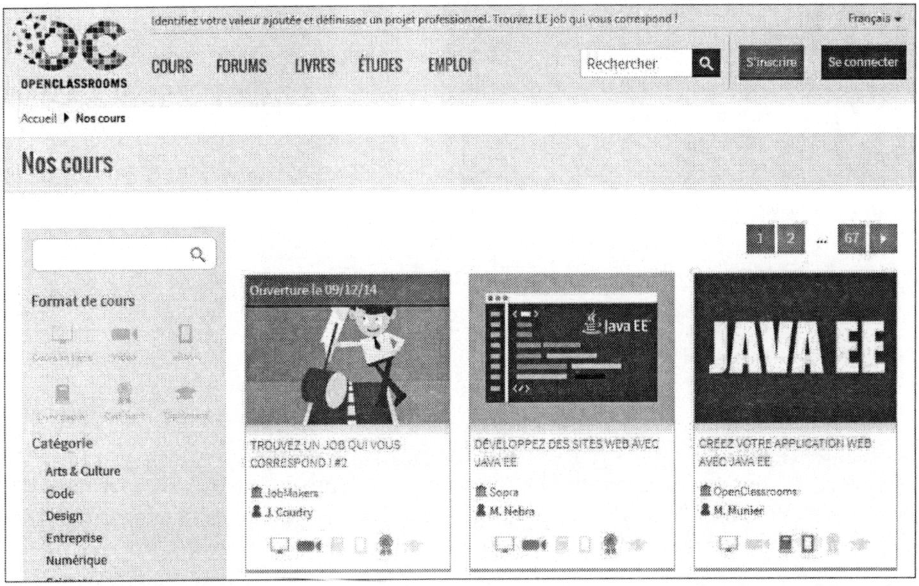

Les vidéos pédagogiques sont idéalement courtes (de trois à dix minutes maximum), elles poursuivent un seul objectif précis.

En ajoutant de l'interactivité, on entre dans la catégorie des modules e-learning.

f. Module e-learning

Les modules scénarisés, interactifs, éventuellement rich média, sont développés avec des outils auteurs professionnels dont nous parlerons dans le chapitre suivant.

Ici nous parlons de modules spécifiques, c'est-à-dire développés pour répondre à une demande précise de formation métier par exemple.

Aujourd'hui la majorité des projets sont développés selon une approche traditionnelle, avec une équipe projet incluant au minimum :

- un chef de projet,
- un concepteur pédagogique,
- un expert contenu,
- un designer créant l'interface,
- un web développeur chargé de programmer l'interactivité et la navigation.

g. Jeu sérieux (serious game)

Citons tout d'abord la définition proposée par Wikipédia :

> *Un serious game est un jeu vidéo à visée pédagogique dans lequel le joueur, accomplissant ses missions de jeu, vit une expérience unique qu'il transforme en une véritable expertise au fur et à mesure de ses victoires successives.*

Le serious game est richement scénarisé, il ne poursuit pas un processus linéaire. L'apprenant en fonction de ses actions dans le jeu va modifier son parcours : cela fait la richesse de ce modèle d'apprentissage.

Dans la population à former on retrouve de plus en plus celle qui est née avec les jeux vidéo. Il est donc assez naturel d'essayer ce modèle à des fins de formation.

La fabrication des serious games est en phase d'industrialisation ; des outils logiciels émergent, réduisant ainsi de facto le coût de production de ces contenus.

Dans le cas du jeu sérieux, l'itinéraire pédagogique n'est pas linéaire, il dépend des actions de l'apprenant dans le jeu, ce qui signifie que le produit propose un scénario complexe. La population à former est de plus en plus née à l'ère du numérique ("digital native"), elle est donc particulièrement sensibilisée à ce type de modules issus des jeux vidéo, et qui se rapprochent des simulations (de situation, de rôle...).

Les avantages en sont :

- l'interactivité, la ludicité et l'attractivité importante,
- l'apprentissage par l'expérience à travers la simulation proposée dans le jeu.

Le coût de développement de ce type de produit reste malgré tout assez élevé pour l'instant.

> TÉMOIGNAGE
>
> **« Béatrice Lhuillier, vous êtes experte reconnue dans le monde des serious games. On parle depuis longtemps des serious games. L'explosion annoncée dans ce domaine se fait attendre ! Comment voyez-vous évoluer ce produit dans les mois ou années à venir ?"**
>
> En réalité, plus qu'une explosion du serious game, nous avons vécu une explosion de la « gamification » : c'est-à-dire l'introduction, à des doses plus ou moins massives, de ressorts et mécanismes ludiques dans les processus d'apprentissage en ligne : scénarisation plus poussée, plus arborescente, définition de missions, hall of fame, obtention de récompenses etc.

Ne minimisons donc pas le formidable dynamisme généré par la gamification : les sociétés éditrices de solutions de serious games ont véritablement « boosté » le secteur du e-learning qui commençait à s'endormir sur ses lauriers fraîchement acquis !

Alors, après ce « coup de boost », que peut-on attendre du secteur pour les mois et années à venir ?

Comme chaque année, le cabinet Gartner a publié en 2014, son « Hype Cycle ». Il confirme le « coup de boost » dont je parlais précédemment (le cabinet Gartner le nomme « explosion exhubérante »). La gamification a même dépassé le « Pic des espérances » et est entrée en phase de « désillusionnement ». En clair, le sujet perd de son intérêt, il n'est « plus à la mode » !

Le Cabinet Gartner publie chaque année son Hype Cycle plaçant près de 2000 micro technologies dans un cycle de 5 phases : Explosion exubérante, Pic des espérances, Phase de désillusionnement, Pente d'éclaircissement, Plateau de productivité.

Pour en savoir plus : http://www.abavala.com/2014/11/14/gartner-hype-cycle-2014/

http://edulearning2.blogspot.fr/2014/09/gartner-hype-cycle-2014-gamification-on.html

Alors, c'est vrai, la « Révolution » annoncée et espérée par certains, n'aura pas lieu. Je parle ici de « Révolution » au sens de « grand chamboulement avec fracas » ! Non, c'est une révolution sourde qui s'est opérée, en douceur : un peu de jeu, une dose de fun...En revanche, nous pouvons prédire que la tendance à la gamification va s'inscrire dans la durée : nous ne pourrons plus concevoir des contenus de formation en ligne comme nous le faisions il y a dix ans ! Nos apprenants sont plus exigeants... et plus joueurs !

La suite ? Je prédis pour ma part deux grands tendances :

- une banalisation de la gamification au sein des dispositifs de formation : les outils de production e-learning permettent de plus en plus de produire des contenus gamifiés et/ou de véritables serious games à des coûts plus raisonnables.
- un mix entre la gamification, les MOOCs et le social learning : un accès facilité à la formation et une porosité entre le parcours de formation de l'individu et son contexte personnel et professionnel.

Béatrice LHUILLIER
Consultante en stratégie e-learning
Présidente fondatrice de l'association Learning Sphere
www.beatrice-lhuillier.fr et www.learning-sphere.com

3. Récapitulons...

Les ressources e-learning que vous pouvez acheter ou créer sont diverses et variées ; le prix de production (ou d'achat) va varier en fonction essentiellement du degré de médiatisation et d'interactivité contenu dans la ressource.

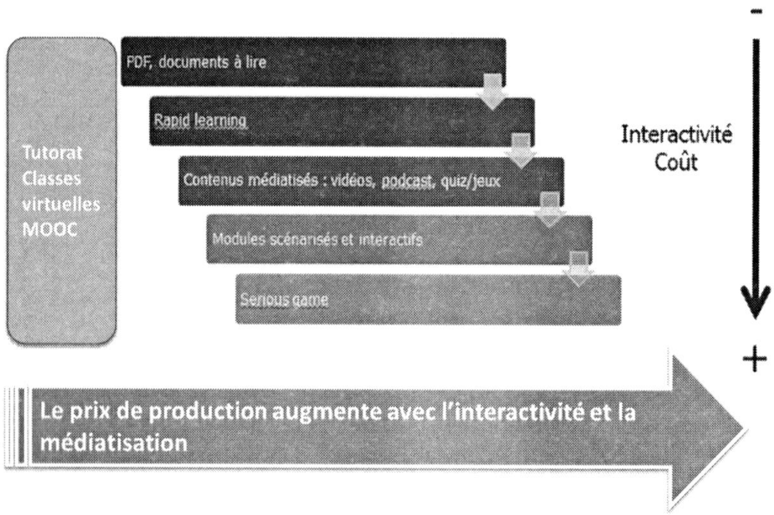

D. Approches pédagogiques

Tous les types de modules ne conviennent pas à tous les apprenants. Il est essentiel de bien connaître la cible de population à former pour concevoir et produire des modules adaptés.

1. Comment choisir ?

Vous sélectionnerez l'approche pédagogique selon les trois critères suivants :

- autonomie de l'apprenant,
- niveau initial de connaissances,
- progression pédagogique souhaitée.

a. Autonomie de l'apprenant

Il s'agit ici de répondre à la question suivante : par rapport au digital learning l'apprenant est-il peu autonome ? Très autonome ?

On distinguera deux grands cas :

- Si l'apprenant est peu autonome : proposez-lui un parcours de formation balisé. Prévoyez des repères visuels, des aides contextuelles, un support technique visible. Le multimédia et la technique ne doivent pas constituer un obstacle.
- Si l'apprenant est habitué au e-learning et autonome, vous pouvez lui laisser plus de liberté dans la navigation. Les apprenants se sentiront mieux, ne seront pas perturbés par les contraintes imposées par l'application.

b. Niveau initial de connaissances

Connaissez-vous le niveau initial de connaissances de la population à former ? Le problème d'hétérogénéité des niveaux est récurent dans le cas des formations présentielles. Pour ce qui concerne le digital learning, cet aspect a un impact un peu différent.

Une gestion des prérequis (questionnaire d'évaluation des connaissances) peut être facilement mis en place. Ceci est largement facilité par l'utilisation de questionnaires dits « intelligents » qui sont aujourd'hui disponibles : avec les « smart quiz », les questions 'adaptent à la réponse de l'apprenant.

- Dans le cas de niveau homogène, proposez un parcours unique.
- En cas de niveau hétérogène, proposez plusieurs entrées, plusieurs scénarios de parcours.

c. Progression pédagogique et navigation dans le module

Dans quel ordre souhaitez-vous que l'apprenant acquière les connaissances ? Souhaitez-vous proposer un parcours « obligatoire » ou plutôt une navigation libre ?

Si le contenu n'impose pas une progression pédagogique précise, vous pouvez proposer des séquences dans un ordre libre.

C'est beaucoup plus confortable pour l'apprenant, il aura ainsi l'impression de mieux contrôler son apprentissage.

2. Quelques exemples

Nous vous proposons ci-dessous trois exemples d'approches pédagogiques. La solution adoptée doit répondre à des objectifs, à votre cible, à vos moyens et contraintes.

a. Autonome et libre...

Vous pouvez proposer la structure ci-dessous à un public relativement autonome par rapport au e-learning, quel que soit leur niveau initial de connaissances ou de compétences. Le parcours leur est suggéré mais ils peuvent naviguer librement à l'intérieur du module.

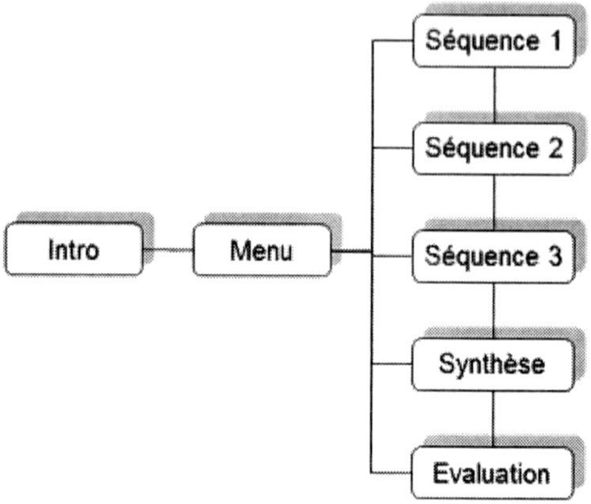

Ils démarrent avec une séquence d'introduction puis ils accèdent à un menu proposant les différentes séquences. Ils ont ensuite accès à une synthèse puis à une évaluation. Le cours est très structuré mais le parcours est libre.

b. Autonome, hétérogène et libre...

La structure proposée ci-après conviendra particulièrement à un public très autonome, mais très hétérogène.

Le parcours est libre, il n'y a pas véritablement de progression pédagogique obligeant à un parcours précis, ce qui satisfait la variété des niveaux de départ.

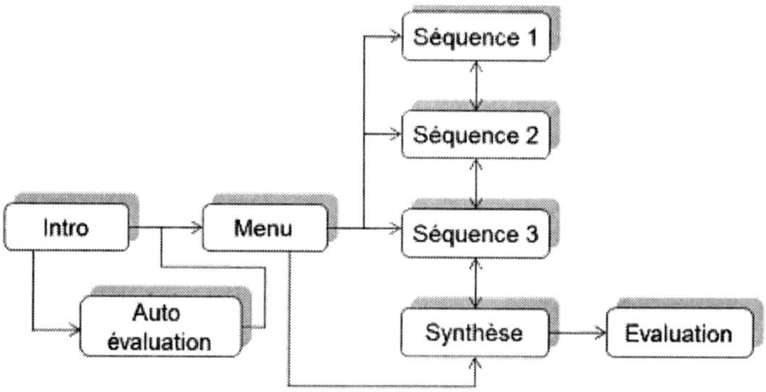

Après le passage obligé par l'introduction au module, les apprenants s'auto-évaluent puis un parcours leur est proposé en fonction des résultats aux tests. La navigation est ensuite libre.

Les apprenants s'organisent eux-mêmes à partir des conseils de parcours proposés.

c. Peu autonomes... parcours imposé

Si le niveau d'autonomie des apprenants est faible, s'ils découvrent l'e-learning par exemple, vous pouvez leur proposer l'approche suivante :

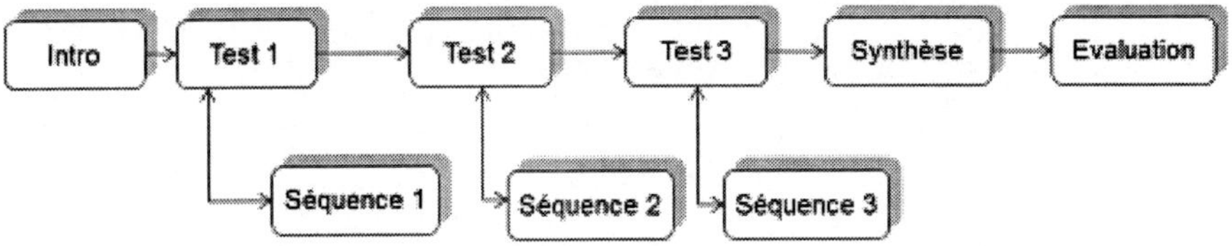

Le parcours peut aussi être imposé : après un test d'évaluation au début, l'apprenant est testé avant chaque séquence. Ce type d'approche convient très bien à un public très peu autonome qui se sentira rassuré par la structure figée du cours.

Ces trois propositions ne sont que des exemples, on peut en imaginer bien d'autres....

E. Aspects pédagogiques du multimédia et de l'interactivité

Le digital learning permet d'enrichir le contenu de formation en intégrant des éléments multimédia.

Pourquoi est-il important de bien utiliser le multimédia dans un module e-learning ?

1. Intérêts du multimédia

Il est très important de bien connaître les différentes possibilités pédagogiques du multimédia afin d'intégrer au mieux celui-ci dans les scénarios d'apprentissage.

a. Diminution de la durée d'enseignement

Les applications multimédia permettent de gagner du temps d'apprentissage (entre 30 et 50 % en moyenne) par rapport aux méthodes traditionnelles de formation.

Avec le multimédia, l'apprenant a la possibilité de se concentrer sur les éléments qu'il veut ou/et doit apprendre et pas sur ceux qu'il maîtrise déjà.

b. Évaluation

Le multimédia permet de multiplier facilement les tests d'évaluation, ainsi le niveau d'acquisition est mesuré plus régulièrement, ce qui permet, au final, de mieux mesurer l'efficacité pédagogique du cours.

c. Motivation

En créant des écrans interactifs, vous pouvez rendre le cours plus ludique, exciter la curiosité de l'apprenant en introduisant des activités surprenantes ou des jeux, ce qui peut être plus difficile à faire dans un cours présentiel.

d. Enseignement personnalisé/individualisé

L'apprenant peut choisir son parcours en fonction des connaissances déjà acquises et des connaissances à acquérir. Lorsque le module est bien construit, l'apprenant risque moins de s'ennuyer dans le cours, en passant rapidement sur les écrans dont il maîtrise déjà le contenu.

L'e-learning permet de plus, de respecter le rythme d'apprentissage de l'apprenant. L'apprenant suit le cours, à son rythme, sans s'inquiéter du fait que les autres apprenants peuvent aller plus vite que lui, sans s'ennuyer s'il va plus vite qu'eux.

e. Optimisation du contenu

Le contenu est forcément plus structuré lorsqu'il doit être mis en ligne : le contenu pédagogique est formalisé, réorganisé, structuré en fonction des objectifs et du scénario d'apprentissage envisagé.

f. Interactivité

L'utilisation de l'informatique implique une participation active de l'apprenant qui doit collaborer et s'impliquer dans le processus de formation.

On voit très bien ici l'importance de la qualité multimédia du cours. Un cours sur papier simplement transposé à l'écran est très peu efficace parce qu'il ne propose pas à l'apprenant d'être acteur de son apprentissage.

g. Médiatisation

L'intégration de divers médias permet de proposer un contenu plus riche, plus attractif : vidéos, sons, images, jeux, animations. L'apprenant a aussi à sa disposition plusieurs options en fonction de ses préférences d'apprentissage

h. Répétition

L'ordinateur peut répéter de manière infinie la même chose. L'apprentissage peut ainsi être plus efficace. L'apprenant n'hésite pas à faire répéter la machine alors, il lui serait plus difficile de le demander à un formateur.

i. Ressources

L'e-learning permet l'accès à une base de ressources potentiellement immense : Internet et les réseaux de connaissances représentent des ressources inépuisables même s'il y a parfois des effets pervers : excès d'informations, tendance à la dispersion (l'apprenant utilise le réseau pour autre chose, problème de fiabilité de l'information), le risque est que l'apprenant se perde dans la masse d'informations.

Les avantages sont nombreux mais l'utilisation du multimédia dans la pédagogie comporte tout de même quelques limites.

2. Limites de l'utilisation des TIC dans la pédagogie

Les limites concernent essentiellement les points suivants :

- Contraintes techniques : pour certains outils comme la classe virtuelle, les apprenants peuvent être bloqués par des problèmes de débit, de qualité de connexion. On peut ici également donner l'exemple des modules e-learning qui, pour leur grande majorité, sont développés en Flash et donc non accessibles sur supports mobiles Apple.
- Risque de surutilisation de techniques alors qu'il serait préférable de se focaliser sur la pédagogie : il faut concevoir et penser de façon interactive. Le défi à relever pour le digital learning se situe dans l'innovation au niveau pédagogique, et non dans les technologies.
- Trop de technicité peut nuire, à l'inverse trop peu aboutit à un module « tourne-pages ».

3. Évolution et perspectives

De nouvelles tendances émergent dans les approches de formation, et avec celles-ci, de nouveaux outils apparaissent sur le marché.

a. Apprentissage informel : informal learning

L'apprentissage informel utilise des supports très « tendance », dans la mouvance du web 2.0, le blog et le wiki par exemple. L'apprentissage se fait grâce à des publications web, ensemble d'articles périodiques basés sur l'expérience des auteurs.

Les auteurs écrivent et participent à l'enrichissement de la base de connaissances et les invités sont appelés à profiter de cet enseignement informel.

Ce type de solution permet :

- d'augmenter l'interactivité,
- d'accentuer la communication tant interne qu'externe,
- de mettre en place et de publier rapidement des contenus,
- d'augmenter la participation collaborative des apprenants.

Le social ou informal learning constitue un complément à un dispositif plus structuré de formation. L'apprentissage informel ne peut pas remplacer des parcours pédagogiques structurés.

b. Mobile Learning ou m-learning

Ce type de solution est également en plein essor, étant donné sa facilité d'utilisation et la mobilité des supports. Le m-learning rassemble les modalités de formation accessible via les smartphones et tablettes par la forme, la technologie et les modalités.

Les avantages en sont évidents : instantanéité, flexibilité, accessibilité, apprentissage informel. Les inconvénients sont connus : le plus important réside dans la taille de l'écran d'un smartphone qui diminue drastiquement le confort d'apprentissage.

De plus pour l'instant, on trouve peu d'offres adaptées sur le marché : les ressources accessibles sur les smartphones et tablettes sont souvent des vidéos, des petits jeux ou petits quiz.

Vous trouverez ici une infographie résumant les douze principes du mobile learning : http://www.teachthought.com/wp-content/uploads/2012/10/Principles-of-Mobile-Learning.png

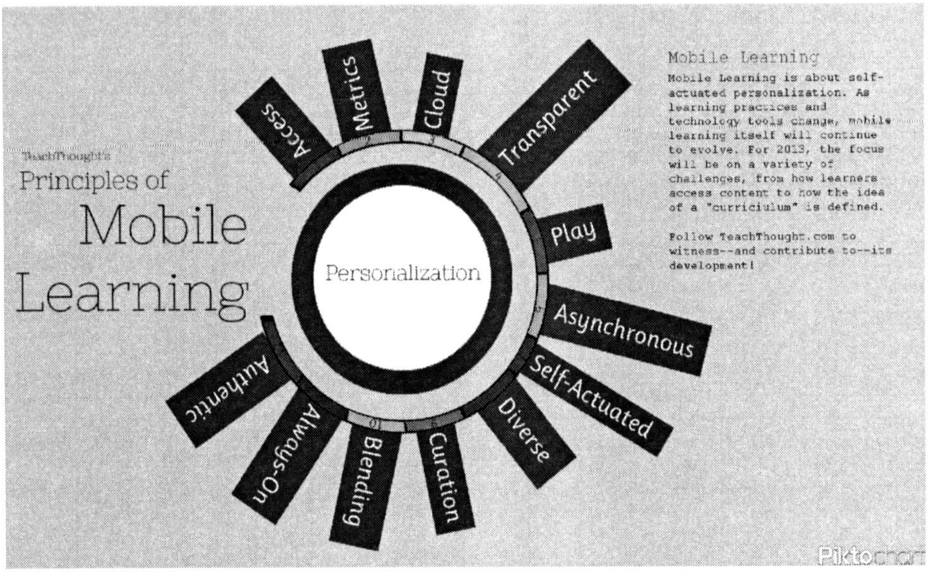

Demos a publié un livre blanc sur le mobile learning, il est accessible ici : http://www.demos.fr/infos-pratiques/Resource%20Library/livre-blanc-mobile-learning.pdf

c. Workflow learning

On apprend alors en travaillant. L'apprentissage et la création du contenu sont imbriqués dans le flux d'un business process. L'apprentissage se fait par étape dans un processus. Le système gère le suivi de la performance, offrant du support quand cela est nécessaire.

Les avantages sont :

- une performance accrue,
- la réduction du temps d'apprentissage (on déplace les connaissances au point de performance),
- une acquisition plus rapide de la compétence.

d. Classe inversée

De quoi parle-t-on ?

Définition

Le modèle traditionnel d'enseignement repose sur des cours magistraux, où l'enseignant explique un sujet, suivi par les devoirs à la maison, où l'élève fait des exercices. Dans la classe inversée, l'élève visionne (préalablement et à la maison) des vidéos, des balados ou fait des lectures proposées par l'enseignant (ou partagées par d'autres enseignants). En classe, l'élève tente alors d'appliquer les connaissances à la résolution de problèmes et à des travaux pratiques. Le rôle de l'enseignant est alors d'accompagner l'élève dans l'élaboration de tâches complexes. Ce temps dégagé en classe peut être utilisé pour d'autres activités fondées sur l'apprentissage, notamment la pédagogie différenciée et l'apprentissage par projet.

La classe inversée accorde plus le temps de manipulation avec l'enseignant, lui permettant de guider les étudiants, en les assistant au moment de l'assimilation de l'information et de la création de nouvelles idées (extrémité supérieure de la taxonomie de Bloom).

http://fr.wikipedia.org/wiki/Classe_invers%C3%A9e

Le modèle des classes inversées apparaît progressivement dans les dispositifs hybrides de formation. Dans le cas des classes inversées (flipped classrooms), la partie magistrale du cours est dispensée à distance et l'élève ou le stagiaire se l'approprie à son rythme. Le présentiel est consacré au travail en groupe, à l'expérience, aux échanges.

> *Un site parmi d'autres consacré à la classe inversée :*
> *http://www.classeinversee.com/*

e. Apprentissage par simulation

On assiste de façon générale à une « gamification » des produits de formation. L'utilisateur doit expérimenter des situations les plus proches possible de la réalité.

Ce panorama ne serait pas complet si nous ne mentionnions pas l'apprentissage par simulation, en plein essor également. Ce type de formation se développe dans le domaine de la santé, des transports (simulateur de vol, de bateau, de train...) et propose à l'apprenant de se former en vivant des expériences à travers des situations virtuelles collées à la réalité.

L'impact des technologies numériques est de plus en plus important et modifie en profondeur le monde de la formation et de l'enseignement. Les individus, apprenants et enseignants doivent s'adapter à cette révolution, et changer de posture pour pouvoir continuer à innover, à imaginer de nouvelles façons d'apprendre et d'enseigner.

TÉMOIGNAGE

Madeleine Flanagan, vous êtes experte reconnue dans le monde du FLE (Français Langue Etrangères) et connaissez très bien les produits d'apprentissage en ligne. L'enseignement des langues est présent depuis longtemps sur internet. Selon vous, comment les offres vont-elles évoluer et comment voyez-vous l'apprentissage en ligne des langues à court et moyen terme ?

La connaissance des langues étrangères et des cultures (inter/trans culturalité) a toujours été au cœur de la vie politique et commerciale des hommes avant même qu'elle ne soit purement personnelle ou touristique. Plus que jamais dans ce domaine l'écart générationnel est un facteur primordial. La réponse (les offres) que l'on apportera aux consommateurs/clients, populations adultes professionnelles ou non, d'aujourd'hui et celles non encore nées, est fondamentale. Une fois posés ces postulats, je retiendrai quatre éléments qui me semblent importants et qui sous-tendent l'évolution de l'offre :

1- La production et la distribution des ressources : l'affrontement entre public et privé : institutions, universités, sociétés spécialisées et start-up. Ces dernières, plus agiles, accompagnées par des investissements privés ou semi-privés, répondent très rapidement aux besoins de l'apprentissage individuel (seul ou en groupe), par des outils ciblés « apprenant », faciles à télécharger, à modifier.

2- L'apprentissage : il se caractérise par individualisation, diversité et partage. Il se développera par des classes en ligne, les réseaux sociaux, le tutorat traditionnel et/ou par les pairs, l'arrivée de nouveaux styles de MOOC, la télécollaboration.

3- Le changement de la posture de l'enseignant : pluridisciplinaire, pluriculturel c'est un « Homme-orchestre » : enseignant/tuteur (individuel ou de groupe)/coach. Il possède : grande souplesse, auto-formation constante pour répondre aux besoins des apprenants, travaille en groupe, en télécollaboration, partage des ressources, des savoir-faire. L'enseignant « autoentrepreneur » se développe.

4- En conclusion, il faut inverser les propositions et s'intéresser différemment aux besoins des générations, et réfléchir « agilement » en particulier aux jeunes générations et celles à venir tout en consolidant l'existant.

Madeleine Cosson-Flanagan, Ph.D Formatrice Labellisée TV5Monde Correctrice accréditée pour les DELF, DELF Prim et DALF Vice-présidente - AATF (Florida Chapter since 2013) Consultant for Education & Intercultural Sectors Director of SmartCaravan Network, LLC

www.toutfletoutflam.com, www.smartcaravan.com

F. Étude de cas 1

1. Données

Vous connaissez vos apprenants : utilisateurs avertis des TIC, autonomes, parlant couramment l'anglais, dispersés dans le monde entier, friands d'échanges entres pairs et d'avis d'experts.

Vous connaissez l'objectif de l'action de formation : les commerciaux doivent savoir vendre le produit.

Vous savez d'autre part que les commerciaux seront réunis en séminaire un peu avant le début de la formation.

Vous savez également que vous avez un budget serré et peu de temps pour lancer le projet.

2. Instructions

Définissez le type de contenus que vous allez utiliser dans le futur module.

Réfléchissez aux approches pédagogiques que vous allez proposer et au rôle du multimédia dans le module.

Présentez le résultat de vos réflexions.

G. Étude de cas 2

1. Données

Vous enseignez les réseaux sociaux à une cible d'apprenants qui pour l'instant ne s'est pas vraiment approprié le web 2.0.

2. Instructions

Vous allez introduire un peu de digital learning et augmenter progressivement la part de distantiel dans vos formations.

Qu'envisagez-vous de mettre en ligne ?

Chapitre 3.2

Concevoir un module

A. Introduction

Vous avez maintenant décidé, soit d'acheter du contenu, soit de faire réaliser ou de réaliser vous-même ce contenu. Si vous avez choisi de le réaliser, voici quelques éléments méthodologiques pour vous accompagner dans votre démarche.

La méthode de conception d'un module e-learning est proche de celle d'un cours présentiel.

La transposition d'une ressource pédagogique en blended ou en distanciel, oblige quasi mécaniquement les responsables pédagogiques du cours à (mieux) formaliser le cours à transposer.

La plateforme sur laquelle sera installé le module/cours affiche la description du cours.

Le catalogue de formation propose à l'apprenant des informations détaillées sur l'offre de cours.

Regardez par exemple les fonctionnalités de description d'un cours sur Chamilo, ce sont sensiblement les mêmes informations qui apparaissent sur toutes les plateformes.

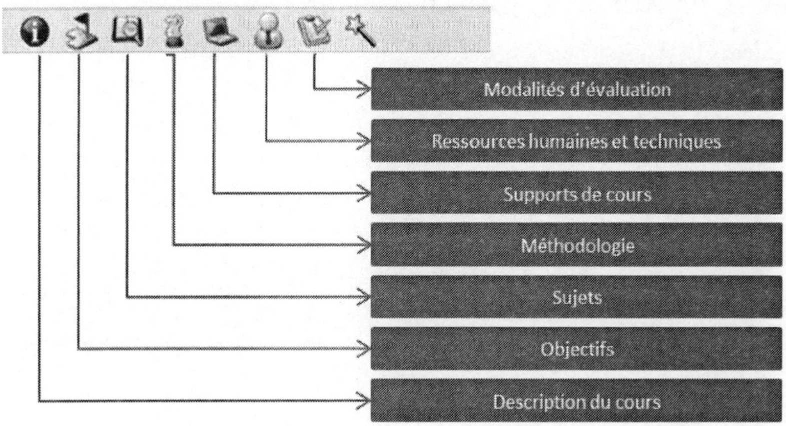

Ainsi les objectifs, la cible, le mode d'évaluation, les modalités d'apprentissage sont autant d'éléments qui vont définir le cours, aider à sa conception et apparaître dans le catalogue de formation.

Le cours remplit une fonction : il permet à l'apprenant d'acquérir une compétence, un savoir ou un savoir-faire et s'adresse à une cible d'apprenants bien spécifique.

Enfin, le cours s'inscrit dans un ensemble de modalités pédagogiques incluant l'accompagnement et définissant les spécificités du cours blended.

La phase de conception pédagogique est de loin la plus importante puisque c'est la qualité du contenu et la pertinence de l'accompagnement qui donnera de la valeur à la formation à distance pour les apprenants.

B. Objectifs pédagogiques

La conception d'un module est un processus à mener par étape. Cette phase d'ingénierie peut partir d'un contenu existant en présentiel et dans ce cas-là, le travail de conception d'un module à distance remet souvent en question cet existant.

Travailler sur un contenu à distance oblige à une formalisation de la formation, à une réflexion opérationnelle sur les objectifs pédagogiques et sur le découpage/séquençage du module, démarche qui n'est pas strictement nécessaire (pas systématiquement pratiquée en tout cas) dans la formation présentielle.

Pour une remise en question du contenu, des outils de mind mapping (cartes heuristiques) peuvent vous être utiles. Plus d'informations et accès au téléchargement à partir de http://www.framasoft.net/rubrique447.html.

1. Définir l'objectif pédagogique du cours

La première étape de conception va consister à définir un objectif pédagogique principal, cela correspond en général à l'acquisition d'une compétence.

Vous fixez l'objectif principal du module en répondant à la question : que doit savoir faire l'apprenant à l'issue de la formation dispensée ?

C'est une capacité à atteindre, l'objectif pédagogique s'exprime à l'aide d'un verbe d'action. « À la fin du module, l'apprenant sera capable de... »

Par exemple, « À la fin de la séquence, l'utilisateur sera capable d'animer une réunion, dans le cadre de son travail et face à un groupe d'une douzaine de personnes.

Ces objectifs sont formulés à partir de la taxonomie de Bloom et des six niveaux cognitifs.

DÉFINITION

*La **taxonomie de Bloom** est un modèle pédagogique proposant une classification des niveaux d'acquisition des connaissances. Benjamin Bloom, bien qu'il n'en soit pas le seul créateur (34 universitaires américains participent aux conférences de 1949 à 1953), est souvent reconnu comme le « père » de cet outil.*

http://fr.wikipedia.org/wiki/Taxonomie_de_Bloom

Votre module est habituellement composé de séquences qui doivent également répondre chacune à un objectif pédagogique dit spécifique ou secondaire, Les objectifs secondaires suivent une progression pédagogique pour aboutir à la fin du module, à la réalisation de l'objectif pédagogique principal.

L'objectif principal est donc découpé en objectifs secondaires qui correspondent aux différentes séquences/chapitres.

La somme des objectifs secondaires correspond à la réalisation de l'objectif principal.

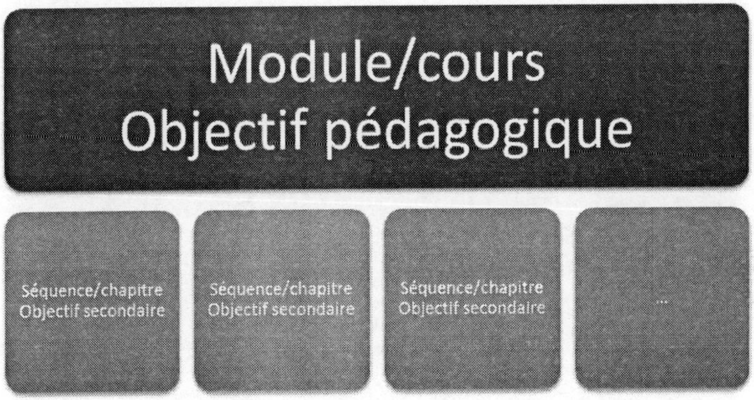

2. Utilité des objectifs pédagogiques

Les objectifs pédagogiques sont essentiels pour toutes les catégories d'acteurs impliqués dans la mise en place d'une formation à distance.

Le responsable pédagogique peut ainsi :

- construire un catalogue de formation plus cohérent,
- optimiser la formation, la rendre plus efficace,
- mener une politique de gestion de compétences pertinente.

Le concepteur pédagogique peut :

- déterminer la stratégie d'apprentissage en connaissance de cause,
- choisir les activités pédagogiques en fonction des objectifs spécifiques définis,
- scénariser le cours, construire un contenu adéquat,
- réaliser l'ingénierie pédagogique : rewriting, découpage, scénarisation,
- déterminer la durée du cours,
- intégrer des éléments multimédias adaptés.

Avec des objectifs clairement définis, l'apprenant pourra :

- comprendre ce qu'on attend de lui,
- se situer par rapport aux prérequis,
- se situer dans l'évaluation,
- avoir une vision claire du parcours,
- atteindre les compétences attendues.

Synthèse

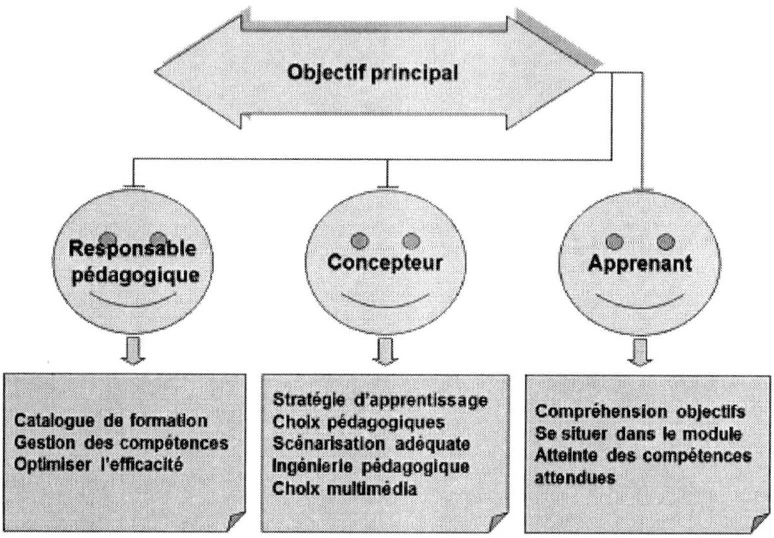

3. Histoire de compétences

Voici un schéma couramment utilisé qui vous permettra de mieux comprendre l'importance des objectifs pédagogiques.

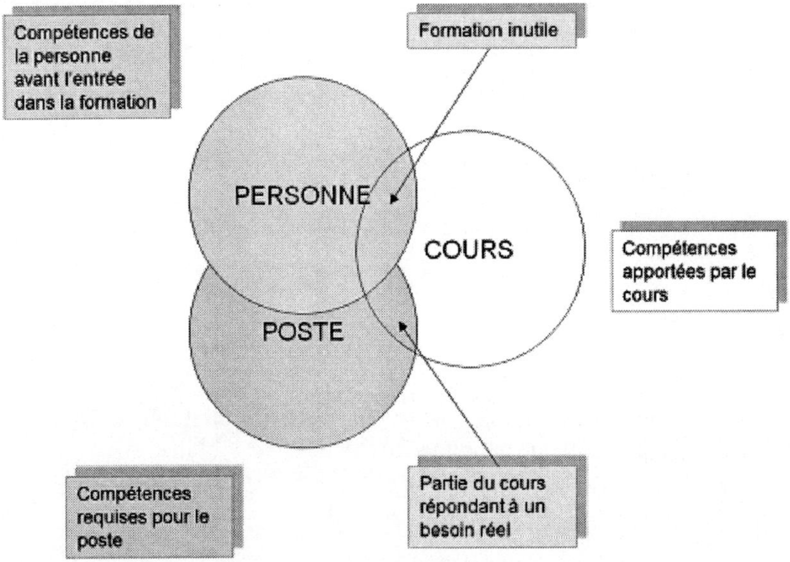

La part de formation répondant à un besoin réel est en réalité très faible. Ce sont les compétences requises pour le poste de travail, apportées par le cours et que la personne ne possède pas encore.

Une fois l'objectif défini, vous allez répondre à la question : à qui s'adresse ce cours ?

C. Public cible

Afin que le produit livré tienne toutes ses promesses, le concepteur pédagogique doit se mettre à la place de l'utilisateur final (mais cela ne doit-il pas être le cas pour toutes les applications informatiques ?) et se demander ce que ce dernier va faire avec le produit et comment il va le faire.

Il est donc essentiel de bien définir la cible du cours. Cela vous permettra de :

- de construire/transposer un cours qui sera adapté au public de destination,
- de proposer des modalités d'apprentissage adaptées au comportement de l'apprenant par rapport au digital learning.

Une des conditions de succès des dispositifs de digital learning et des modules e-learning qui le composent est la bonne adhésion de l'apprenant au dispositif proposé. Pour lui proposer quelque chose d'adapté, il vaut mieux connaître d'avance l'apprenant : son comportement par rapport aux TICE, son habitude du digital learning, sa motivation par rapport à la formation, ses préférences (jeu, documents, activités...).

D. Modalités pédagogiques

Les stratégies d'apprentissage proposées varient selon les situations d'apprentissage des stagiaires (nomades ou pas, habitués au digital learning ou pas).

Quelles activités pédagogiques proposer à vos apprenants pour que l'apprentissage soit efficace et agréable à suivre ?

1. Séquences et activités

a. Structure

Dans chaque séquence (un module contient plusieurs séquences), on trouve plusieurs activités pédagogiques. Chaque activité propose plusieurs écrans.

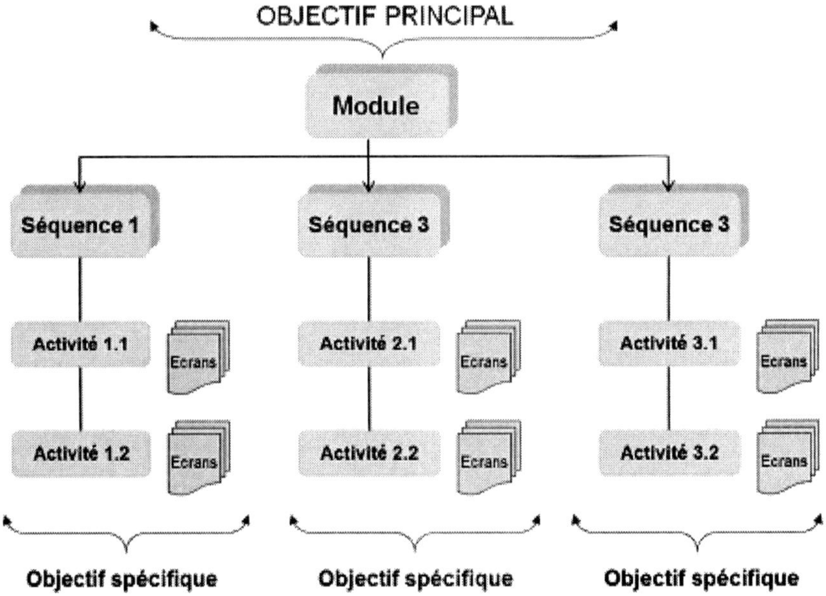

b. Séquences

Une séquence poursuit un objectif pédagogique spécifique et entre dans une typologie d'écran telle que décrite ci-dessous :

Les séquences peuvent être :

- une séquence d'introduction qui donne alors à l'apprenant les informations nécessaires à la poursuite du cours : mode d'emploi, planning, objectif...
- une séquence formative qui propose à l'apprenant le contenu brut du cours découpé en plusieurs écrans interactifs, dont l'objectif est de transmettre le savoir, le savoir-faire et/ou les compétences,
- une séquence d'évaluation dont l'objectif est d'évaluer le niveau d'acquisition du savoir, savoir-faire de l'apprenant,
- une séquence de conclusion qui termine le cours et donne éventuellement des ressources complémentaires.

c. Déroulement d'une activité d'apprentissage

Les séquences proposent une ou plusieurs activités d'apprentissage.

L'apprenant est d'abord mis en situation : il est placé dans un contexte significatif et motivant.

L'activité d'apprentissage est déclenchée en fixant un défi à relever, un problème à résoudre, une tâche à accomplir, une étude de cas à réaliser, un document à produire... L'activité peut prendre la forme d'un questionnement, d'un document à analyser ou d'un jeu à réaliser.

Grâce à des consignes claires, l'apprenant sait où il va, ce qu'il doit faire et pourquoi.

Dans l'étape suivante, l'apprenant est appelé à effectuer un retour sur ce qu'il a appris, il doit prendre conscience des connaissances nouvelles qu'il a acquises. Cette étape peut être réalisée avec un tuteur, avec les autres apprenants ou en autonomie.

2. Comment concevoir une activité efficace ?

Le principal écueil du e-learning est le risque d'abandon. Celui-ci est surtout causé par une trop grande passivité de l'apprenant devant son écran. Apprendre ne consiste pas à consulter des contenus qu'ils soient textes, images ou vidéos. La consultation d'une ressource doit constituer la première étape d'une activité, d'une action que l'on demande à l'apprenant de réaliser pour favoriser son apprentissage.

Les quelques conseils qui suivent vous aideront à concevoir des activités appropriées à votre cible et à l'objectif pédagogique fixé.

a. Rendez l'apprenant actif

L'apprenant doit être actif, sinon il s'ennuie et abandonne. Ne le laissez pas seul à lire son cours, proposez-lui une interactivité (tous les 3 à 5 écrans). Vous augmenterez son implication dans le cours.

b. Multipliez les opportunités d'apprentissage

Tous les apprenants n'utilisent pas les mêmes processus d'apprentissage.

Le multimédia permet de multiplier facilement les opportunités d'apprentissage. Pensez à présenter le contenu sous différents formats (visuel, sonore, par l'action...).

c. Feed back

Tenez l'apprenant informé, donnez-lui le feed back nécessaire, c'est-à-dire l'information en retour sur ce qu'il vient de réaliser. Pour être efficace, le feed back doit venir tout de suite après l'action.

Le feed back sert à corriger un défaut de compréhension, de mémorisation. Le retour effectué vers l'apprenant doit être à la fois correctif et informatif.

Utilisez par exemple des messages contextuels, des popups apparaissant à la suite d' une action réalisée.

d. Captez l'attention de l'apprenant

L'apprenant doit savoir ce que vous attendez de lui pour avoir plus de chances d'atteindre l'objectif pédagogique général.

Le but est de rendre l'apprenant acteur de sa formation, il faut le stimuler.

Proposez des écrans clairs, des écrans de synthèse, mettant en évidence des points essentiels.

e. Granularisez les cours

Concevez de petites séquences, et faites en sorte que chacune soit structurée et comporte une introduction, un vrai contenu, une évaluation de connaissances, une conclusion.

L'acquisition des connaissances en sera renforcée.

Pensez à réaliser des séquences très courtes, faites un découpage très clair de votre cours.

f. Variez les plaisirs

Ne laissez pas l'apprenant s'ennuyer. C'est également un gage de succès et cela permet une adaptation aux différents styles d'apprentissage.

Pour accroître l'efficacité pédagogique, stimulez l'apprenant, excitez sa curiosité. Faites appel à la créativité des concepteurs multimédia, qu'elle soit graphique, interactive, ludique, etc.

Proposez par exemple l'accès à des ressources complémentaires : web, biblio, texte sonore complémentaire, passez du visuel au sonore puis à une animation, pour alterner les formes d'apprentissage.

g. Variez les méthodes

L'enseignant utilise, pour favoriser l'apprentissage, une ou plusieurs méthodes pédagogiques qu'il va alterner pendant son cours. Il n'y a pas une méthode unique, mais plutôt des méthodes préférentielles, pour l'enseignant et pour l'apprenant. On distingue globalement cinq/six grandes méthodes pédagogiques dans l'enseignement face à face, et dans l'enseignement à distance.

Le choix d'une méthode impacte les ressources TICE que l'on va proposer à l'apprenant dans le cours e-learning.

Voici ces méthodes et quelques-unes de leurs déclinaisons en digital learning.

Méthode	Description	Déclinaison digital learning
Magistrale (expositive, transmissive)	L'enseignant transmet un contenu structuré sous forme d'exposé. L'enseignant est un expert du contenu et transmet son savoir (top down).	Vidéo Vidéo erreur/exemple Graphique commenté Texte
Analogique	L'enseignant va utiliser des analogies pour transmettre ses connaissances. Il va raconter une histoire, proposer un changement de contexte pour favoriser l'apprentissage.	Changement de temps, de lieu Jeu avec des personnages Jeux Raconter une histoire
Démonstrative	L'enseignant montre, puis fait faire ensuite et demande à l'étudiant de reformuler son action pour ancrer l'apprentissage.	Enregistrement d'une séquence d'actions à reproduire (simulation logicielle) Simulation « serious game »

Méthode	Description	Déclinaison digital learning
Interrogative (maieutique)	L'enseignant, à travers des questions ad-hoc, favorise la construction d'un apprentissage autonome.	Quiz formatif Quiz sommatif Enquête Chasse au trésor
Découverte	L'enseignant propose un scénario pédagogique dans lequel il va favoriser l'apprentissage par essai-erreur. L'apprenant utilise son expérience personnelle pour apprendre.	Résoudre un problème Réaliser une vidéo Remplir une mission Travail collaboratif
Expérience/action	Le savoir est acquis par l'action dans des matières ou disciplines dont l'enseignement n'est pas réellement formalisé (nouveaux métiers par exemple). L'étudiant produit alors le savoir ou savoir faire qu'il partage avec d'autres.	Formation sur le poste de travail Coaching

E. Acteurs et rôles

1. Les métiers

La conception (et la production) d'un module est le fruit du travail d'une équipe multi-compétences : composée de pédagogues et de professionnels du multimédia.

Quels sont les métiers impliqués dans la réalisation d'un module ?

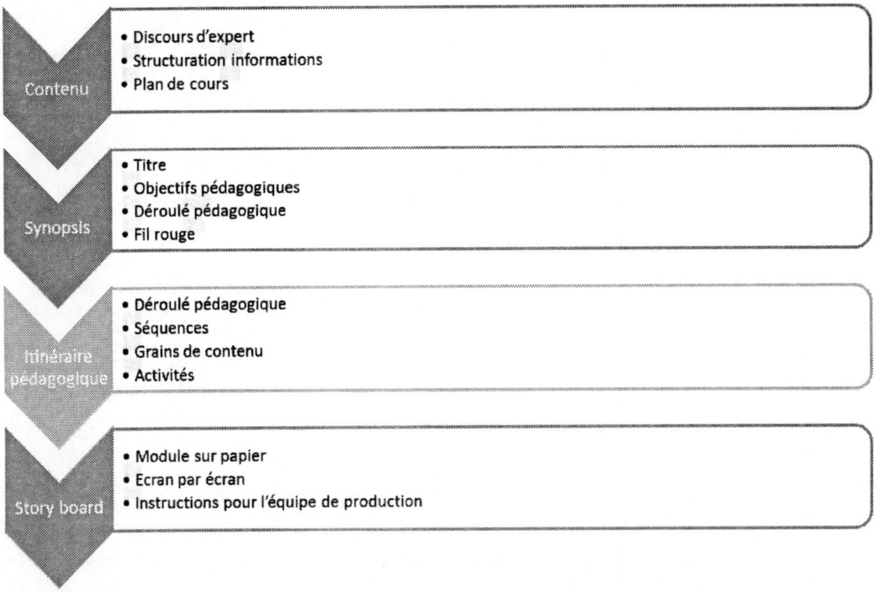

L'expert contenu apporte la matière première, le contenu métier, il n'est pas forcément pédagogue.

Le pédagogue, formateur ou ingénieur pédagogique, va réaliser le travail de transformation entre le contenu brut et la matière à enseigner à distance.

Le concepteur multimédia, professionnel des TICE, est force de proposition dans la conception pédagogique et multimédia du module.

Le concepteur multimédia :

- a une culture multimédia et suggère des ressources TICE,
- scénarise le module,
- travaille à partir des documents pédagogiques.

L'équipe de production, sur la base du story board, réalise le module.

F. Étapes et livrables

1. Phases de conception

La conception d'un module e-learning est un projet en soi qui peut être développé selon des méthodes classiques de gestion de projet ou selon des méthodes agiles (ou avec un peu des deux).

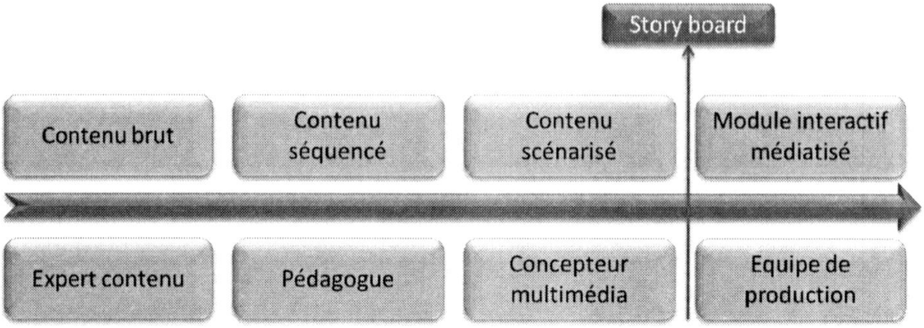

La transposition d'un contenu expert en module e-learning est un processus structuré en plusieurs étapes progressives. Le contenu va ainsi être progressivement pédagogisé, scénarisé, médiatisé jusqu'à l'élaboration du story board, qui représente le module écran par écran avec tous les détails de contenu et les instructions pour l'équipe de production.

2. Documents de référence

a. Cadrage

La première étape va consister à partir de l'objectif pédagogique déterminé et des objectifs pédagogiques secondaires induits, à cadrer le module, à fixer un périmètre de travail.

On va fixer le format général du module et déterminer les informations générales nécessaires à la mise en production.

Voici un tableau récapitulatif des éléments à déterminer :

Format d'un module e learning	
Critères	**Choix**
Durée	Durée du module, entre 10 et 20 mn maximum
Objectif pédagogique	Objectif pédagogique principal formulé ainsi : » à la fin du module, l'apprenant sera capable de... »
Nombre de séquences	Le nombre mini / maxi peut être fixé à l'avance
Langue	Unilangue, multilangue ?
Changement de langue	Est-il possible à l'intérieur du module ?
Mise à jour	Le contenu sera-t-il mis à jour régulièrement ? Quelle fréquence ?
Résumé	Description du module en une ou deux phrases
Introduction/Conclusion	Éléments récurrents en introduction et en conclusion ?

Format d'un module e learning	
Critères	**Choix**
Mode de navigation	Linéaire Libre À l'initiative de l'utilisateur
Vidéo/audio	Oui/non
Personnages	Oui/non Mascotte, coach ?
Synthèse	Oui/non ? imprimable ?
Évaluation	À l'intérieur du module ou à l'extérieur ?

L'ensemble des réponses à ces questions va constituer le premier document de référence pour la fabrication du module.

b. Synopsis

Le synopsis constitue le deuxième document de référence ; il est construit à partir du premier. Le synopsis va plus loin dans la description pédagogique du module et va servir de base à la constitution du story board.

Le synopsis, comme le synopsis d'un film, décrit le module en indiquant :

- l'histoire, le fil rouge (c'est ce qui rendra ensuite le module attractif pour l'apprenant),
- le rôle des personnages s'il y en a,
- la chronologie de l'histoire,
- le découpage en séquences et en activités
- l'ambiance générale : on peut mentionner ici l'ambiance graphique (formes et couleurs) et le ton éditorial,
- activités d'apprentissage envisagées,
- le mode de navigation : imposé, guidé ou libre.

Le synopsis prend généralement la forme d'un document Word.

c. Story board

Le story board est le troisième document de référence d'un module e-learning, il concrétise la phase de conception. C'est la réponse précise apportée à la demande formulée dans le cahier des charges des modules.

Utilité

Le story board est utilisé tout au long du projet comme document de référence par l'équipe projet et par le client. Tout ce qui est écrit doit être réalisé dans la phase de développement, pas plus, pas moins.

Le story board décrit le produit sur papier. Cela peut être un document PowerPoint ou Word par exemple, on doit y trouver les écrans dessinés, la navigation décrite, l'interactivité détaillée, les illustrations et animations prévues.

Contenu

C'est l'ensemble des planches d'illustration destinées à pré-visualiser le produit multimédia.

Sa fonction est de rendre compte le plus précisément possible de la présentation, de l'ambiance de chaque écran correspondant au découpage prévu dans le synopsis.

Pour résumer, le story board sert à décrire le contenu d'une application multimédia (ou informatique). C'est le seul document de référence qui est utilisé tout au long du projet. Tous les écrans y sont détaillés.

Le story board présente le contenu de l'écran et les instructions pour sa réalisation.

Tout doit être écrit dans le story board : le texte des voix, l'animation prévue, le nom des fichiers, etc.

Le story board doit constituer une représentation graphique et textuelle de toute l'information incluse dans chaque écran.

Il est préparé par le concepteur en accord avec toute l'équipe pédagogique et informatique, il est revu et validé par le chef de projet avant d'être présenté au comité de pilotage pour validation finale.

Le story board est ensuite transmis à l'équipe de production pour qui tout doit être limpide. Tout doit être écrit et décrit.

Ce document, s'il est bien réalisé, possède l'énorme avantage de faire gagner du temps, donc de l'argent, puisqu'il réduit les risques de malentendus entre les concepteurs et les réalisateurs du module.

<u>Un exemple d'écran</u>

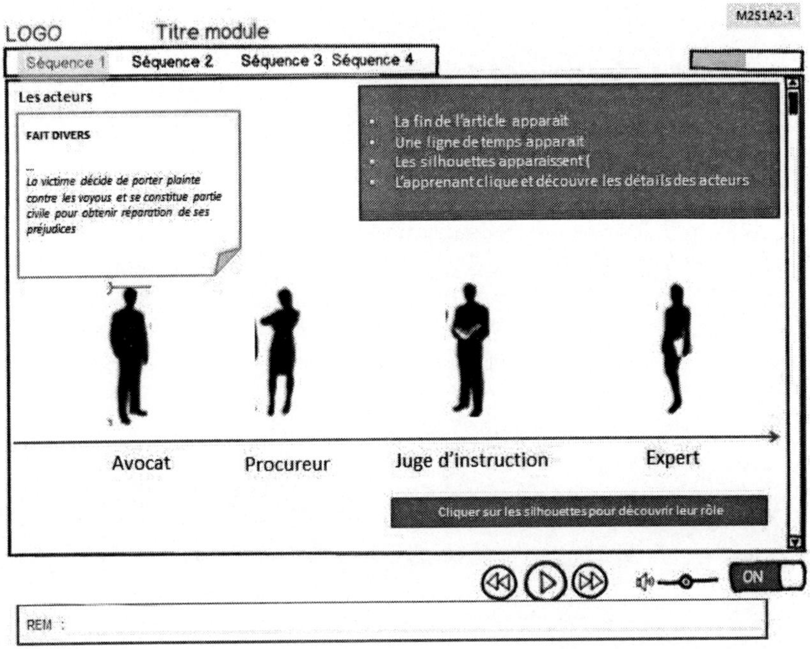

d. La maquette

La maquette du module est produite à partir du story board et permet au commanditaire de se rendre compte de ce que sera le module une fois réalisé. Elle contient la structure du module, présente la charte graphique et les éléments de navigation, et des exemples de contenu.

3. Composition minimum

Que doit contenir au minimum un module e-learning ?

La présence des éléments suivants est nécessaire :

- Un module d'accueil : le module introductif présente le produit dans sa globalité : objectifs des cours, présentation du sommaire, actualités, aide en ligne.
- Un sommaire : ce sommaire peut prendre différents aspects, mais il doit être dynamique, il doit indiquer à l'apprenant quelles sont les séquences déjà visitées et quelles sont les séquences à visiter.
- Un mode d'emploi : cet écran explique à l'apprenant de façon très simple comment utiliser le module.

Mieux le module est conçu, plus le mode d'emploi sera simple et superflu.

- Un module de recherche : permet à l'utilisateur de gagner du temps dans la recherche surtout si le contenu est dense.
- Des écrans de contenu : alternez les types d'objets, prévoyez des repères visuels, ne mettez pas trop de texte, mettez suffisamment d'écrans interactifs.
- Des éléments "guides" : Feed back, message et aide : quel que soit l'endroit où il se trouve, l'apprenant doit toujours trouver un certain nombre de repères : à quel stade en est-il ? Quelle est l'étape suivante ? Quelle était l'étape précédente ?
- Des activités interactives : le caractère très attractif du jeu le rend très intéressant pédagogiquement : l'apprenant/stagiaire apprend sans en avoir l'impression, mû par le plaisir de jouer et d'être acteur de son propre apprentissage.

Plus on passe de temps dans la phase de conception, moins la phase de réalisation comporte de risques.

TÉMOIGNAGE

Jean Marc Fayolle, Abilways a intégré le digital learning dans son offre depuis quelques années. Comment évolue la demande de vos clients dans un univers ou les dispositifs hybrides sont en constante évolution ? Comment voyez-vous le marché d'ici à 2 ans ?

Depuis les cinq dernières années, chacun a pu mesurer, dans son environnement personnel, à quel point le digital transformait et accélérait notre relation au temps, à l'espace et aux autres.

D'un impact individuel et personnel, l'évolution naturelle a envahi progressivement l'espace professionnel et collectif, où les citoyens-consommateurs-salariés utilisent, ou ont accès, aux outils proposés par leurs organisations tout en gardant leurs propres supports (notion anglo-saxonne du « bring you own device » BYOD).

Si ce constat n'est pas fondamentalement nouveau, dans le monde de la formation en particulier, les caractéristiques de ce qui évolue fortement sont donc la multiplicité des outils et des formats proposés qui élargit considérablement le champ des possibles : davantage de contenus, des formats plus courts, un accès simplifié aux ressources, avec, pour les organisations, la nécessité de se structurer et de s'adapter à cette réalité.

Par ricochet, le défi est donc double pour les organismes de formation :

- accompagner les entreprises en proposant des dispositifs globaux alignés parfaitement à leur stratégie corporate,
- bâtir des formats pédagogiques hybrides personnalisés à travers lesquels contenus métiers opérationnels et tutorat à la carte favorisent un apprentissage individuel sur mesure.

Chez ABILWAYS, nous avons un parti-pris : l'outil doit rester au service de la pédagogie. Il est inutile d'empiler des outils s'ils n'ont pas une véritable plus-value comme « véhicule d'apprentissage » pour l'apprenant et la pertinence des contenus demeure fondamentale.

Chacune des marques expertes de notre Groupe (EFE, CFPJ, ISM, IDCC, PYRAMYD, IFE) a donc anticipé ces évolutions en proposant, depuis plusieurs années, des formats multimodaux adaptés en fonction des domaines et des publics formés via nos e-évaluations, nos micro-learning thématiques en rich media ou nos classes virtuelles, dont l'objectif est de créer, pour chaque participant, un véritable continuum pédagogique, tout en renforçant l'apport opérationnel.

2015 marque une seconde phase dans le déploiement de notre anticipation des attentes de nos clients par le lancement d'« ABILWAYS DIGITAL » qui est l'offre la plus large et la plus complète du marché sur la transformation digitale, offre qui est portée par l'entité experte d'ABILWAYS sur ces thématiques : ELEARNING TIME.

Nous constatons actuellement un mouvement des entreprises qui internalisent de plus en plus des compétences en formation via, notamment, les universités ou les académies d'entreprises. Mais elles manquent encore souvent de savoir-faire, de méthodologie en ingénierie pédagogique et de contenus renouvelés.

Un autre constat est que les fonctions RH et managériales sont très impactées par le développement du digital pour la gestion des talents dont nous observons qu'elle commence à se déployer sur le « cloud ». Il y a une nécessité de prendre en compte, outre la dimension géographique, la demande de plus de mobilité, de plus de simplification et d'automatisation afin d'assouvir cette « soif » d'ouvrir des horizons nouveaux, tout en faisant face à la grande variété des métiers (ceux qui évoluent, ceux qui vont disparaître et ceux qui vont s'inventer) !

Pour un groupe comme ABILWAYS, qui dispose d'une ligne de compétences et d'expertises pédagogiques et techniques intégrées dans ses équipes sur tous ces sujets, l'avenir immédiat est palpitant.

Nous sommes de plus en plus sollicités pour des missions où nous apportons conseil et innovation dans le montage de dispositifs opérationnels complexes.

Nos savoir-faire et nos expertises nous donnent cette légitimité qui nous permet ainsi d'accompagner les entreprises pour renforcer leur stratégie de « global Learning », avec deux mots clés : performance et excellence.

Jean-Marc FAYOLLE Directeur E-Learning Time | Directeur Intra EFE
www.abilways.com

G. Synthèse et check list

Voici les points clés qui doivent être vérifiés lors de la conception d'un module e-learning :

- Favorisez un environnement d'apprentissage amusant et excitant.
- Utilisez les activités interactives.
- Innovez dans les styles d'apprentissage.
- Utilisez des exemples ou des cas issus de vraies situations professionnelles.
- Impliquez tous les participants fréquemment.
- Maîtrisez la technologie : sachez quand et comment l'utiliser.
- Faites tester le module.
- Pensez en fonction de l'apprenant : mettez-vous à sa place constamment.
- Donnez à l'apprenant l'occasion d'agir. Encouragez sa réactivité.
- Donnez du temps à l'apprenant : ne le stressez pas.
- Donnez à l'utilisateur la possibilité de s'exprimer : il doit pouvoir poser des questions et obtenir des réponses.
- Évitez les gadgets techniques inutiles.

H. Étude de cas 1

1. Données

Vous connaissez vos apprenants, vous avez l'objectif général de l'action de formation.

Vous avez d'autre part déterminé le type de contenus que vous allez proposer.

2. Instructions

Vous allez réaliser le premier travail d'ingénierie pédagogique du futur module.

Déterminez l'objectif principal du module et proposez des objectifs spécifiques.

Préparez la note de cadrage du module, premier élément servant à concevoir le story board.

Réfléchissez également sur les activités pédagogiques que vous allez proposer aux apprenants.

Quelle est l'équipe que vous allez mettre en place pour travailler sur la conception réalisation de ce module ?

I. Étude de cas 2

1. Données

Vous connaissez vos apprenants, vous avez l'objectif général de l'action de formation.

Vous avez d'autre part déterminé le type de contenus que vous allez proposer.

2. Instructions

Vous allez réaliser le premier travail d'ingénierie pédagogique du futur module.

Déterminez l'objectif principal du module et proposez des objectifs spécifiques.

Préparez la note de cadrage du module, premier élément servant à concevoir le story board.

Réfléchissez également sur les activités pédagogiques que vous allez proposer aux apprenants.

Chapitre 3.3

Produire du contenu

A. Introduction

L'étape de conception est terminée. Vous allez démarrer la production de votre module. Comment faire ? Quels outils utiliser ?

Votre point de départ, document de référence, est constitué par le story board décrivant le produit à réaliser, sur papier, écran par écran.

Il n'y a plus qu'à le réaliser !

B. Les outils auteurs

Les outils de production de contenu e-learning asynchrones sont nombreux, divers et variés, libres ou payants, autorisant une scénarisation et une interactivité plus ou moins riche. Ces outils professionnels permettent de scénariser puis de produire des modules e-learning interactifs et médiatisés.

Certains sont plutôt destinés à des utilisateurs non professionnels du digital learning, d'autres par contre, ceux qui proposent les fonctionnalités les plus riches, et les scénarios les plus complexes sont à destination des concepteurs e-learning professionnels, ou bien demandent un temps de formation et d'appropriation conséquent.

Ces outils peuvent être multilingues, permettant ainsi facilement de créer des modules localisables, respectent les normes SCORM en vigueur, permettant d'exporter des produits scormés donc capables de communiquer et de remonter des informations aux LMS. La grande majorité de ces outils exportent des modules en swf (format Flash), ce qui peut causer quelques soucis de portabilité à terme sur les supports nomades. Enfin les plus complets d'entre eux offrent la possibilité de réaliser des rapid learning, des simulations logicielles, des modules interactifs et peuvent aller jusqu'au serious game.

1. Comment choisir l'outil adéquat ?

Pour prendre la bonne décision, il est nécessaire de bien connaître les fonctionnalités et les usages possibles de ces outils, mais avant, il vaut mieux se poser les bonnes questions :

- Quel est le format d'origine du contenu brut ? Si par exemple vous partez d'un format PowerPoint, vous pouvez envisager d'utiliser des outils de transposition PowerPoint/Flash.
- Ce contenu sera-t-il développé en interne ? Si oui, quelles sont les compétences techniques de l'équipe de production interne ?
- Le produit sera-t-il développé par des non-techniciens ? Ou bien par des professionnels du développement multimédia ? Si les producteurs du contenu ne sont pas des développeurs expérimentés, vous choisirez des outils faciles d'utilisation ne nécessitant pas forcément des compétences de développeurs.
- Quel est le degré d'interactivité souhaité ? Ce niveau de complexité souhaité dans le scénario impacte également le choix des outils de production.
- De quelles ressources temporelles, budgétaires et humaines disposez-vous ? Le choix de l'outil sera également déterminé par le budget disponible pour le projet.

Le choix n'est pas évident : il vous faut fixer des critères de sélection et bien connaître les caractéristiques et fonctionnalités proposées par ces outils. Lors de votre choix, regardez également si le logiciel vous permet d'exporter des modules en format SCORM.

Pour résumer, lorsque vous aurez à choisir les outils de production de contenu, vous focaliserez sur les points clés suivants :

- compétences techniques nécessaire à la production,
- variété et format du contenu brut,
- degré d'interactivité et de scénarisation souhaité,
- compatibilité aux standards e-learning,
- prix de l'outil.

2. Compatibilité aux standards e-learning

La plupart des outils proposés aujourd'hui sur le marché de la production de contenu e-learning respectent les standards en vigueur.

a. SCORM et l'avenir

Les modules respectant le standard SCORM, ou « scormés », sont capables de communiquer avec le LMS sur lequel ils sont déployés pour peu que celui-ci respecte également le standard SCORM. Le module e-learning sera ainsi capable de transmettre certaines informations concernant le suivi de l'apprenant : l'état d'avancement dans le module, les scores, l'endroit où l'apprenant s'est arrêté lors de sa dernière visite.

Pour plus d'informations, reportez-vous au chapitre sur les standards e-learning.

b. De Flash à HTML5

La grande majorité des modules e-learning aujourd'hui déployées sur les LMS ont été exportés au format Flash, ce qui pose nous l'avons vu des problèmes de portabilité de ces modules sur les supports mobiles Apple.

Suite logique de ce constat, la technologie Flash et le plugin qui l'accompagne sont aujourd'hui de moins en moins supportés par un nombre croissant de plateformes web.

La technologie Flash est progressivement remplacée par le langage HTML5.

DÉFINITION

HTML5 (HyperText Markup Language 5) est la dernière révision majeure d'HTML (format de données conçu pour représenter les pages web). Cette version est en développement en 2013. HTML5 spécifie deux syntaxes d'un modèle abstrait défini en termes de DOM : HTML5 et XHTML5. Le langage comprend également une couche application avec de nombreuses API, ainsi qu'un algorithme afin de pouvoir traiter les documents à la syntaxe non conforme. Le travail a été repris par le W3C en mars 2007 après avoir été lancé par le WHATWG. Les deux organisations travaillent en parallèle sur le même document afin de maintenir une version unique de la technologie. Le W3C vise la clôture des ajouts de fonctionnalités le 22 mai 2011 et une finalisation de la spécification en 2014, et encourage les développeurs Web à utiliser HTML 5 dès maintenant.

Dans le langage courant, HTML5 désigne souvent un ensemble de technologies web (HTML5, CSS3 et JavaScript) permettant notamment le développement d'applications (cf. DHTML).

Source : http://fr.wikipedia.org/wiki/HTML5

Les futurs modules e-learning que vous produirez ou ferez produire le seront en respectant ce nouveau langage et seront ainsi utilisables sur les supports nomades (tablettes, smartphones...).

Mais comment faire avec les modules déjà en circulation ?

Des outils permettant de transformer du Flash en HTML5 apparaissent peu à peu.

Citons par exemple l'outil de Google : Google Swiffy, qui vous permet de convertir en ligne un fichier Flash en fichier HTML5.

Vous pouvez le tester ici : https://www.google.com/doubleclick/studio/swiffy/

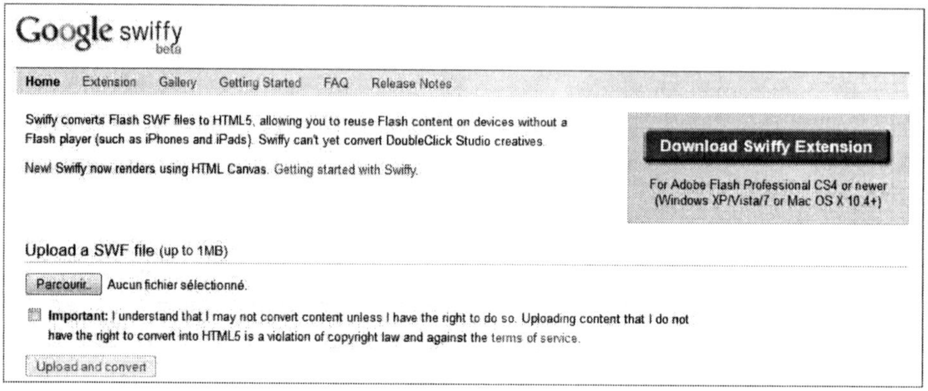

Rendez-vous sur l'excellent site alsacréations pour en savoir plus sur le HTML5, CSS...
Et ici pour une démo commentée de l'utilisation de Google Swiffy :
http://www.alsacreations.com/astuce/lire/1556-flash-html5-swiffy.html

C. Panorama des outils

Les outils à votre disposition pour produire des modules, quiz, rapid learning, simulations logicielles sont très nombreux.

Avant d'entrer dans le détail, nous vous proposons de vous faire une idée de cette offre.

Nous ne saurions démarrer cette section sans recommander l'excellent site de Jane Heart qui propose entre autres une liste d'outils dédiés au e-learning classés par thématique et régulièrement mis à jour :
http://c4lpt.co.uk/directory-of-learning-performance-tools/instructional-tools/

Rendez-vous ici pour une liste d'outils en français :
https://outils-20-en-francais.zeef.com/fr/isabelle.dremeau

Nous vous proposons ci-dessous une classification de ces outils et une présentation de certains d'entre eux.

- **Les outils de transposition ou outils de rapid learning** : ils vous permettent de transposer les fichiers PowerPoint en fichiers Flash, et répondent plus particulièrement à une demande de rapid learning : coût et délai serrés, degré de scénarisation faible.
- **Les outils de rich media** : vous aideront à réaliser des vidéos pédagogiques : simulation de logiciels ou vidéos commentées : avec ces outils, vous pouvez très facilement réaliser des captures d'écran, simuler des clics ou des évènements souris, capter, puis monter et enrichir une vidéo.
- **Les outils auteurs ou générateurs de contenu** : sont des outils très complets qui vous permettent de scénariser et réaliser des modules e-learning sans connaissances techniques particulières ; il requiert cependant parfois une étape de formation et d'appropriation nécessaire de l'outil.
- **Les évaluateurs ou exerciseurs** : sont des outils spécialisés dans la création d'évaluations, activités interactives par excellence. Nous les aborderons dans le chapitre suivant.

Examinons maintenant quelques outils.

1. Rapid Learning : les outils de transposition PowerPoint/Flash

a. Adobe Presenter

Cet outil vous permet d'enrichir et de transposer très facilement des fichiers PowerPoint en animation Flash. C'est un outil destiné à la production de modules de rapid learning.

Adobe Presenter vous permet de créer du contenu satisfaisant les standards e-learning en vigueur. Presenter s'intégre dans les menus de PowerPoint comme le montre l'écran ci-dessous :

Concrètement, vous travaillez dans l'interface de PowerPoint, vous pouvez intégrer facilement du son, de l'interactivité et exporter le tout au format Flash.

Vous pouvez télécharger une version d'évaluation à l'adresse suivante :
http://www.adobe.com/fr/products/presenter/

b. Speechi

Speechi vous permet à partir de l'interface PowerPoint de générer des présentations, des cours interactifs ou des modules de formation au format Flash. Un de ses avantages réside dans le fait qu'il ne nécessite aucune connaissance technique particulière.

Il vous suffit d'enregistrer le commentaire du cours au format audio sur Speechi, à l'aide d'un simple micro.

Le logiciel intègre un player avec tous les boutons adéquats dans le logiciel PowerPoint.

Ensuite Speechi génère un fichier Flash et une page HTML, permettant de lancer la présentation sur un serveur.

Vous trouverez plus de détails et des démonstrations à l'adresse suivante : www.speechi.net

Une version gratuite de Speechi (Speechi light sans le son) est disponible à l'adresse suivante :
http://www.speechi.net/fr/index.php/home/gamme-speechi/powerpoint-flash/

2. Les outils rich media

Les vidéos et vidéos pédagogisées occupent une part de plus en plus importante dans le contenu digital learning.

Avec les outils ci-dessous, vous pouvez facilement créer des simulations de logiciels et réaliser des démonstrations interactives et des didacticiels.

a. Adobe Captivate

D'utilisation simple et intuitive, il enregistre toutes vos actions sur l'application active et vous permet ainsi de créer une simulation, en incluant dans cette simulation les mouvements de la souris et les sons des clics par exemple.

C'est un outil adapté pour créer des didacticiels, les modules ainsi crées peuvent être plus ou moins interactifs. Vous pourrez ajouter des bulles d'information, des fichiers son, des images et importer des fichiers vidéo. Le fichier créé est compatible HTML5.

Les fichiers ainsi réalisés satisfont les standards AICC/SCORM, ce qui représente un avantage non négligeable.

Vous pouvez télécharger une version de test à partir de l'adresse suivante après avoir renseigné le formulaire Adobe : http://www.adobe.com/fr/products/captivate/

b. Camtasia Studio

Camtasia permet d'enregistrer les manipulations visibles à l'écran puis de réaliser un montage pour créer un fichier vidéo au format mp4, webm...

Ce logiciel est d'utilisation simple, propose une grande richesse de fonctionnalités et des options d'export variées.

Voici la barre d'outils Camtasia ajoutée à PowerPoint :

Vous pouvez télécharger une version d'essai de 30 jours à partir de l'adresse suivante : http://www.techsmith.fr/download/camtasiatrial.asp

c. Wink

Wink est utilisé pour créer des présentations constituées de captures d'écran et des tutoriels. En appuyant sur la touche [Pause] du clavier, vous enregistrez des images, le logiciel mémorise les déplacements de la souris.

Le tout est ensuite compilé pour créer des animations Flash.

Vous pouvez télécharger le logiciel en partant de Clubic ici : http://www.clubic.com/telecharger-fiche13619-wink.html

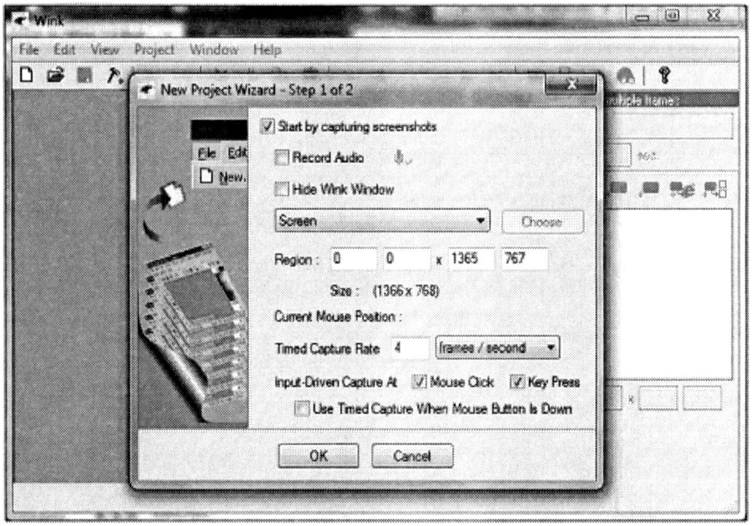

Si vous devez réaliser des modules e-learning plus riches, plus interactifs, plus complets, vous préférerez certainement vous orienter vers les générateurs de contenus, des outils auteurs complets.

d. Enrichir les vidéos

Certains outils sont dédiés à l'enrichissement de vidéos, ajout d'interactivité ou créations spécifiques.

Plus d'informations à partir du site elearningbretagne : http://e-learningbretagne.blogspirit.com/

3. Les outils auteurs

a. Outils auteurs professionnels

Nous ne détaillerons pas les différents outils auteurs payants du marché ici.

Vous trouverez sur le site de Béatrice Lhuiller ici : http://beatrice-lhuillier.fr/zone_telechargement/BLhuillier_bsoco_elearning_market_report.pdf un livre blanc daté de 2012 et proposant des informations détaillées sur quelques-uns des outils auteurs du marché.

Par ailleurs, citons également le comparatif de logiciels BSOCO qui vous propose un benchmark commenté de certains de ces outils.

C'est par ici : http://www.comparatif-logiciel.com/e-learning_outil-auteur.php

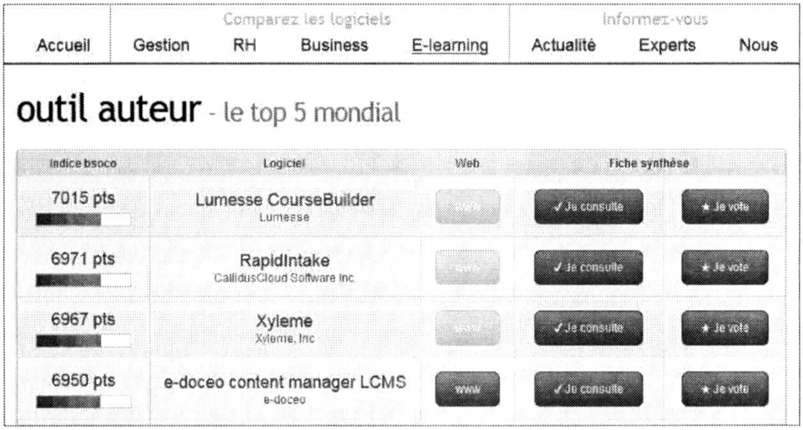

TÉMOIGNAGE

Didier Mirey, vous êtes l'éditeur de la solution INOVAE

Le monde du digital learning est un monde en constante évolution au niveau technologique et au niveau pédagogique. Comment voyez-vous cette évolution ? Comment la demande de vos clients évolue-t-elle ?

Avec une certaine poussée du e-learning depuis quelques mois, qui reste encore très « craintif » en France, le profil des clients potentiels change.

En effet et ce malgré des formations diplômantes de niveau Master, nous voyons arriver de nouveaux acteurs ne maîtrisant pas le multimédia, pratiquant très peu l'outil informatique et ayant quelques connaissances pédagogiques non applicables à la scénarisation de module multimédia de formation.

Il est devenu très habituel d'avoir comme interlocuteur des personnes ne distinguant pas « LMS » (*Learning Managment System*), Outil auteur (comme Publisher d'Inovae) et Standards de communication (SCORM, Xperience API).

Pour un éditeur comme Inovae, c'est un vrai challenge que d'arriver à capter et accompagner vers la réussite ce nouveau type de client alors même que nous proposions jusqu'alors l'outil le plus puissant du marché, outil qui nécessite une formation « Prise en main » et un capital connaissances connexes (outil informatique, multimédia et scénarisation) assez développé.

Didier MIREY
INOVAE SAS
http://www.inovae.net

b. Outils auteurs gratuits

Quelques outils auteurs gratuits sont disponibles, citons par exemple **MOS Solo** qui permet de créer, de gérer des contenus pédagogiques compatibles SCORM. MOS Solo est gratuit et facile à utiliser.

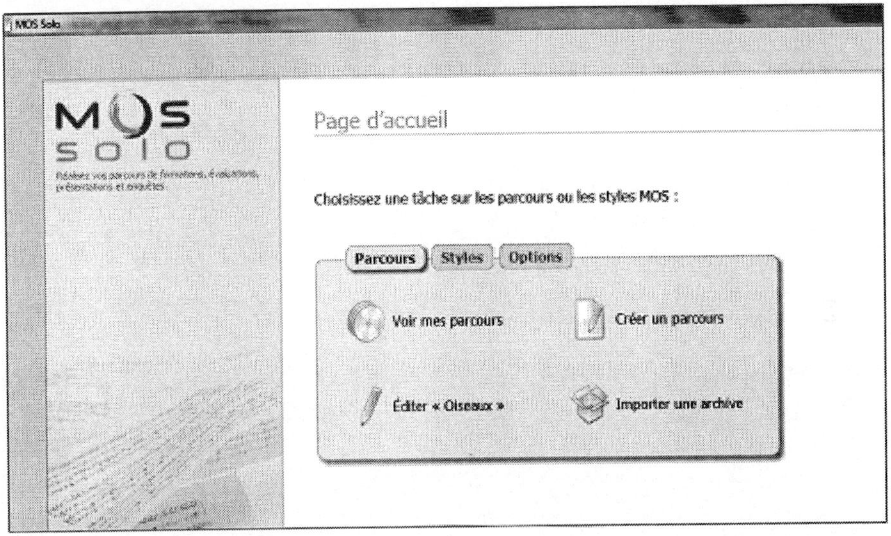

Vous pouvez avoir plus d'infos ici :
http://www.mindonsite.com/produits/mos-solo/outil-auteur/

Signalons également **eXeLearning** : cet outil open source d'origine néozélandaise qui vous permet de créer des ressources web scénarisées exportables dans différentes plateformes d'apprentissage en ligne à la norme SCORM.

eXeLearning permet à des pédagogues non-techniciens de créer des contenus web sans avoir besoin de devenir expert en HTML ou XML.

Vous pouvez télécharger une version gratuite de cet outil open source à l'adresse suivante : http://sourceforge.net/projects/exe/files/

Pour terminer, mentionnons la chaîne éditoriale **Opale** qui permet la production de documents académiques, à produire sur différents supports. Les ressources exportées sont scormées.

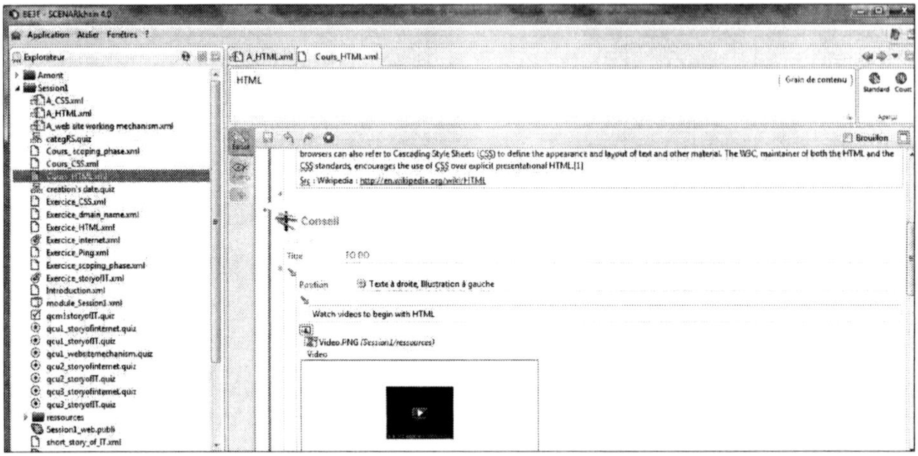

Pour en savoir plus sur la chaîne éditoriale Opale, rendez-vous ici :
http://scenari-platform.org/projects/opale/fr/pres/co/

c. Produire des serious games

Le serious game se développe, se démocratise, sa production est en train de s'industrialiser. On voit donc logiquement apparaître sur le marché des outils de création de jeu. Mentionnons ici *ITyStudio* que vous pouvez tester en ligne après inscription.

Pour en savoir plus sur ITyStudio, rendez-vous ici : www.itystudio.com

D. Interactivité

L'interactivité permet de rendre l'apprenant actif dans son apprentissage, et ainsi de réduire le taux d'abandon, inhérent aux apprentissages en ligne.

*L'**interactivité** est une activité impliquant plusieurs personnes ou systèmes dont le comportement s'ajuste suite à une action réalisée par l'un d'entre eux.*

1. Rôle de l'interactivité

À quoi sert l'interactivité dans un module e-learning et pourquoi est-il important de bien l'utiliser ?

En introduisant de l'interactivité dans vos écrans, vous pouvez proposer par exemple à l'apprenant de :

- poser des questions via l'application,
- cliquer sur une zone réactive,
- jouer,
- naviguer à son rythme,
- travailler dans un environnement ludique, graphique, convivial,
- résoudre des problèmes, réaliser des simulations,
- restructurer l'information.

L'interactivité sert à tout : à jouer, à apprendre, à évaluer, à communiquer.

2. Types d'interactivité

Dans un produit pédagogique multimédia, vous trouverez de l'interactivité directe ou indirecte, de l'interactivité générale et de l'interactivité intégrée dans le scénario pédagogique.

Regardons cela d'un peu plus près.

L'interactivité comprend la navigation et l'organisation générale du produit. L'interactivité générale donne une cohérence à l'application, procure un confort à l'apprenant. Cette interactivité ne fait pas partie intégrante du processus d'apprentissage, mais permet d'accéder aux activités : menus, icônes standard...

Elle est extérieure au module d'apprentissage mais permet l'accès aux activités pédagogiques.

Elle est essentielle pour que l'apprenant puisse utiliser le module confortablement et s'y sente bien.

L'interactivité contextuelle est utilisée pour obtenir la participation active de l'apprenant dans le processus d'apprentissage. Cette interactivité rend possibles les activités proposées à l'apprenant pour atteindre les objectifs pédagogiques : jeu, dessin, QCM.

Elle est là pour aider l'apprenant dans son parcours pédagogique.

3. Comment créer de l'interactivité

Concevoir de l'interactivité demande une bonne connaissance du potentiel des médias, et des applications informatiques.

Pensez à vous mettre à la place de l'apprenant dans le module car c'est pour lui que vous le construisez.

Voici quelques exemples d'interactivité :

- lancer une vidéo, l'arrêter pour poser une question,
- demander une réponse de type Oui/Non, ou Vrai/Faux,
- proposer un QCM dont le résultat entraîne des variations de parcours pédagogiques,
- rechercher une information,
- afficher un popup de message contextuel ou d'aide,
- proposer un jeu,
- proposer des exercices de type : texte à trous, puzzle, cliquer glisser,
- proposer une aide contextuelle,
- simuler une action (saisie dans une zone par exemple),
- etc.

> *La rétroaction est un aspect particulier de l'interactivité. L'ordinateur a la possibilité de donner des rétroactions (c'est-à-dire une réponse en retour à une action) immédiates, nombreuses et variées.*

Il existe deux types de rétroaction :

- rétroaction de vérification : indique à l'apprenant si sa réponse est correcte ou non,
- rétroaction d'élaboration : donne une information adaptée, utile à l'apprenant.

E. Ergonomie/navigation

1. Ergonomie

a. Définitions

Le terme ergonomie et le terme interface se sont vulgarisés avec la démocratisation de l'informatique et la multiplication d'applications orientées vers l'utilisateur.

Qu'est-ce que cela signifie exactement ?

*L'**ergonomie** est l'analyse menant à la conception de système proposant à l'utilisateur un maximum de confort, d'efficacité.*

b. Critères de qualité

Un module ergonomique se traduit par un confort d'utilisation. L'apprenant se sent bien dans le module, le graphisme et la technique ne sont pas bloquants, au contraire, ils mettent en valeur le contenu du cours.

Suivez ces quelques principes pour réussir l'ergonomie de votre interface.

Pour être utilisable, l'interface doit répondre à certains critères :

- Montrer clairement vers où l'utilisateur se dirige.
- Être facile d'accès pour une navigation simple.
- Faciliter la tâche de l'utilisateur.
- Fournir une rétroaction claire et univoque.
- Permettre une saisie facile des données.
- Fournir un feed back clair et non ambigu.
- Proposer des écrans légers et clairs.
- S'adapter à l'utilisateur : plusieurs entrées, choix des actions, choix des manipulations.
- Être cohérent tout au long du déroulement de l'action. L'utilisateur peut anticiper, découvrir une certaine logique qui lui permet d'avancer sans buter dans le produit.
- Être esthétique : bon agencement des formes, des couleurs, des textures.

c. Récapitulatif

L'interface proposée doit être confortable, accessible, intuitive, fiable et efficace, et doit servir le contenu pédagogique.

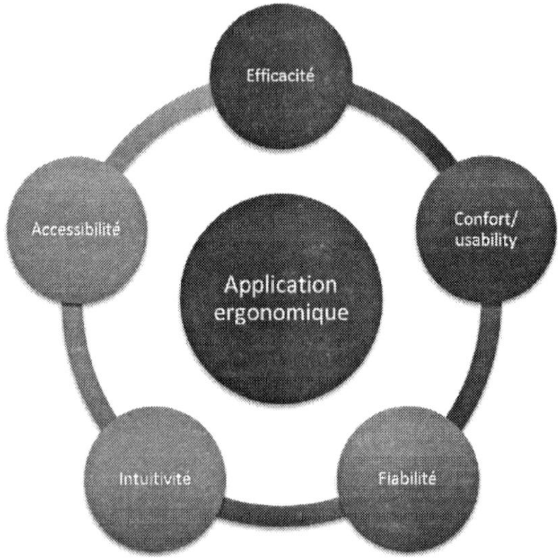

On pourrait dire beaucoup plus sur l'ergonomie, thème sur lequel vous trouverez une littérature et une webographie très fournies.

2. Navigation

Comment peut-on définir la navigation dans une application multimédia ?

a. Définition

*La **navigation** est l'ensemble des fonctionnalités qui permettent de se situer, s'orienter, se déplacer dans un écran ou dans une application.*

Le système de navigation pour ce qui concerne les modules e-learning, inclut tous les éléments graphiques (boutons et icones) et les hyperliens permettant à l'utilisateur de :

- se situer dans le module et dans l'application,
- s'orienter,
- se déplacer,
- savoir sur quelle partie du cours il travaillait précédemment.

b. Principes de navigation

Le rôle de la navigation est de permettre à l'utilisateur de se situer dans l'application, d'y circuler à loisir et de façon intuitive. Le système de navigation sert le contenu et doit donc être particulièrement étudié pour ne pas bloquer l'avancée dans le cours, mais au contraire pour permettre à l'apprenant de s'approprier ce contenu en utilisant les moyens mis à sa disposition. Plusieurs systèmes de navigation sont prévus pour proposer un confort d'utilisation et une efficacité de l'enseignement optimisés.

La navigation proposée doit être claire et intuitive.

L'utilisateur doit avoir l'impression qu'il peut contrôler le produit, il faut donc éviter de lui donner une impression de blocage, d'enfermement dans le produit.

Pensez donc à proposer à l'utilisateur les possibilités :

- d'annuler une action,
- de revenir à ce qu'il faisait précédemment,
- de quitter le système.

Enfin, voici quelques conseils qui peuvent être utiles :

- Toute information nécessaire à l'utilisateur doit être affichée à l'écran et il doit pouvoir accéder à l'aide à tout moment.
- À partir de chaque écran, il est possible de naviguer, de quitter le produit.
- Prévoyez un clic au maximum pour retrouver la page d'accueil ou/et pour obtenir une information.

F. Charte graphique et écriture multimédia

1. Conception graphique et mise en page

Dans un module e-learning, la charte graphique est là pour servir le contenu. Un module e-learning n'est pas une œuvre d'art, le contenu doit être plus important que le graphisme.

Le graphisme doit être fonctionnel, esthétique et relativement sobre.

a. Quelques astuces graphiques

<u>Pas trop de couleurs</u>

Évitez de mettre trop de couleurs : deux ou trois couleurs de base suffisent.

L'aspect général du produit doit correspondre à son contenu : le choix des couleurs, des typographies, les choix de mise en page sont des paramètres qui permettent de dégager une ambiance et un ton.

Cohérence ou style graphique

Un écran sans style semble désorganisé et complique la tâche du lecteur. Souvenez-vous, la lecture à l'écran est plus difficile que sur papier.

Repères visuels

Les différents systèmes de navigation doivent être visuellement séparés.

Prévoyez des repères visuels pour indiquer les différents niveaux d'informations.

b. Mise en page

Quelques principes de mise en page respectés permettent de concevoir des écrans élégants et faciles à lire.

Voici quelque conseils qui vous permettront de faciliter la tâche de l'apprenant dans son parcours de formation.

Alignement

Tous les éléments du même niveau sont alignés entre eux, cela crée des liens invisibles, reliant ainsi les blocs d'informations entre eux.

L'œil du visiteur ne s'égare pas, ainsi des alignements judicieux rendent la lecture plus aisée.

Contraste

La position relative des éléments sur une page crée pour l'utilisateur une hiérarchie de valeurs. Par exemple, on lit en premier les éléments les plus gros.

Proximité

Le principe de proximité permet d'associer des éléments d'un écran qui sont apparentés.

Pensez à :

- laisser proches les uns des autres les éléments reliés,
- éviter de séparer titres et textes associés par un intervalle trop grand.

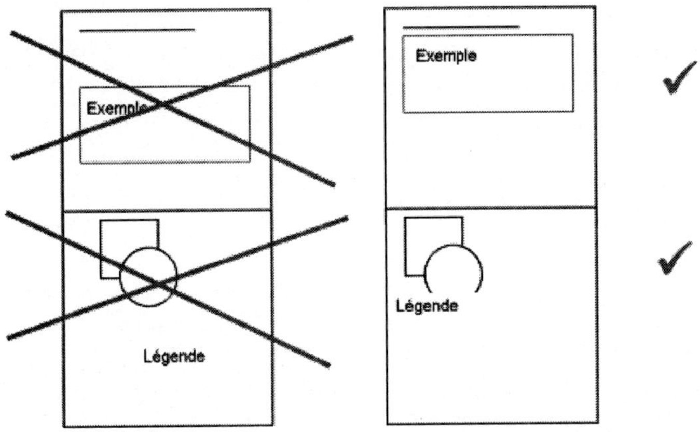

Évitez les éléments inutiles. Supprimez images, gadgets et boutons qui ne servent à rien.

2. Écriture multimédia

a. Principes

On passe en moyenne vingt secondes sur un écran. C'est très court, il est donc absolument nécessaire que l'écran soit bien conçu et l'information bien structurée.

Pour une efficacité pédagogique optimisée, évitez les textes trop longs et préférez des phrases courtes et percutantes.

b. Conseils

Hiérarchie des textes

Une hiérarchie de texte correctement utilisée rend la tâche plus facile et apporte du sens au contenu.

Utilisez judicieusement titre, sous-titre et paragraphe.

L'alignement du texte et la régularité des espaces entre les éléments permettent au lecteur de comprendre les relations entre les textes.

Le contraste typographique reflète la hiérarchie des informations.

Texte et polices de caractère

La taille de texte idéale se situe entre dix et quatorze points. Utilisez des polices de caractère lisibles, pas trop originales. La lisibilité est préférable à l'esthétisme en e-learning.

Évitez de trop utiliser les lettres capitales, elles sont plus difficiles à déchiffrer.

Structurez le texte

Afin que le texte soit plus lisible et donc plus compréhensible, l'information proposée aura avantage à être structurée, clairement présentée.

- Utilisez des listes à puces : les informations seront mieux structurées mais attention : les listes ne doivent pas être trop longues et la séparation sémantique confuse : cela perd tout son intérêt.
- Concevez des sous-titres courts : le but est d'expliquer le contenu du paragraphe. En lisant le sous-titre, l'apprenant doit savoir ce qu'il va trouver dans le paragraphe.
- Rédigez des phrases courtes : une ou deux idées par paragraphe suffisent à l'assimilation.
- Mettez en valeur le texte important sans abuser du gras et de l'italique : sinon la mise en valeur des caractères perd tout son sens.

Afin que les activités pédagogiques proposées tiennent leurs promesses en terme d'efficacité, vous devez concevoir avec soin vos écrans.

3. Qualité multimédia et esthétique

a. Petites astuces

Profitez des richesses du multimédia en proposant différents types de contenus, utilisez réellement cette potentialité : alliez texte, visuel, animation, texte sonore.

Vous répondrez ainsi aux différents styles d'apprentissage des apprenants.

Concernant la mise en espace des éléments dans vos écrans, placez judicieusement les éléments dans votre écran. Optimisez l'espace « pédagogiquement » : par exemple, dans notre inconscient, deux éléments contigus sont associés. Ainsi vous prendrez soin de ne pas mettre sur deux écrans séparés des éléments qui vont logiquement ensemble, par exemple une illustration et un texte de commentaire, ou bien un feed back et une question, ou bien des consignes ou énoncé et l'exercice associé.

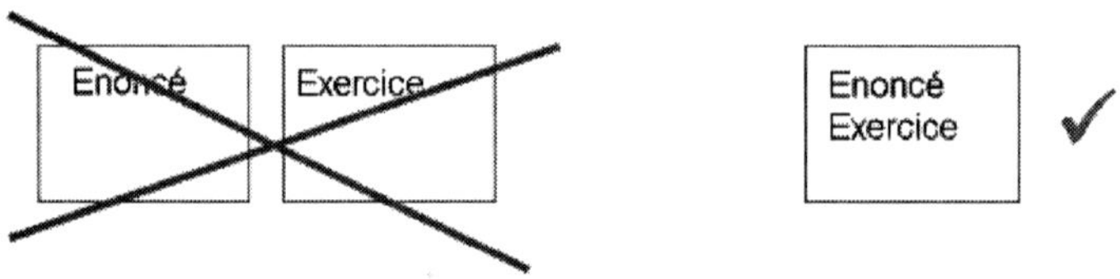

b. Diffusion de l'information

Pertinence

Respectez le principe de pertinence (et le bon sens...) : évitez les nuisances sonores et visuelles. Tous les éléments inclus dans un écran doivent être pertinents, ajouter des informations et être en accord avec les informations qui sont présentes dans le même écran.

Toutes les informations, quel qu'en soit le format multimédia, doivent être utiles et apporter du sens à l'apprenant.

Reformulation

L'utilisation du multimédia vous permet de reformuler le contenu sous des formes différentes : utilisez cette possibilité.

Par exemple, la voix qui accompagnera un texte affiché reformulera le contenu textuel, mettra en évidence les points essentiels ou proposera une synthèse orale.

Reformulez plutôt que répéter. Créez du lien avec l'apprenant en utilisant une ligne éditoriale directe, ou bien utilisez un personnage/mascotte qui l'accompagne dans le parcours.

Contrôle

L'apprenant doit avoir l'impression de pouvoir contrôler le module et son parcours dans celui-ci : l'enseignement n'en sera que plus efficace.

Les objectifs doivent être clairement énoncés, proposez des écrans d'évaluation régulièrement.

La structuration du cours va consister à choisir une approche pédagogique, puis à l'appliquer lors de la conception du module et du découpage en séquences.

G. Étude de cas 1

1. Données

Vous avez rédigé le story board de votre module. Vous devez choisir les outils que vous utiliserez.

D'habitude, les formations « produits » sont réalisées avec un support PowerPoint.

2. Instructions

Vous décidez de quitter les trames de support existantes, et d'ajouter de l'interactivité. Proposez un outil de production.

Proposez une idée de mise en page pour vos écrans.

H. Étude de cas 2

1. Données

Vous disposez de supports de cours bien structurés et médiatisés et allez y apporter un peu d'interactivité.

2. Instructions

Vous souhaitez ajouter à la fin de vos PowerPoint un petit quiz.

Quel outil utiliserez-vous ? Pourquoi ?

Chapitre 3.4

Concevoir des évaluations

A. Introduction

Un parcours de formation inclut des apports de contenus, des évaluations, un accompagnement.

Nous traitons dans ce chapitre des évaluations, étapes importantes du processus d'apprentissage.

B. Évaluons, évaluons !

1. Définitions

L'évaluation fait partie intégrante du processus d'apprentissage.

L'évaluation est une méthode visant à obtenir des preuves d'acquisition de connaissances ou de compétences à l'aide de questions posées à l'apprenant testé.

Les apports du multimédia dans le domaine sont très intéressants. Le multimédia permet l'interactivité nécessaire aux exercices d'évaluation. L'informatisation des évaluations permet d'obtenir des résultats instantanément.

Le terme « évaluation » est généralement employé dans un sens plus étendu. Ainsi lorsque l'on parle d'évaluation, on peut tout aussi bien parler d'enquêtes, de tests, de quiz. Que recouvrent tous ces termes exactement ?

Voici quelques types d'évaluations utilisés dans les parcours blended learning.

***Évaluation sommative** : les questions posées sont directement en cohérence avec l'objectif de l'apprentissage. Le score obtenu peut avoir des conséquences sur la suite du parcours de l'apprenant.*

***Évaluation formative** : ce type d'évaluation sert à vérifier la progression de l'apprenant par rapport à l'objectif fixé, on propose alors à l'apprenant un feed back informatif, un commentaire sur les réponses.*

***Examen** : épreuve sommative permettant d'évaluer les connaissances ou les capacités d'un apprenant dans le but de déterminer son niveau actuel de connaissances ou de compétences.*

***Test** : épreuve diagnostique permettant d'évaluer les connaissances ou les compétences d'un apprenant afin d'informer cet apprenant ou son tuteur de son niveau actuel de connaissances ou de compétences.*

***Quiz** : épreuve formative permettant de mesurer les connaissances ou les compétences d'un apprenant pour lui indiquer le niveau de ses connaissances ou de ses compétences à ce stade.*

***Enquête** : épreuve diagnostique ou évaluation des relations destinée à mesurer les connaissances, les compétences et/ou les dispositions d'un groupe afin de déterminer les besoins nécessaires pour répondre à un objectif précis.*

2. Typologie des évaluations

Ci-après nous distinguons plusieurs types d'évaluations qui poursuivent des objectifs distincts et qui se situent en général à des étapes spécifiques d'un parcours de formation.

a. Évaluation diagnostique

Quoi	Pourquoi
Ce type d'évaluation sert à déterminer les besoins et les connaissances préalables des apprenants afin de les orienter vers le parcours d'apprentissage le plus approprié.	On trouve ce type d'évaluation en amont de l'épreuve d'apprentissage. Il permet de mesurer : ▸ les prérequis avant l'entrée dans le cours, ▸ les connaissances et les compétences pour pouvoir orienter l'apprenant vers le parcours pédagogique le mieux adapté, ▸ l'écart à couvrir par le cours par rapport aux compétences à acquérir.

b. Évaluation formative

Quoi	Pourquoi
Ce type d'évaluation permet à l'apprenant de s'exercer, de rechercher et de récupérer des informations dans sa mémoire. L'outil fournit ensuite un feed back prescriptif.	Ce type d'évaluation donne un feed back aux apprenants et aux tuteurs. Ce type d'évaluation permet : ▶ de renforcer les connaissances des apprenants et de les préparer à une utilisation ultérieure des compétences, ▶ une auto-évaluation des connaissances, compétences, ▶ de rassurer les apprenants en démontrant l'efficacité de l'apprentissage. Ces évaluations prennent souvent la forme de tests et d'exercices d'entraînement.

On entend également parler d'évaluation formatrice, type d'évaluation formative dans laquelle la régulation est assurée par l'apprenant lui-même : c'est l'auto-évaluation, individuelle ou collective.

c. Évaluation des besoins

Quoi	Pourquoi
Ce type d'évaluation sert à évaluer les connaissances, les compétences, les aptitudes et les dispositions d'un groupe afin de faciliter l'analyse des différences. L'analyse des différences permet de mesurer l'écart existant entre les connaissances d'un apprenant et ce qu'il doit savoir.	Ces activités sont utilisées pour déterminer les aptitudes, connaissances et compétences des futurs apprenants afin de détecter les besoins en matière de formation.

d. Évaluation sommative

Quoi	Pourquoi
Ce type d'évaluation, généralement quantitative, consiste à remettre une note définitive et/ou à juger les progrès accomplis par l'apprenant. C'est un indicateur par rapport aux compétences acquises.	Ce type d'évaluation sert à évaluer la somme des connaissances et des compétences de l'apprenant. Elle fournit une appréciation quantitative et mesure les progrès accomplis par l'apprenant à la fin d'un cours.

e. Évaluation des réactions

Quoi	Pourquoi
Ce type d'évaluation sert à déterminer le degré de satisfaction d'un cours ou d'un module : c'est le « smile sheet ».	Ce type d'évaluation sous forme de questionnaire intervient pour analyser les réactions des apprenants en fin de cours.

3. Les évaluations dans le parcours pédagogique

Vous pouvez proposer des évaluations à toutes les étapes du parcours de formation

Certaines évaluations ont lieu au début, d'autres au milieu, et d'autres en fin de parcours.

LES EVALUATIONS DANS LE PARCOURS PEDAGOGIQUE

Les évaluations de besoins permettent en début de parcours d'avoir une idée plus précise des besoins de l'apprenant quant à l'apprentissage souhaité. Cela permet ensuite de lui proposer le parcours le plus adapté à sa demande.

Les évaluations diagnostiques permettent la gestion des prérequis : quelles connaissances/compétences faut-il avoir à l'entrée du parcours ?

Les évaluations formatives, présentes tout au long du parcours sous forme de quiz, de jeux, d'interactivités diverses permettent de tester au fur et à mesure l'appropriation des connaissances par l'apprenant.

L'évaluation sommative, en fin de parcours, a pour objectif de tester les connaissances acquises en fin de cours, éventuellement d'indiquer un score à l'apprenant. Ce score, via le standard SCORM est remonté dans le LMS et apparait dans le tableau de bord de l'apprenant.

L'évaluation des réactions quant à elle permet de recueillir le ressenti de l'apprenant par rapport au cours qu'il vient de suivre ; c'est une évaluation "à chaud". On pourrait y ajouter également une évaluation "à froid" qui évalue le ressenti après un délai de temps plus important.

C. Enjeux et stratégie d'évaluation

1. Enjeux

Les évaluations sont très importantes dans une stratégie de formation et leur influence est réelle dans un processus décisionnel lié au management des connaissances.

L'évaluation a pour objectif final le développement des compétences sur le terrain.

Que signifie « évaluer » dans un parcours de formation : il s'agit de comparer les actions/productions des apprenants avec une solution de référence, le score mesurant l'écart entre ces deux éléments.

Les évaluations dans un parcours de formation répondent à des enjeux, souvent mal évalués en début de projet.

- Enjeux politiques et éthiques : il s'agit de savoir qui demande l'évaluation et pour quoi faire ? Qui la pilote, que deviennent les résultats, à qui sont-ils communiqués et dans quel but ?
- Enjeux organisationnels : dans quel contexte se situe le projet d'évaluation (évaluation de performances, gestion des compétences, démarche qualité...) ? Quels sont les acteurs impliqués : managers, dirigeants, salariés ?

Quelles sont les caractéristiques d'une évaluation pédagogique efficace et motivante ?

2. Portée des évaluations

La portée des évaluations est variable, en fonction des objectifs et du type d'évaluation proposé. On distinguera ainsi les évaluations de portée élevée, moyenne ou basse.

La portée d'une évaluation sommative est bien sûr plus élevée que les autres. Par exemple, si l'apprenant n'atteint pas le score fixé, il peut être bloqué à un niveau du cours et ne pas pouvoir poursuivre l'apprentissage sans revenir sur ce qui n'est pas acquis.

Au contraire, les enquêtes, sondages utilisés par exemple dans les évaluations des besoins ou des réactions n'ont pas de conséquences pour les apprenants.

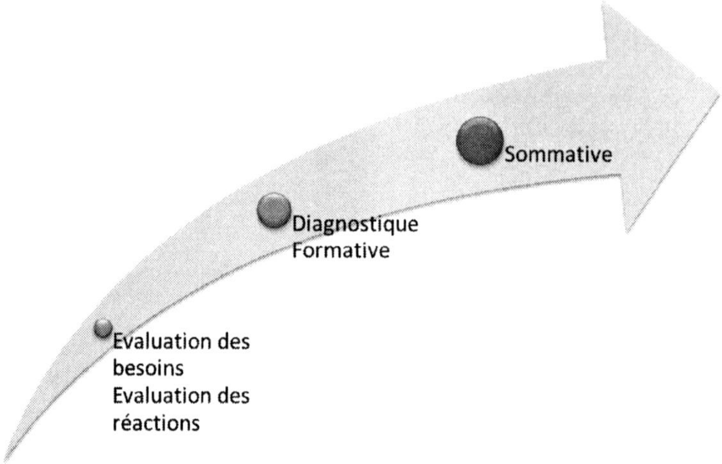

La portée se rapporte aux conséquences auxquelles l'évaluation expose l'apprenant.

3. Stratégie

Avant de mettre en place une stratégie d'évaluation, il vaut mieux se poser les bonnes questions pour fixer le périmètre de la démarche d'évaluation.

- Que souhaite-t-on évaluer ?
- Avec quels objectifs ?
- Avec quel système de notation ?
- Que fait-on avec les résultats ?

D. Concevoir une évaluation

L'évaluation doit être fondée sur des éléments objectifs.

1. Fixer le périmètre

Il est important de travailler sur les points suivants pour que l'évaluation atteigne les objectifs fixés et que la démarche soit comprise par les apprenants.

- Quels sont les véritables enjeux des évaluations, existe-t-il un enjeu global de management ?
- Quel est l'objectif final des évaluations ? Cela permettra de faire les bons choix dans les activités proposées et les outils utilisés.
- Quelles seront les thématiques abordées ? L'évaluation fait partie du processus d'apprentissage, les thématiques doivent être pertinentes.

- Comment s'effectue la communication sur l'évaluation ?
- Quelle est la durée et quelles sont les modalités pratiques de l'évaluation ? Ce sont des facteurs également liés aux contraintes logistiques de l'entreprise.
- Quelles sont les contraintes juridiques en matière de traitement des résultats ?

2. Pour réaliser des évaluations efficaces

Pour être efficaces, les évaluations doivent être pertinentes, claires et équitables.

Critères d'efficacité des évaluations

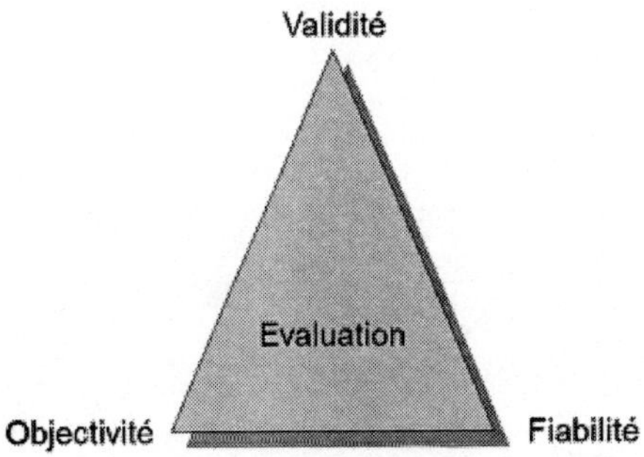

- La validité est le degré de précision avec lequel l'évaluation mesure une compétence en général.
- La fiabilité s'illustre par la constance avec laquelle est mesuré un élément.
- L'objectivité se définit comme le degré de concordance entre les jugements portés par les examinateurs indépendants et compétents sur ce qui constitue une bonne réponse.

3. Élaborer des évaluations

Le choix du sujet doit être judicieux : en effet, le sujet doit traiter d'un thème important de l'apprentissage, d'un objectif pédagogique précis.

Lorsque vous testez vos évaluations, si toutes les personnes répondent juste, ou si toutes répondent faux, il y a certainement un problème dans le niveau des évaluations.

Les énoncés et les réponses doivent être très clairs et ne pas laisser place à l'ambiguïté.

a. Les étapes

Les évaluations constituent un outil précieux, qui permet aux organisations de développer des expériences d'apprentissage efficaces et utiles, assurant un suivi continu et pertinent de l'apprenant.

La conception des évaluations est un processus en étapes.

- Il faut tout d'abord fixer des objectifs précis. Ces objectifs sont en concordance directe avec les objectifs pédagogiques définis en amont.
- L'étape suivante consiste à définir le différentiel entre les compétences des apprenants à l'entrée dans la formation et le niveau de compétences à atteindre. Par exemple, la connaissance d'un logiciel, l'appréhension d'un produit, la connaissance d'un processus métier.
- Il s'agira ensuite de concevoir des évaluations pertinentes, en variant les types d'activités.

b. Différents types d'évaluations

Les activités que l'on peut mettre en place via ces outils sont variées :

- L'appariement, l'association : exercice proposant d'assortir ou de coupler deux séries d'éléments.
- Le choix entre vrai et faux, ainsi que ses variantes : activité qui propose de choisir dans une liste un certain nombre d'éléments pertinents par rapport à un énoncé.
- La question à choix multiples et ses variantes : il s'agit alors d'identifier la bonne réponse parmi diverses possibilités proposées.
- L'ordonnancement et ses variantes : cette activité demande à l'apprenant de remettre en ordre logique une série d'énoncés ou de phrases.
- La question exigeant une réponse courte : l'apprenant doit répondre de façon très courte ou bien compléter un énoncé.
- La question exigeant une réponse détaillée ou question ouverte : il s'agit ici de répondre par un texte plus ou moins long à la question posée.

Voici une liste non exhaustive des différents formats d'évaluation :

- association
- choix multiples
- réponses multiples
- lacune
- mise en ordre
- test de closure
- dictée
- zone à identifier
- vrai/faux

Les QCM permettent d'évaluer certains acquis, mais ils ne permettent pas par exemple d'évaluer des qualités de rédaction, l'expression d'une pensée, l'invention de solutions par rapport à une situation donnée...

4. Nouvelles tendances

Soulignons également les outils émergents qui feront sans aucun doute l'avenir du e-learning !

Nous aurions également pu présenter ces outils dans le chapitre précédent puisqu'ils servent aussi à créer du contenu pédagogique.

L'objectif de ces outils est de mettre l'apprenant en situation réelle, destinée à évaluer ses compétences.

a. Simulation

Définition : expérience acquise avec des tâches, des activités réelles dans un contexte spécifique, accompagné de feed back contextuel et d'accès à d'autres ressources.

Les types de simulation sont variés : conversation, analyse des tâches, run a business, software simulation, etc.

Les avantages de ce type d'activité sont :

- l'augmentation de l'engagement émotionnel (contexte, pertinence),
- l'expérimentation sans conséquence négative,
- un enseignement plus profond.

b. Game Based Learning

Définition : jeux de rôle, jeu de simulation, pour accroître l'expérience des apprenants.

On trouve ici tous les genres de jeux : jeu d'aventure/actions, jeu de stratégie, reality game, jeux de quiz, etc.

L'impact de ce type d'outils se situe à plusieurs niveaux :

- engagement accru dans l'expérience d'apprentissage,
- atteinte des générations d'apprenants nés à l'ère du numérique,
- engagement émotionnel.

c. Monde virtuel

De nouveaux types d'applications interactives émergent peu à peu et vont largement impacter la création de modules e-learning.

Les jeux de rôle en ligne multimédia ont beaucoup de succès. Les simulations du monde sur le web sont de plus en plus nombreuses. Ces jeux diminuent la distance entre le monde réel dans lequel l'apprenant évolue au quotidien et le monde virtuel qui ressemble, grâce à la technique, de plus en plus au monde réel.

Le digital learning se trouve fortement influencé par ces nouveaux concepts d'interfaces ludiques et participatives.

Dans ces nouvelles applications, l'apprenant se trouve immergé dans un univers 3D, univers dans lequel il va construire son apprentissage et partager son expérience. Le digital learning s'empare peu à peu des technologies 3D et des technologies collaboratives et nous n'en sommes qu'au début !

De nouvelles applications mettant en avant les fonctionnalités de collaboration, les notions de réseau d'apprentissage, les échanges entre apprenants vont également entrer dans les possibilités du créateur de cours.

E. Critères de choix

En plus des outils qui vous permettent de générer du contenu, vous avez à votre disposition des outils spécifiquement dédiés à la partie Évaluation de vos cours, même si de nombreux outils proposent les deux volets : contenu et évaluation.

Le choix peut être difficile : il faut fixer des critères de sélection et connaître les caractéristiques et les fonctionnalités des différents logiciels.

Nous ne parlons dans ce chapitre que des outils spécifiques à la partie Évaluation.

Comment choisir les outils de création des évaluations ? Nous vous proposons ci-après des grilles pour vous aider dans vos choix.

Nous diviserons ces critères de choix en trois classes :

- Pédagogiques
- Techniques
- Ergonomiques

1. Critères pédagogiques

Il s'agit ici d'examiner les points suivants :

- nombre d'activités proposées,
- types et variétés des activités proposées,
- possibilité de valoriser indépendamment chaque question : si chaque question est valorisable individuellement, le suivi apprenant sera meilleur,
- traitement des résultats (quel est le système de notation et de tracking proposé ?),
- réponses révisables (l'apprenant peut-il revenir sur ses réponses avant la validation définitive du questionnaire ?),
- analyse des réponses : l'analyse peut être plus ou moins fine et autoriser un feed back plus ou moins détaillé.

2. Critères techniques

Les critères techniques sont également très importants :

- Correcteur orthographique : cette fonctionnalité est largement appréciable dans les outils de production de cours, que ce soit pour la création de contenus ou pour la création de QCM.
- Limite de temps de réponse : cela permet un meilleur suivi apprenant.
- Nombre prédéfini de propositions de réponses : l'apprenant peut être bloqué au bout d'un certain nombre d'essais.
- Format de fichiers générés : le nombre de formats de sortie pris en charge est très important pour la portabilité du produit.
- Types de ressources acceptées : quels sont les formats d'entrée possible ? Plus il y en a, mieux c'est.
- Respect des standards e-learning : l'outil doit être compatible AICC/SCORM pour que sa portabilité soit satisfaisante.

3. Critères ergonomiques

N'oublions pas les critères ergonomiques qui, s'ils sont respectés, procurent un confort d'utilisation appréciable.

- Présence de l'aide ou de didacticiel : le produit propose-t-il une assistance à l'utilisateur ?
- Ergonomie de l'outil : est-il agréable de travailler du côté concepteur de l'évaluation ?

Passons maintenant en revue quelques-uns de ces outils.

F. Panorama des outils

Nous vous présentons ci-dessous des outils spécifiquement dédiés aux évaluations.

1. Outils gratuits

a. Hot Potatoes

C'est un outil très utilisé et déjà ancien.

Mais attention toutefois, l'outil est gratuit dans le cadre d'un usage non commercial.

*Un **freeware** est un logiciel mis gratuitement à la disposition des utilisateurs intéressés par son créateur, dans le cadre de règles de diffusion bien précises.*

On peut valoriser indépendamment chaque question et ainsi granulariser leur mode d'évaluation.

Hot Potatoes propose six modules, tests de closure, QCM, mots croisés, exercices d'association, permettant de réaliser des activités variées ; il permet de gérer les feed back ("retours" des apprenants).

Cet outil demeure une référence dans le domaine freeware des générateurs d'activités et des évaluations en ligne.

Vous pouvez télécharger le logiciel à l'adresse suivante : http://hotpot.uvic.ca/

b. LearningApps

C'est une application 2.0 qui permet de créer des petits modules interactifs. Le concept est de réunir des modules réutilisables et de les rendre disponibles pour tous.

Un didacticiel en français est disponible sur le site. Une bibliothèque d'applications (Apps) classées par catégories et par langues est présente sur le site.

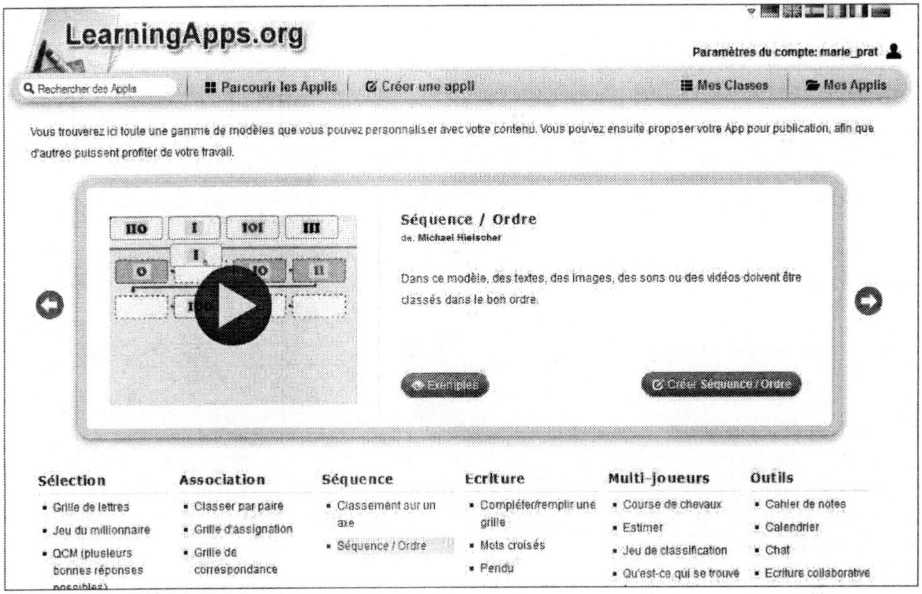

Inscription et utilisation de LearningApps : http://learningapps.org/

2. Quizzeurs

Nous ne présenterons pas ici en détail tel ou tel outil. Sachez toutefois que les outils auteurs proposent de créer des évaluations et autres quiz élaborés.

> *Vous trouverez une liste commentée de ces outils sur notre « tools zone » favorite : http://c4lpt.co.uk/directory-of-learning-performance-tools/instructional-tools-testing-quizzing-other-interactivity-tools/*

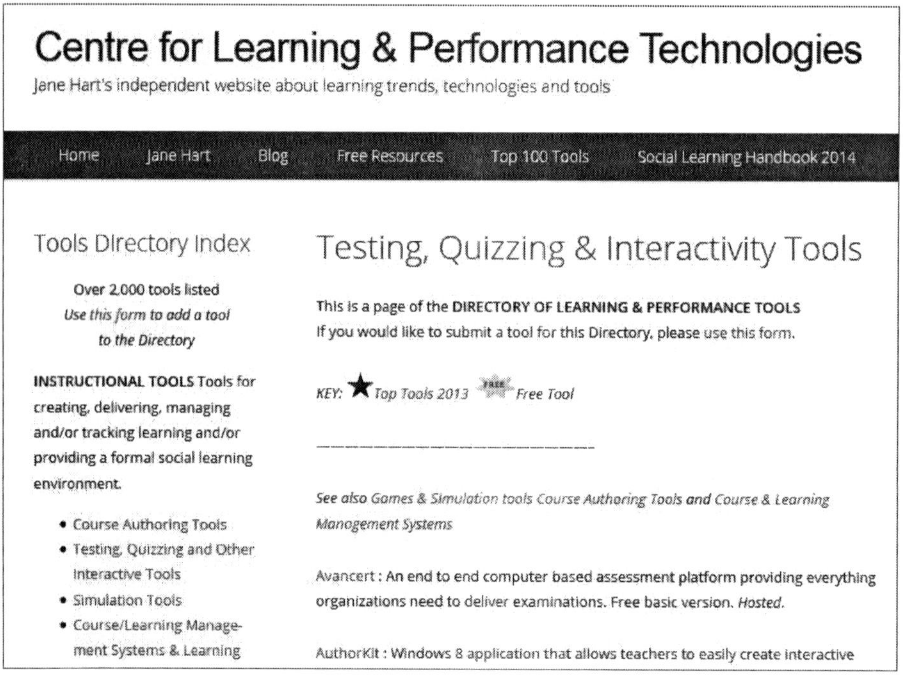

G. Étude de cas 1

1. Données

Vous allez intégrer des évaluations dans le parcours de formation. Votre direction désire savoir comment le module est ressenti par les apprenants, et également si l'efficacité pédagogique est au rendez-vous.

La direction souhaite récupérer les résultats mais s'engage à ne pas en tenir compte pour l'avancement des apprenants.

2. Instructions

- Déterminez une stratégie d'évaluation.
- Choisissez les outils que vous allez utiliser pour construire les évaluations.
- Indiquez les objectifs des évaluations.

H. Étude de cas 2

1. Données

Vous allez intégrer des évaluations dans le parcours de formation.

Vous souhaitez connaître les compétences de vos apprenants en amont du stage.

Vous souhaitez aussi évaluer ces compétences à la fin de chaque partie de votre cours et allez proposer des quiz.

2. Instructions

Expliquez la stratégie que vous allez mettre en place.

Chapitre 3.5

Proposer un MOOC

A. Introduction

Le propos de ce chapitre n'est pas d'entrer dans le détail de la création des MOOC, mais simplement de vous permettre d'y voir un peu plus clair dans un phénomène éducatif (ou plutôt économique) qui prend de l'ampleur.

Les MOOC (*Massive Open Online Course*) lancés il y a quelques années aux États-Unis à l'initiative de quelques universités et grandes écoles sont arrivés en France et l'offre se construit peu à peu.

B. Historique

Des universités américaines ont lancé en 2008 un nouveau type de formation à distance, les MOOC : Massive Open Online Course :

- Massive parce que le nombre de participants est théoriquement illimité.
- Open parce que les cours sont ouverts à tous sans sélection.
- Online parce que le cours est accessible exclusivement en ligne.
- Course parce qu'il s'agit de véritables parcours pédagogiques (et non de bibliothèques de ressources).

Ces cours sont donc ouverts à tous, les échanges entre pairs sont encouragés.

En France, le premier MOOC voit le jour en septembre 2012 avec le projet ITyPA (*Internet Tout Y Est Pour Apprendre*), ce MOOC en est déjà à sa troisième saison.

Citons également parmi les précurseurs français le MOOC Gestion de Projet de l'Ecole Centrale de Lille, qui a été le premier à délivrer un certificat.

C. Définition

1. Qu'est-ce qu'un MOOC ?

Qu'est-ce qu'un MOOC exactement ? Un passage par Wikipedia constitue un bon point d'entrée à la découverte des MOOC ou FLOT (Formation en Ligne Ouverte à Tous) si on francise le terme...

DÉFINITION

Une formation en ligne ouverte à tous (FLOT), aussi appelée cours en ligne ouvert et massif (CLOM3), cours en ligne ouvert à tous, cours en ligne (termes officiels recommandés par la Commission générale de terminologie) ou cours en ligne ouvert aux masses (en anglais : massive open online course, MOOC), constitue un exemple de formation ouverte et à distance en télé-enseignement.

Les participants aux cours, enseignants et élèves, sont dispersés géographiquement et communiquent uniquement par Internet. Des ressources éducatives libres sont souvent utilisées. Le qualificatif « massif » quant à lui, est lié au grand nombre de participants : dans le monde anglophone, il peut arriver que plus de 100 000 personnes soient réunies pour un cours.

Source : http://fr.wikipedia.org/wiki/Formation_en_ligne_ouverte_%C3%A0_tous

On distinguera globalement deux types de MOOC : le MOOC où l'enjeu est de transmettre un savoir à travers des activités individuelles et le cMOOC où le travail collaboratif est mis en exergue dans l'objectif de favoriser la création de savoir.

Quelle est la différence entre MOOC et digital learning ? Le MOOC est un type particulier de digital learning.

Un MOOC dure en moyenne cinq à six semaines et propose entre deux à quatre heures de formation par semaine.

Cependant, les MOOC n'ont pas fini d'arriver qu'on entend de plus en plus parler des SPOC.

2. Qu'est-ce qu'un SPOC ?

De nouveaux modèles de MOOC apparaissent, dans des formats plus courts et payants (par abonnement ou à l'unité par grain pédagogique), répondant ainsi aux problèmes de disponibilité des apprenants sur de longs parcours proposés dans les MOOC actuels.

Ce sont des Small Private Online Courses, appelés également MOOC privés.

Le SPOC, comme le MOOC, propose des cours online ; par contre il s'adresse à une sélection de personnes qui évolueront dans un groupe fermé. Le SPOC, plus adapté à la formation en entreprise, n'est en général pas gratuit. Dans un SPOC, l'apprenant est tutoré, coaché.

Étant donné tous ces critères qui le distinguent du MOOC, le taux d'abandon y est moins élevé.

Le SPOC est certifiant ou diplômant, ce que ne sont pas forcément les MOOC.

Il y a fort à parier que les deux modèles coexisteront, l'un plus adapté à l'enseignement académique, l'autre à la formation professionnelle.

D. Panorama

L'offre de MOOC s'est rapidement enrichie depuis le lancement du premier MOOC ITyPA.

Digischool propose ici : http://www.digischool.fr/actualites/infographie-decryptage-mooc-francophones-24497.php une infographie détaillée sur l'offre de MOOC francophones.

On apprend par exemple que l'offre de MOOC sur les thèmes liés à l'informatique arrive au premier rang, que la majorité des apprenants considèrent satisfaisant l'offre de MOOC, que le niveau des MOOC majoritairement référencé est débutant. Si le sujet vous intéresse, vous trouverez dans ce guide des MOOC francophones, une mine d'informations.

L'initiative FUN est lancée en 2013 et a pour objectif de proposer des MOOC regroupés sur un portail nommé France Université Numérique. Le premier MOOC y est proposé en janvier 2014.

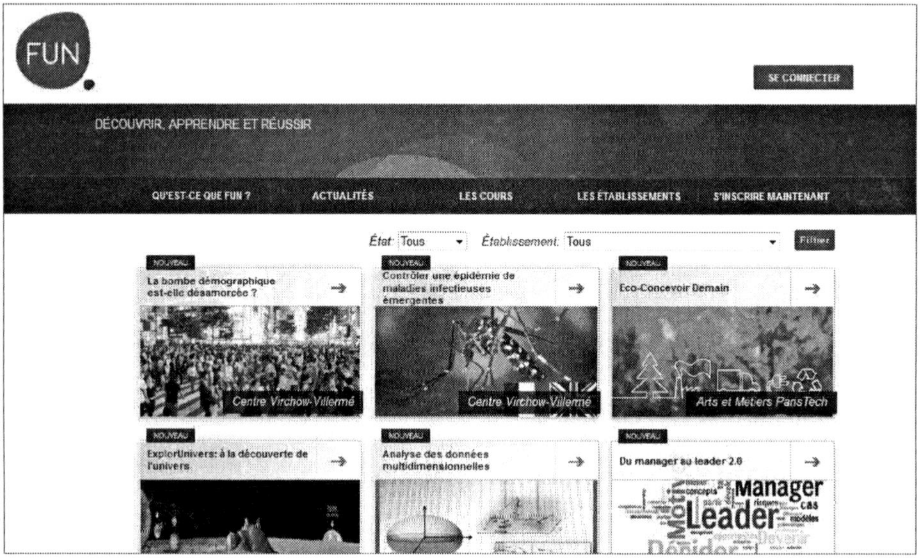

E. Composantes d'un MOOC

1. Plateformes techniques

Le MOOC s'appuie sur un noyau technique constitué en premier lieu d'une plateforme, qui se distingue (ou pas) des LMS déployés en digital learning.

Plusieurs catégories de plateformes existent, Wikipedia en cite trois :

- les plateformes spécifiquement conçues pour être des MOOC,
- les plateformes qui sont dérivées des LMS (Moodle, Claroline Connect...),
- les plateformes de logiciels libres,

Les deux plateformes les plus connues et les plus utilisées sont Edx et Coursera.

https://www.coursera.org/ https://www.edx.org/

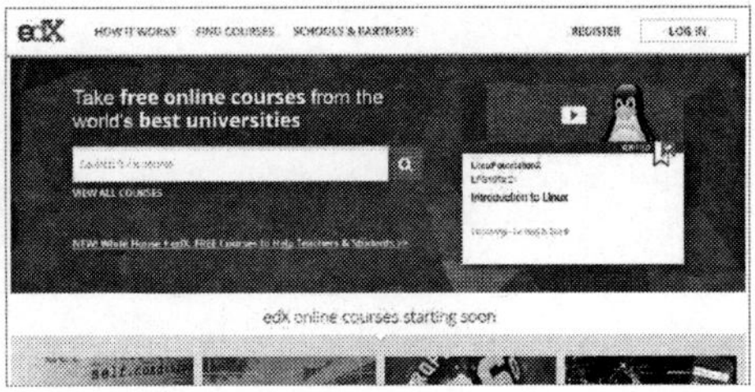

Pour en savoir plus, rendez-vous ici :
http://fr.wikipedia.org/wiki/Formation_en_ligne_ouverte_%C3%A0_tous#plateformes_techniques

2. Les ressources

On trouve dans les MOOC les types de ressources dont on a déjà parlé pour les projets de digital learning. Certaines ressources sous forme de textes, de vidéo, d'images, ou de modules sont destinées à transmettre le contenu du cours. D'autres ressources viennent en support à l'apprenant pour l'accompagner dans son parcours, ce sont généralement des syllabus, des explications sur le déroulement du cours, des FAQ... Enfin des ressources dites d'animation sont proposés dans l'objectif d'animer le parcours et d'accentuer le sentiment d'appartenance à une communauté d'apprenants. Ces ressources prendront la forme de post sur les réseaux sociaux, de newsletters...

3. Interactions

Un des facteurs clés de succès des MOOC se trouve dans les interactions proposées à travers des espaces d'échange mis à la disposition des apprenants. On favorisera par exemple les échanges entre pairs à travers la constitution de groupes de travail, le lancement de débat et autres discussions. Tout ce qui favorise les échanges entre participants permet théoriquement de réduire le taux d'abandon.

4. Certifications

L'apprenant peut terminer son MOOC par une certification qui correspond d'une part à une validation des acquis, et permet d'autre part à l'institution qui diffuse le MOOC, de rentabiliser un peu son investissement. Les certifications sont en effet payantes dans la majorité des MOOC.

F. Facteurs clés de succès

Le premier des facteurs clés de succès est la qualité technique et pédagogique des contenus, cela ne surprendra personne. Le critère technique est important dans la mesure où il peut bien sûr être bloquant dans un contexte ou l'apprenant est seul, isolé et pas toujours incité à agir. La qualité pédagogique est garantie dans le meilleur des cas par un travail de conception professionnel de transposition des contenus présentiels vers des contenus distanciels. Tout comme dans les projets de digital learning, la qualité des modalités pédagogiques proposées est aussi importante que la qualité pédagogique proprement dite des contenus.

Nous sommes dans des dispositifs à distance, il est donc important de créer un lien, le plus fort et régulier possible, entre l'expert et les apprenants. Plus l'apprenant ressentira une proximité avec l'expert, plus il sera enclin à fréquenter régulièrement le MOOC. Les visio conférences en direct vont dans le sens d'une personnalisation/incarnation et d'une meilleure proximité.

Le dispositif doit proposer des espaces d'échanges, de partage vers lequel l'apprenant est tenté de revenir. Il y reviendra d'autant plus volontiers qu'on lui propose des activités collaboratives, et que ces espaces sont animés de façon dynamique et motivante.

Parallèlement à cela, le dispositif proposé doit être confortable avec des ressources facilement accessibles dans une interface ergonomiquement réussie. L'expérience utilisateur doit être la plus agréable possible.

Le principal enjeu des MOOC est de conserver la motivation de l'apprenant et de le garder jusqu'à la fin du parcours. Il faudra donc par tous les moyens captiver son attention, ménager sa motivation, l'accompagner au plus près pour qu'il reste présent et actif.

La distribution de badges peut favoriser la motivation des apprenants.

Retrouvez ici les cinq facteurs clés de succès d'un MOOC réussi par UNOW : http://www.unow.fr/index.php/blog-unow/93-5-facteurs-cles-de-succes-mooc

Les facteurs clés de succès des MOOC résident dans :

- un grand volume d'apprenants,
- le plan de communication nécessairement associé au lancement du MOOC,
- la notoriété ou l'image de l'institution qui porte le projet.

Les facteurs de risque sont :

- le modèle économique ou l'absence de modèle économique stabilisé plus exactement,
- le fort taux d'abandon observé sur la plupart des MOOC (non certifiant et non tutorés).

L'objectif affiché de la plupart des MOOC est de rendre accessible l'éducation/la formation là où elle ne le serait pas de façon classique.

L'objectif réel est souvent une volonté de reconnaissance, d'image ou d'influence à travers la diffusion de savoirs et savoir-faire vers le plus grand nombre.

G. Avant de vous lancer ...

Peut-être êtes-vous déjà décidé à vous lancer dans l'aventure des MOOC ?

Un projet de MOOC est ambitieux, et si le projet échoue, le risque est grand en termes d'images et de pertes budgétaires !

Tenez compte des éléments suivants...

Que vous faut-il pour proposer un MOOC (ou un SPOC) dans de bonnes conditions ?

- Une bonne préparation de projet,
- une équipe compétente pour la conception du MOOC,
- des ressources pédagogiques de bonne qualité,
- un bon plan de communication,
- une équipe d'animateurs expérimentés,
- de la patience : la mise en œuvre d'un MOOC, c'est plusieurs mois de travail (un peu moins pour les SPOC).

1. Un cahier des charges

Il vaut mieux commencer avec un cahier des charges comme pour n'importe quel projet digital larning. Votre projet de MOOC se définira dans un périmètre particulier :

- Quels sont les objectifs pédagogiques du MOOC ?
- À qui s'adresse-t-il ?
- Quelle plateforme technique privilégierez- vous ?
- De quel contenu pédagogique disposez-vous ? Les ressources à intégrer dans le MOOC existent elles, devrez-vous les créer et les produire ... ?
- De quels moyens disposez-vous ? Moyens humains et financiers ?

Vous trouverez ici : https://docs.google.com/document/d/17tSzOgEONqNtuZoF6JQGGNHaSBaa0GEhCkxPslfbMF8/edit#heading=h.ddds9gih82s9, un premier document à remplir lorsque vous souhaitez lancer un MOOC.

2. Une équipe

L'équipe qui va concevoir et réaliser le MOOC est nécessairement multi-compétences. Le chef de projet pilotera des ressources pédagogiques chargés de l'ingénierie pédagogique, des ressources techniques qui produiront les ressources et les implémenteront sur la plateforme, des animateurs de communauté, de communicants chargés de promouvoir le MOOC.

3. Des ressources pédagogiques

Un MOOC se compose d'un ensemble de ressources et d'activités dont l'ensemble forme un ou plusieurs parcours de formation.

Si les ressources d'animation et d'interaction sont conçues pour le MOOC, les ressources pédagogiques destinés à transmettre le savoir ou le savoir-faire peuvent pré-exister. Et si elles sont déjà disponibles dans un format plus ou moins adapté, vous économiserez un budget conséquent.

Les ressources dites d'apprentissage peuvent être constituées de vidéos (très présentes dans les MOOC), de supports de cours, de modules interactifs, de documents pdf, de liens externes, de PowerPoint plus ou moins interactifs.

4. Du temps et un budget

La durée moyenne d'un projet MOOC est de six mois tout compris (conception et réalisation de la première édition). Celle d'un SPOC est plus courte car la phase de communication est plus rapide.

Il est assez difficile d'estimer le budget nécessaire à la réalisation d'un MOOC, ce budget va d'abord dépendre de l'état des lieux des ressources didactiques disponibles.

5. Un bon plan de communication

Le lancement d'un MOOC est un gros enjeu en termes d'image. La communication autour de l'évènement doit donc se préparer largement en amont par un plan de communication ample et rigoureux.

La communication doit de plus être lancée très en amont pour favoriser la diffusion de l'information et attirer le plus de monde (et d'apprenants) possible.

Vous trouverez ici le guide méthodologique de Mathieu Cisel : http://www.france-universite-numerique.fr/IMG/pdf/guide_mooc_complet_vf.pdf, qui vous aidera dans la conception de votre MOOC.

H. Modèles économiques

Les MOOC contrairement au SPOC sont gratuits pour les apprenants. Quel peut être le modèle économique de ces dispositifs qui coûtent cher à la conception ?

Le lancement, la mise en œuvre d'un MOOC et du plan de communication nécessairement associé constituent un véritable investissement supporté intégralement par l'institution, même si cette institution part de contenus existants et déjà développés (ce qui est conseillé pour la mise en œuvre d'un MOOC).

Même si les modèles économiques ne sont pour l'instant pas matures, il existe quelques pistes de rentabilisation explorées par les institutions et entreprises diffuseurs de MOOC.

Comment gagner de l'argent avec un MOOC ?

- En faisant payer les certifications,
- en faisant payer le tutorat comme un service supplémentaire,
- sourcing : les entreprises peuvent être intéressées par certains CV des inscrits sur certains MOOC,
- sponsoring : une entreprise peut être partenaire de la mise en œuvre d'un MOOC,
- ventes de formation plus classique associées au MOOC.

I. MOOC, à suivre

L'offre se constitue et s'enrichit peu à peu, certaines questions restent posées, résumées dans le schéma suivant :

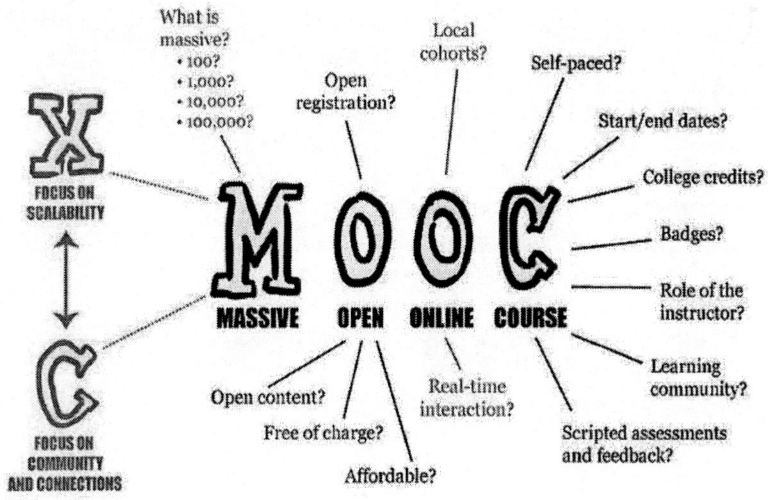

Source : «MOOC poster mathplourde» par Mathieu Plourde {(Mathplourde on Flickr) - http://www.flickr.com/photos/mathplourde/8620174342/sizes/l/in/photostream/. Sous licence CC BY 2.0 via Wikimedia Commons : http://commons.wikimedia.org/wiki/File:MOOC_poster_mathplourde.jpg #mediaviewer/File:MOOC_poster_mathplourde.jpg

Le phénomène des MOOC est finalement beaucoup plus un phénomène économique lié à la transformation digitale de nos sociétés, plus qu'un phénomène pédagogique.

J. En savoir plus et aller plus loin

Le sujet est intéressant, tout bouge très vite, voici quelques ressources pour en savoir plus et aller plus loin, notamment en naviguant sur le site MOOC.fr, site participatif sur les MOOC, lieu de partages et d'échanges dans l'enseignement supérieur francophone.

Vous trouverez ici : http://www.mooc.fr/ une mine d'informations sur les MOOC et leurs actualités.

Partie 4
L'accompagnement

Chapitre 4.1
Nouveaux rôles pédagogiques

A. Introduction

Après avoir abordé l'aspect technique et l'aspect pédagogique des dispositifs, nous aborderons dans ce chapitre la troisième composante des dispositifs hybrides, et non la moindre, la composante Accompagnement.

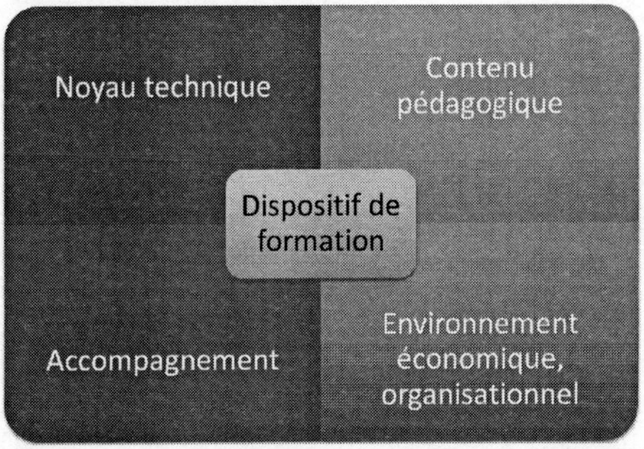

L'accompagnement de l'apprenant s'avère être un élément indispensable dans le processus d'apprentissage.

L'histoire du e-learning, également faite de cuisants échecs à cause des projets mettant l'accent sur la technologie et non sur la qualité pédagogique du contenu et l'accompagnement associé, a montré depuis toujours que l'autoformation ne fonctionnait pas.

En mettant en place un plan d'accompagnement pédagogique et technique correct, vous diminuerez largement le taux d'abandon et améliorerez l'efficacité de l'action de formation.

De quoi parle-t-on lorsque l'on parle d'accompagnement pédagogique ?

B. Accompagnement kesako ?

L'apprenant accède à une plateforme technique sur laquelle lui sont proposés des parcours pédagogiques et un ensemble de ressources plus ou moins interactives.

Nous insistons depuis le début de cet ouvrage sur la nécessité de mettre en place un accompagnement pertinent.

De quoi s'agit-il exactement ?

Les accompagnateurs comme leur nom l'indique, sont chargés d'accompagner les apprenants, tant pédagogiquement que techniquement.

Fonctions d'accompagnement : tâches, missions, compétences que les formateurs mettent en œuvre pour la conduite des formations à distance.

L'apprenant dans un dispositif de formation peut se trouver dans plusieurs types de situation : présentiel dans formation mixte ; formation à distance individuelle synchrone (1 to 1) ; formation à distance collective synchrone (1 to few many) ; tutorat à distance synchrone/asynchrone.

Dans ses diverses situations d'apprentissage, l'accompagnement intervient à quatre niveaux :

- L'accompagnement pédagogique consiste essentiellement à fixer des objectifs, proposer des ressources et des activités, guider l'apprenant dans son parcours, évaluer et aider l'apprenant, animer des regroupements virtuels.
- L'accompagnement administratif : c'est un accompagnement par rapport à l'organisation générale de la formation, cela concerne les aspects organisationnels. Le tuteur s'assure du respect des procédures, des délais, des règles de fonctionnement, apporte éventuellement une aide administrative.
- L'accompagnement social : le tuteur a un rôle social. Il est chargé de créer un climat favorable, il intervient comme animateur, modérateur et facilitateur.
- L'accompagnement technique : il s'agit plutôt de support, de dépannage en cas de blocage technique, l'apprenant sollicite le tuteur en cas de problème d'utilisation. Le support aura donc à :
  - apporter une réponse aux problèmes techniques des apprenants au fur et à mesure qu'ils se présentent,
  - répondre aux demandes d'assistance à l'utilisation du dispositif.

Avant de détailler les fonctions de tutorat, nous allons nous pencher sur l'apprenant 2.0. Qui est-il ? Comment fonctionne-t-il ?

Qu'attend-il ? Qu'est ce qui a changé ?

C. L'apprenant 2.0

Les innovations numériques se succèdent et s'accélèrent en matière d'éducation comme dans tous les domaines, illustration de la mutation numérique en cours. Le digital learning est partout, y compris dans les formations présentielles.

L'apprenant, que nous sommes tous, a intégré les outils numériques dans son quotidien personnel et professionnel.

1. Changements structurels

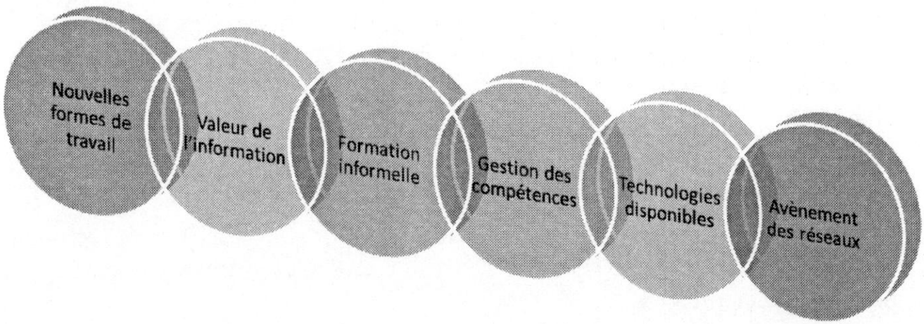

Avec la libre circulation des biens, des services et des capitaux, les réseaux accélèrent la circulation de l'information et les échanges de savoirs et de savoir-faire. L'information devient matière première et sa diffusion rapide est essentielle, voire vitale pour les entreprises.

On observe également une distorsion entre les différents temps sociaux, les frontières entre temps de travail, temps de loisirs, temps consacré à la famille sont de plus en plus floues, et ceci est largement accentué par l'intrusion des TIC dans notre quotidien professionnel et privé.

La mobilité des actifs s'est largement accélérée, mobilité géographique autant que professionnelle. Aujourd'hui, nous changeons souvent d'entreprise et de profession, la formation est là pour optimiser ces changements d'orientation. De même, on assiste au développement du travail nomade, facilité par la généralisation des supports mobiles et l'utilisation des TIC.

Le digital learning va plus loin qu'une simple alternative à la formation traditionnelle. Il s'intègre dans la gestion des connaissances de l'entreprise (Knowledge Management) notamment par le renforcement des TIC et par les potentialités des outils utilisés (LCMS, web 2.0, MOOC).

Les nouvelles formes de travail génèrent de plus en plus de situations d'apprentissage informelles : on constate ainsi de plus en plus de situations dans lesquelles les salariés apprennent et développent des connaissances et des compétences sans être en situation avérée d'apprentissage.

Dans un contexte de mondialisation et de compétition incessante, le développement des compétences se place au centre des préoccupations stratégiques des entreprises.

Le contexte économique actuel, le besoin d'aller toujours plus vite, de gagner du temps, oblige à disposer du maximum d'informations pertinentes et actualisées afin d'agir vite et bien, pour procurer aux acteurs de l'entreprise tous les moyens nécessaires à l'action.

Avec l'utilisation des outils du web 2.0, la connaissance se construit en permanence ; la connaissance n'est plus la propriété de « celui qui sait » diffusée verticalement vers celui qui apprend. La connaissance devient collective, partagée à travers les réseaux vers des communautés d'apprenants.

Dans les processus de formation, les outils du web 2.0 sont de plus en plus utilisés, les wikis par exemple pour des travaux en groupes, les vidéos ou podcast pour le mobile learning, les mises en situation sur des univers virtuels...

La technologie disponible crée de nouveaux usages, nous en sommes encore au début de la formation à distance, beaucoup de choses restent sans aucun doute à inventer, en tout cas pédagogiquement.

2. Que sait-on du digital learner ?

Le terme digital learning, contrairement à e-learning englobe l'ensemble des techniques numériques utilisées en éducation et formation. Le digital learning indique aussi que le digital, le numérique est complètement intégré à la formation.

Selon les dernières statistiques (chiffres clés du digital learning 2014), l'âge moyen de l'apprenant est de 34 ans et 82 % de ses apprenants sont sous diplômés.

> *55,2 billions de dollars : c'est en 2014 ce que représente l'industrie du digital learning.*

Par ailleurs, d'après les différentes études réalisées, l'apprenant place la qualité comme premier facteur clé de succès des dispositifs hybrides de formation.

Vient en deuxième l'adéquation des contenus aux besoins business et la prise en compte des contraintes organisationnelles.

Le suivi et l'implication du management direct viennent ensuite, avant la communication et la certification.

Les freins évoqués sont également assez classiques : le manque de disponibilité arrive en premier suivi par les freins techniques et la résistance culturelle. Le manque d'accompagnement et le manque du soutien du management sont cités ensuite. Le manque d'adéquation des contenus aux besoins et la qualité insuffisante des contenus pédagogiques apparaissent ensuite.

Les modalités d'apprentissage préférées son celles qui mélangent le présentiel, le terrain, le tutorat et la formation à distance au sein de dispositifs hybrides.

Aujourd'hui il n'y a plus vraiment de blocage a priori par rapport à la formation à distance.

On sait que la grande majorité des entreprises en France aujourd'hui ont déjà expérimenté l'e-learning, la plupart (70 %) veut développer l'expérience. Par ailleurs les PME s'intéressent de plus en plus au digital learning.

Les apprenants attendent de l'efficacité, une formation en lien avec leurs problématiques et leurs actualités.

3. Nouveaux comportements

Le génération Y, nourrie à l'Internet dès son plus jeune âge arrive aujourd'hui massivement dans les entreprises ; les attentes de ces jeunes par rapport à l'apprentissage sont différentes : ils n'ont pas à s'adapter au digital learning, pour eux, l'utilisation des TIC et des TICE est naturel.

La valeur clé réside dans la compétence à acquérir, rapidement, efficacement, au moment où ils en ont besoin.

De la même façon ils sont plus enclins à travailler en mode collaboratif, en groupe et se sentent bien dans les dispositifs horizontaux, dans les communautés d'apprenants.

Les nouvelles générations sont beaucoup plus habituées à regarder des vidéos qu'à lire des textes.

Les apprenants apprécient la flexibilité apportée par l'apprentissage en ligne tout en appréciant les rendez-vous réguliers. Ils seront par contre plus intransigeants que la génération précédente sur les problèmes techniques sans réponse satisfaisante.

4. Mieux connaître l'apprenant

Avant de mettre en œuvre un dispositif de formation hybride (ou pas) il peut être intéressant voire essentiel de mieux connaître l'utilisateur auquel on s'adresse. Il peut être utile de proposer au futur apprenant un questionnaire en ligne pour mieux connaître ses attentes, mieux comprendre aussi sa façon d'apprendre.

Des outils existent qui peuvent vous aider à mieux définir votre cible pour proposer un dispositif de formation plus adapté, citons par exemple le questionnaire de Kolb.

Vous trouverez le questionnaire de Kolb à cette adresse :
http://www2.ulg.ac.be/lem/StyleApprent/StyleApprent_CG/page_05.htm

Regardons maintenant du côté du tuteur.

D. Le tuteur

Le métier de tuteur n'est pas apparu avec le digital learning, ce métier est très ancien.

Retenons simplement la définition du tuteur dans l'enseignement, trouvée dans Wikipédia :

Dans l'enseignement supérieur et le monde de l'entreprise, un tuteur est une personne responsable de transmettre ses connaissances à un étudiant ou un stagiaire dans le cadre d'une fonction appelée tutorat.

1. Rôle

Le tuteur est chargé de gérer la complexité de l'environnement en ligne en proposant à l'apprenant de le guider et de l'accompagner dans son parcours d'apprentissage.

Il assumera un rôle pédagogique, managérial (aspects organisationnels), social (aspects relationnels) et technique.

Les tuteurs, coachs chargés de l'accompagnement à distance des apprenants auront à :

- communiquer avec les apprenants et répondre à leurs questions,
- animer les groupes de formation en utilisant les outils disponibles,
- suivre la progression des apprenants via la LMS,
- soutenir, guider, motiver, relancer les apprenants.

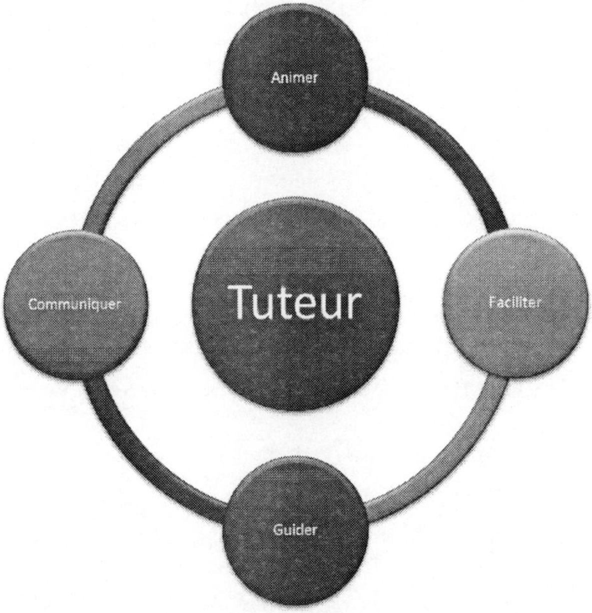

2. Fonctions

a. Fonctions pédagogiques

Le rôle des tuteurs dans un dispositif de formation à distance est très important. Le tuteur est chargé de rompre l'isolement de l'apprenant face à son écran, source première d'abandon chez les apprenants et cause d'échec potentiel des projets digital learning.

Le rôle d'animation est fondamental chez le tuteur en mode virtuel pour :

- favoriser au maximum l'interactivité,
- féliciter et encourager les apprenants, les valoriser,
- souligner les progrès et la réussite,
- contacter et motiver les apprenants : garder le lien tout au long de l'action de formation.

b. Fonctions techniques

Techniquement, l'accompagnant remplit les rôles suivants :

- support technique,
- résolution de problème technique simple,
- reporting de problème aux personnes ressources concernées.

L'apprenant est rassuré s'il a un référent technique à qui s'adresser, s'il peut trouver quelque part un mode d'emploi, un guide d'utilisation, et si on répond à ses questions/ problèmes sans délai.

3. Profil et statut

On trouve deux types de profils tuteurs dans un dispositif digital learning :

- Les tuteurs ayant une connaissance métier, ils peuvent alors jouer un rôle pédagogique pour les apprenants.
- Les tuteurs spécialistes de l'animation, de l'accompagnement par les TICE, ils n'ont pas forcément une connaissance du contenu du cours, mais ils sont professionnels dans l'accompagnement, l'animation de groupe d'apprenants à distance.

Ainsi dans la réflexion sur l'accompagnement, il est conseillé de se poser très tôt les questions suivantes :

- Les tuteurs sont-ils expérimentés ?
- Les tuteurs connaissent-ils le contenu ?
- Quel est leur degré de connaissance des outils TICE ?

Pour en savoir plus sur le tutorat à distance, nous vous conseillons le site de référence sur le tutorat à distance : http://www.tutoratadistance.fr/

4. Modalités d'accompagnement

Les dispositifs de blended learning proposent, nous l'avons vu dans les modalités d'apprentissage, des outils synchrones et asynchrones.

Certains outils sont plus adaptés à certaines situations, certains contextes. Chaque type d'outil possède ses points forts et points faibles.

Voici un récapitulatif des bénéfices comparés construit à partir d'une étude réalisée et publiée sur l'E-learning Guild.

Pour en savoir plus : http://www.elearningguild.com/

Le tutorat peut s'exercer de manière synchrone ou asynchrone selon le type d'outils utilisés.

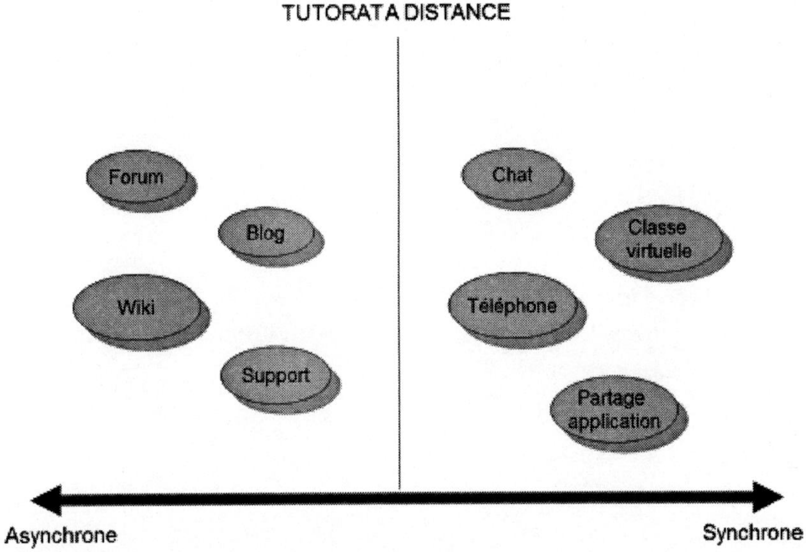

Chacun de ces outils a ses spécificités, voyons cela en détail.

Les tuteurs chargés d'accompagner les apprenants dans les processus d'apprentissage vont utiliser ces outils mis à leur disposition via la plateforme.

	Bénéfices	Défis	Exemples
Synchrone	Planification possible Possibilité de démonstration Feed back immédiat Mieux pour les apprenants peu enclins à lire/écrire Formateur guide Aide et support immédiat	Organisation logistique Gestion du temps Pas de temps de réflexion Orienté évènementiel contrôle du formateur	Webinar, partage applications, chat, messagerie instantanée, conférence audio et vidéo, classe virtuelle
Asynchrone	Adaptabilité souplesse Travail à la maison possible Temps de réflexion Contenu standardisé Autonomie de l'apprenant	Manque de spontanéité Pas de repère visuel Risque de mauvaise compréhension Frustration si besoin d'aide Facile à abandonner	Module de formation, forum, tutoriel, travaux collaboratifs

5. Prise en compte du tutorat dans le projet

Quel que soit le profil du tuteur, il est essentiel de prévoir le tutorat dans le dispositif dès le début du projet, de le budgéter et de définir précisément le rôle et le statut du tuteur dans le dispositif.

Dans les dispositifs de formation à distance ou hybride, le temps de tutorat doit être dédié au tutorat et le statut du tuteur sacralisé pour que l'accompagnement soit efficace.

- Quel sera le rôle exact des tuteurs ?
- Quel sera leur profil ?
- Quel est le type d'intervention souhaitée, la fréquence, les modalités...?
- Comment sont considérés les tuteurs dans l'organisation du dispositif ?
- Quelle formation recevront-ils ?
- Quel temps consacreront-ils au tutorat ?

E. Le formateur 2.0

1. Évolution

Le rôle du formateur a beaucoup évolué avec la généralisation du blended learning. Le formateur n'a pas disparu, son rôle s'est enrichi, élargi avec l'appropriation et l'utilisation des TICE.

Il n'est plus seulement celui qui dispense le savoir et le savoir-faire, il est une ressource à valeur ajoutée dans un dispositif proposant des modalités d'apprentissage diversifiées.

Le formateur est impliqué en amont et en aval de la formation. Il peut enrichir le parcours des apprenants en étant à leur écoute, en répondant à leurs besoins.

L'e-learning, aujourd'hui centré sur l'apprenant et non plus sur le formateur, permet à celui-ci d'apporter une véritable valeur ajoutée au contenu, en même temps qu'il assure une présence humaine, présentielle ou virtuelle, nécessaire à tout processus d'apprentissage.

Les TICE permettent au formateur d'être un guide plutôt qu'un diffuseur de savoir.

2. Nouveaux rôles

Le formateur voit son rôle modifié et élargi avec la généralisation de l'e-education.

- L'interaction avec l'apprenant est complètement revue : elle est multidirectionnelle, la relation (présence à distance) est valorisé par les apprenants.
- Le formateur intervient dans un dispositif horizontal, il ajoute de la valeur au contenu qui est disponible librement par ailleurs.
- Le formateur ne transmet plus, ne diffuse plus, il favorise l'apprentissage et guide l'apprenant.

Le formateur 2.0 :
http://educavox.fr/formation/analyse/formateur-2-0-une-nouvelle-maniere-de-faire-de-la-formation

Les technologies ne vont pas remplacer les formateurs. Par contre le formateur 2. 0 va progressivement remplacer le formateur qui n'utilise pas les TICE.

TÉMOIGNAGE

Bonjour Jean-Philippe, vous utilisez le numérique pour travailler et pour former. Qu'est-ce qui vous a poussé à proposer des modalités à distance ? Et comment voyez-vous l'évolution de votre métier (axé digital learning) dans deux ou trois ans ?

C'est la conjonction de trois raisons qui m'a amené à développer mes services de formations à distance :

1) la nature de mes formations (i.e. : les usages du numérique) est un terrain très favorable.

2) la demande croissante des formations individuelles (cf. diminution des coûts).

3) mon domaine métier – les usages du numérique dans le b2b – m'oblige à être un cordonnier bien chaussé.

Au-delà de ces trois motivations initiales, il est rapidement apparu nécessaire d'adapter ma pédagogie. Concurremment, l'individualisation des formations a fait que là ou en présentiel je faisais des formations qui conviennent à la diversité des participants sur deux jours, la même formation en individuelle – donc personnalisée – dure deux fois moins longtemps.

Du fait de la personnalisation mes clients sont beaucoup plus satisfait car 100 % efficace. Autre avantage majeur, la formation à distance s'affranchissant des contraintes de déplacements, je réalise toutes mes formations à distance par module-session de 1H30, avec deux ou trois jours d'intervalles pour permettre à mes clients de digérer chaque session et les mettre en pratique. Résultats, du fait de cette progression-acquisition par paliers, la qualité de mes formations est bonifiée.

Accessoirement, il m'arrive de faire des formations « courte durée » (trois à quatre heures), ce qui était irréalisable en présentiel. Cerise sur le gâteau : la formation à distance ne nous rend plus dépendant du lieu « bureau » : mes formations peuvent se réaliser – pour moi et/ou pour mes clients - de tous lieux et quasiment sans contrainte temps (un report de dernière minute ne pose pas de problème). D'ici à trois ans, mes formations à distance représenteront 60 % et à 80 % de mon CA formation.

Jean-Philippe DÉRANLOT
Consultant Formateur Indépendant
www.efficacitic.fr

F. Étude de cas 1

1. Données

Vous avez prévu un accompagnement. Vos collègues formateurs s'inquiètent au sujet de l'incursion des TICE dans leur pratique professionnelle.

Vous avez prévu dans le dispositif la mise en place d'un tutorat.

2. Instructions

Proposez des arguments pour rassurer vos collègues.

Définissez le rôle du tuteur, les objectifs du tutorat, les modalités de mise en place de l'accompagnement.

G. Étude de cas 2

1. Données

Vous allez jouer le rôle de tuteur en même temps que celui de formateur dans vos cours.

2. Instructions

Quel accompagnement prévoyez-vous sur la partie distancielle de votre formation ?

Chapitre 4.2

Web 2.0 et formation

A. Web 2.0 et formation

1. Introduction

Nous sommes passés à l'ère de la **formation informelle** et de la formation tout au long de la vie, les technologies du Web 2.0 participant à créer de nouveaux usages.

La formation informelle apparaît dès qu'il y a apprentissage, acquisition de savoir et de savoir-faire, en dehors d'une situation formelle de formation (présentielle, classe virtuelle, module e-learning via LMS).

Tout processus d'apprentissage formel intègre une part d'informel initiée par le formateur/tuteur.

Le rôle du formateur en est transformé : il n'a plus seulement (parfois plus du tout) pour mission de transmettre ses connaissances, mais il devient référent et animateur. Tous les acteurs impliqués dans le processus de formation doivent ainsi s'adapter, les apprenants doivent apprendre à « e-apprendre » (ou à apprendre tout court), ils deviennent réellement acteurs du processus d'apprentissage.

Le Web 2.0 accroît l'interaction dans le digital learning, c'est-à-dire qu'il permet les discussions, les questions-réponses entre apprenants et tuteurs, et l'échange d'informations entre les apprenants eux-mêmes, la collaboration (et parfois l'évaluation) entre pairs, ce qui modifie en profondeur le modèle traditionnel de formation.

2. Historique

Le digital learning, terme plus large que l'e-learning et qui englobe finalement toutes les technologies numériques utilisées dans les dispositifs de formation, a déjà une petite histoire, en tout cas assez conséquente pour que l'on soit déjà passé du e-learning 1.0 au e-learning 3.0 si l'on en croit les théoriciens.

Nous sommes passés en une dizaine d'années de dispositifs centrés sur le formateur, de modules largement issus de la formation présentielle et simplement transposés à la formation à distance, à des dispositifs centrés sur l'apprenant, avec de la co-construction de contenus, de vrais travaux collaboratifs, l'intelligence collective est mise en avant. Cette transformation a été largement facilitée par la généralisation d'outils, ceux du Web 2.0 qui modifient en profondeur le comportement des utilisateurs.

Nous sommes aujourd'hui technologiquement dans l'ère du collaboratif, ou chaque membre d'un réseau enrichit le contenu, partage ses pratiques et ses difficultés.

Évolution des pratiques du e-learning depuis 10 ans : intervention de Chritophe Batier, université de Lyon. Plus de détails sur http://spiral.univ-lyon1.fr.

B. Quels outils pour quoi faire ?

1. Introduction

Les TIC offrent une panoplie d'outils qui vont vous servir à personnaliser, à « humaniser », à créer du lien dans les dispositifs digital learning que vous allez proposer à vos apprenants.

Nous distinguerons les outils de communication, les outils collaboratifs et les outils d'animation.

L'utilisation de ces outils doit être intégrée dans le scénario pédagogique et des tâches précises doivent être associées à chacun d'entre eux.

2. Les outils de communication

Quels sont les outils à votre disposition ?

a. E-mail

C'est l'outil idéal pour communiquer entre apprenants, ou bien entre tuteurs et apprenants, en mode asynchrone (demande et réponse décalées dans le temps).

L'e-mail est personnel, il permet de rappeler les informations importantes, de relancer individuellement l'apprenant.

Avantages	Inconvénients
▶ C'est un outil courant, tout le monde sait l'utiliser. ▶ Une relation est créée entre apprenants ou entre tuteurs et apprenants. ▶ Permet d'ajouter des pièces, fichiers à envoyer au tuteur par exemple.	▶ risque connu à l'utilisation : spam. ▶ risque de surutilisation. L'apprenant par exemple préférera envoyer un mail au tuteur plutôt que de chercher la réponse seul.

b. Chat

Utilisez-le pour proposer une communication synchrone (en temps réel) entre plusieurs personnes.

Le chat supporte maximum dix personnes. Il doit être centré sur une tâche précise, les règles d'échanges doivent être strictes, Il est enregistré (ou non).

Avantages	Inconvénients
▶ Permet des échanges sans décalage entre demande et réponse. ▶ Permet de créer une dynamique de groupe. ▶ Autorise les conversations privées entre apprenants, ou entre apprenants et tuteurs.	▶ Il est impossible de prévoir ce qui va se passer dans un clavardage, la spontanéité est maître du jeu. ▶ La gestion de l'outil peut être difficile. ▶ Pas facile à utiliser pour des utilisateurs non avertis.

3. Les outils collaboratifs

De plus en plus utilisés dans les dispositifs blended, ils sont aujourd'hui facilement accessibles et utilisables via les LMS.

a. Blog

En e-learning ou en formation, le blog est utilisé comme support de ressources ou comme support de suivi des apprenants. Via un blog, les apprenants (et tuteurs) peuvent ajouter des ressources, des pièces jointes et les commenter. Tous les utilisateurs autorisés peuvent l'utiliser.

Avantages	Inconvénients
▶ Permet d'alimenter le cours en ressources. Les apprenants autorisés peuvent ajouter, modifier, supprimer, commenter des articles. ▶ Mise à jour de l'information très facile. ▶ Espace d'échange informel. ▶ Outil très tendance : tout le monde sait l'utiliser.	▶ Doit être actif pour être intéressant. ▶ La gestion de l'outil doit être rigoureuse pour que le blog soit pédagogiquement pertinent.

b. Wiki

Outil collaboratif par excellence, le wiki permet aux apprenants de participer à l'enrichissement d'un contenu. Tout le monde participe et tout le monde peut donner son avis sur la participation de chacun.

L'exemple le plus frappant de wiki est Wikipedia, encyclopédie gratuite en ligne.

Avantages	Inconvénients
▶ Permet à tout un groupe de participer sur un même contenu de départ et d'échanger autour de la participation de chacun. ▶ Outil très tendance : tout le monde sait l'utiliser. ▶ Gain d'efficacité : émulation des apprenants par rapport à la qualité du contenu.	▶ La gestion du projet doit être structurée, tout le monde doit respecter les règles de participation pour que l'utilisation du wiki dans une formation soit efficace. ▶ La présence d'un modérateur est recommandée.

c. Forum

Vous pouvez utiliser le forum pour proposer à l'apprenant d'échanger sur un thème particulier du cours, ainsi vous créez un espace d'échange sur la thématique du cours.

Le forum permet de garder une trace du fil de la réflexion.

Avantages	Inconvénients
▸ Permet d'animer et de stimuler des groupes d'apprenants. ▸ Rend possible l'accompagnement. ▸ Tout le monde peut s'exprimer librement.	▸ Il faut que le forum soit actif pour être intéressant. ▸ La présence d'un modérateur est recommandée. ▸ Outil d'utilisation malaisée pour ceux qui démarrent avec les TICE.

4. Les outils d'animation

a. Classe virtuelle

Les sessions de classe virtuelle permettent de réunir les apprenants lors de sessions planifiées, via l'utilisation des TIC, comme s'ils étaient dans un groupe et dans une salle de cours.

Avantages	Inconvénients
▸ Outil synchrone. ▸ Outil d'animation de groupe. ▸ Participation écrite ou orale pendant le cours. ▸ Le tableau blanc est un outil intéressant.	▸ Contraintes techniques assez importantes : tous les apprenants doivent être correctement équipés en matériel et en logiciel pour assister à la classe. ▸ Devient très compliqué à gérer si le groupe est trop important.

b. Visio-conférence

La visio-conférence permet d'organiser des conférences à distance avec des intervenants géographiquement éloignés des apprenants.

Avantages	Inconvénients
▸ Permet la participation de ressources humaines pédagogiques éloignées des apprenants. ▸ Outil synchrone. ▸ L'utilisation de la webcam permet de voir l'intervenant, le contact s'en trouve facilité.	▸ Techniquement contraignant et peut générer un découragement de l'apprenant. ▸ Risque de « décrochage » : si le conférencier ne parvient pas à capter l'attention des apprenants.

C. Exemples d'utilisation

Comment peuvent être utilisés ces outils ?

Voici quelques idées que vous trouverez peut-être utiles.

1. Blogs

Blogs d'apprenants ou blogs d'enseignants, leur utilité est évidente et leur utilisation variée.

a. Blogs d'apprenants

Voici quelques idées pour les blogs d'apprenants, ceux-ci peuvent par exemple utiliser les blogs pour :

- partager leur difficulté, écrire leur journal de bord,
- partager leurs expériences, leurs pratiques,
- créer des communautés d'apprenants.

b. Blogs d'enseignants

Les enseignants utilisent aussi les blogs, par exemple pour :

- créer des parcours formatifs, à partir d'informations internes et externes,
- inviter les stagiaires à partager leur réflexion,
- apporter des informations complémentaires en dehors des situations de formation,
- communiquer aux apprenants des mises à jour et des informations nouvelles sur le contenu pédagogique,
- actualiser les connaissances, enrichir le contenu par des questions-réponses.

2. Wikis

Les wikis constituent un outil de plus en plus utilisé dans la formation, qu'elle soit formelle ou informelle.

Les wikis peuvent servir à :

- valoriser la production collective des savoirs dans des communautés d'apprenants,
- constituer une base de savoir enrichie au jour le jour,
- initier des discussions thématiques,
- constituer une base de ressources de meilleures pratiques construite par les apprenants,
- faire travailler les apprenants en mode projet,
- associer les séquences d'un module e-learning à des liens sur un wiki.

3. Forums

Les forums sont des outils anciens. S'ils sont actifs et animés, ils peuvent être très utiles.

- en intersession pour générer des discussions et de la collaboration sur les projets à mener par les apprenants,
- à enrichir le contenu sur des sujets spécifiques grâce aux questions/réponses.

4. Réseaux sociaux

Les réseaux sociaux investissent la formation, notamment grâce aux étudiants qui les utilisent de plus en plus (ex : Viadeo, LinkedIn, Facebook).

Ainsi ces réseaux sociaux peuvent être utiles pour :

- trouver des compétences (ex : en utilisant les profils, des conseils),
- se rapprocher d'experts ou de ses pairs,
- appartenir à des communautés pour partager des pratiques,
- permettre aux apprenants de faire connaissance avant la formation, le lien social compte beaucoup dans les apprentissages,
- diffuser des informations en continu ou faire de la veille (Twitter).

5. Autres

D'autres outils Web 2.0 sont utilisés dans la formation :

- Le partage de photos prises sur le terrain pour garder le lien social d'une session de formation ou pour illustrer des formations métiers.
- Le partage de vidéos pour se former ou échanger des pratiques sur un mode opératoire spécifique.
- Le social bookmarking pour partager ses favoris sur un sujet.
- Les calendriers collaboratifs pour planifier des évènements liés à la formation (Doodle...).

D'autres exemples ou idées d'utilisation de ces outils ici : http://www.entreprisecollaborative.com/index.php/fr/ecollab/168-reseaux-sociaux-un-pont-entre-formation-formelle-et-informelle-%5D

D. Social learning

1. Définition

Les réseaux sociaux vont de pair avec une démarche de formation informelle et collaborative.

Un réseau est le fruit d'un regroupement d'acteurs, liés entre eux par des relations informelles. Le réseau lie les individus par des intérêts communs qui sont le ciment de la relation.

LES PILIERS DU SOCIAL LEARNING

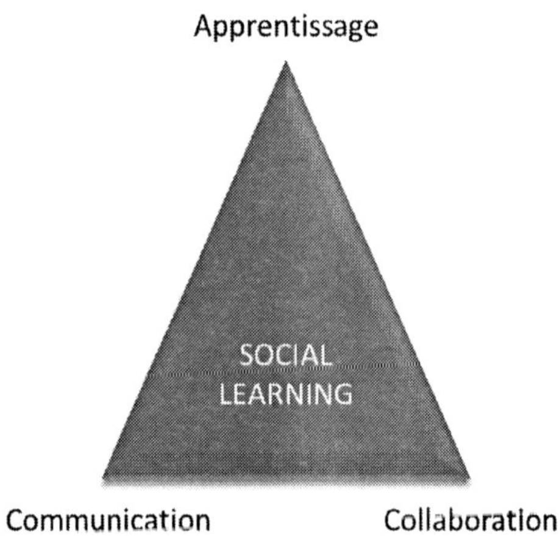

On parle de social learning dès que les trois facteurs suivants sont réunis :

- Apprentissage : acquisition potentielle de savoir et de savoir-faire.
- Collaboration entre apprenants et entre apprenants et tuteurs destinés à enrichir le contenu de cours.
- Communication entre apprenants et entre apprenants et tuteurs.

2. Réseau social et formation

Pour beaucoup, les réseaux sociaux font partie de l'avenir de la formation, aidés en cela par une population à former qui est de plus en plus habituée à l'utilisation de ce type d'outil.

L'utilisation de ces outils dans la formation oblige le formateur à changer de posture. Les apports de connaissance devenant mutuels, le formateur n'est plus celui qui apporte le savoir, mais plutôt celui qui l'organise, l'anime, le commente, l'illustre.

La capacité des apprenants à communiquer devient d'autant plus essentielle que l'entreprise pour être pérenne et tenir sa place dans une concurrence mondialisée, doit comprendre en temps réel son environnement et s'y adapter. La connaissance est donc une valeur vitale et cette connaissance est diffusée et partagée via des outils ou des pratiques de formation informelle.

Les réseaux sociaux trouvent véritablement leur place dans ces démarches de formation informelle, de plus en plus présentes dans des dispositifs blended de formation formelle.

Mais l'avènement de situations de formation informelle ne devrait pas signifier, sous peine de perdre toute efficacité pédagogique, une totale liberté des apprenants. Ils doivent être accompagnés, suivis, motivés dans ce processus, même si celui-ci est informel.

De plus, comment tirer un profit pédagogique de ces outils si les apprenants ne savent pas ou pas bien les utiliser ? Ou si les apprenants n'ont pas la compétence pour participer, communiquer et échanger, oralement ou de façon écrite ?

E. Étude de cas 1

1. Données

Le directeur de l'entreprise tombe sur votre projet. Il ne connaît rien aux TIC et ne voit pas la nécessité d'investir autant. Il ne comprend pas pourquoi les commerciaux devraient pouvoir communiquer et échanger.

2. Instructions

Exposez les outils que vous allez proposer pour l'accompagnement et les arguments destinés à convaincre votre DRH.

F. Étude de cas 2

1. Données

Vous avez prévu une stratégie d'accompagnement

2. Instructions

Pour mettre en œuvre cette stratégie, quels outils allez-vous utiliser et pourquoi ?

Chapitre 4.3

Classes virtuelles

A. Introduction

Un dispositif de formation blended inclut souvent une ou plusieurs classes virtuelles, rendez-vous pédagogiques permettant entre autres aux apprenants de garder le lien avec le formateur.

B. Classe virtuelle

1. Définition

Commençons par définir le terme de classe virtuelle.

Sur Wikipédia, vous trouverez la définition suivante de la classe virtuelle :

La classe virtuelle désigne la simulation d'une classe réelle. Elle permet de réunir en temps réel sur Internet ou un réseau, des participants et un formateur qui peuvent notamment, discuter, se voir, visionner des documents, des vidéos, réaliser des quizz, partager leur écran.

Ainsi, la classe virtuelle recrée à distance les conditions d'une formation en salle traditionnelle. Grâce à ses outils interactifs et pédagogiques, elle permet d'organiser des formations à distance aussi efficaces que celles réalisées sur le terrain.

2. Points forts et points faibles

Les classes virtuelles sont de plus en plus utilisées dans les dispositifs de blended learning. Elles présentent l'avantage essentiel de pouvoir être rapidement mises en place puisqu'on s'appuie en général sur un formateur qui dispense un contenu existant et rapidement transposable.

Quels sont les points forts et les points faibles des classes virtuelles ? Les voici résumés dans le tableau ci-dessous :

Avantages	Inconvénients
▸ Planifiable, ▸ Modèle personnalisable, ▸ Meilleur suivi, ▸ Meilleure standardisation des contenus, ▸ Augmentation facile du nombre de participants, ▸ Économie d'échelle.	▸ Ennuyeux et démotivant si manque d'interactions. ▸ Nécessaire appropriation technique par l'animateur. ▸ Défaut classique : manque de feed back et de support.

Pour être réussie, l'animation d'une classe virtuelle nécessite d'être bien organisée et bien préparée.

C. Préparer l'animation

Une bonne organisation conditionne le bon déroulement d'une classe virtuelle.

1. Organiser la classe virtuelle

Les apprenants se sentiront rassurés s'ils sont informés, guidés, assistés dans le processus.

Quelqucs conseils pour organiser au mieux votre session de classe virtuelle :

- Informez les participants : l'envoi automatique d'invitations fait partie des fonctionnalités des outils de classe virtuelle ou des LMS support. Pensez à détailler les objectifs et le sommaire de la séance dans le mail d'invitation.
- Prévoyez un manuel d'utilisation de la classe virtuelle : incluez dans un manuel la configuration nécessaire, les plugins utiles, les règles d'utilisation. Envoyez ce guide par mail.
- Demandez aux participants de s'impliquer en vous informant sur leurs besoins et leurs attentes.
- Invitez les participants à se connecter quelques minutes avant le démarrage pour réaliser les tests techniques nécessaires et ainsi ne pas retarder le démarrage.

2. Préparer pédagogiquement

Pour être pédagogiquement réussi, le scénario de la classe virtuelle doit être écrit à l'avance, le timing doit être précis, et les interactivités planifiées.

- Prévoyez des interactions, à défaut vous ne pourrez pas retenir longtemps l'attention des apprenants.
- Préparez le scénario de la session. Le timing de la classe doit être précis. Qu'allez-vous dire et à quel moment ? Qu'allez-vous faire ? Que va faire l'apprenant ?
- Préparez le story board de la séance. Inscrivez-y les outils à utiliser, les instructions écrites, orales, le nom des fichiers à présenter, listez les activités à proposer pour favoriser la participation active des apprenants.

3. Préparer techniquement

Les aléas et problèmes techniques constituent le principal écueil dans l'organisation de classes virtuelles.

- Déposez les ressources à l'avance pour éviter les délais d'attente dus au téléchargement.
- Proposez des documents de présentation adaptés aux classes virtuelles : visuel, animé, concis.
- Répétez votre animation.
- Prévoyez un plan B, dans le cas où rien ne fonctionnerait comme prévu, par exemple un autre espace ou un autre outil de classe virtuelle.

D. Panorama des outils de classe virtuelle

Quels sont les outils que vous pouvez utiliser ?

La liste ci-dessous n'est pas exhaustive

1. Adobe Connect

Adobe Connect est la solution de classe virtuelle proposée par Adobe. C'est une solution souple, facile d'accès, qui ne nécessite aucune installation sur le poste cible.

Vous pouvez télécharger une version d'évaluation ici :
http://www.adobe.com/fr/products/adobeconnect.html

La plupart des LMS du marché (open source ou non) proposent un connecteur de classe virtuelle qui facilite l'intégration de ce type d'outils dans la plateforme.

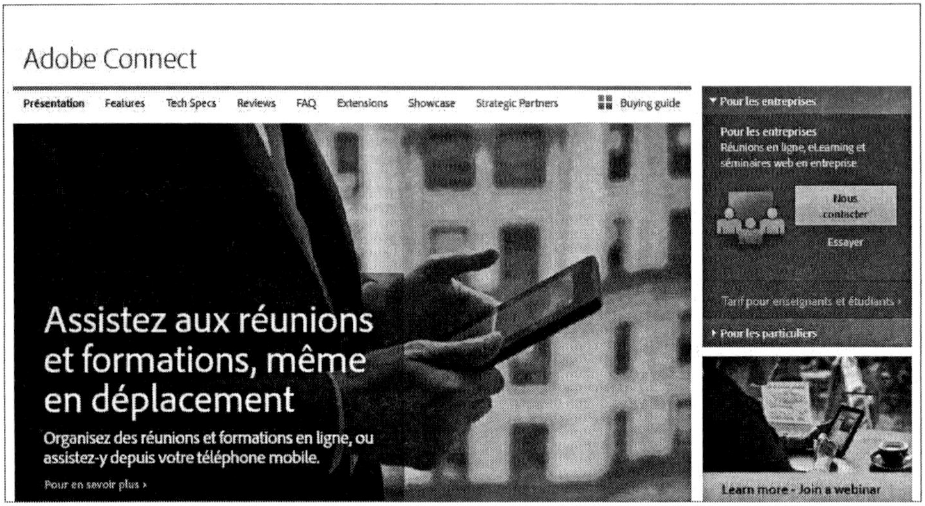

2. Webex

Le concurrent d'Adobe en matière de classe virtuelle est Webex.

> *Vous pouvez télécharger une version d'évaluation ici : http://www.webex.fr/*

3. BigBlueButton

Celui-ci est un outil open source qui est parfois associé à certaines plateformes.

> *Plus d'informations sur le site officiel : http://bigbluebutton.org/*

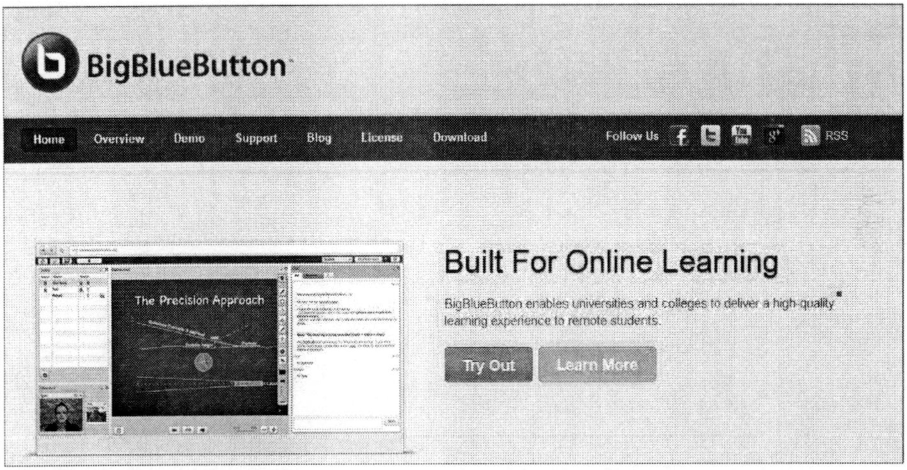

4. Hangout

L'outil de Google peut aussi être utilisé pour de petites classes virtuelles.

> *Plus d'informations sur https://plus.google.com/hangouts?hl=fr.*

Si vous voulez en savoir plus sur les outils de web conférence, vous pouvez étudier le comparatif en anglais ici : https://www.webconferencing-test.com/

E. Les spécialistes

Certains prestataires digital learning se sont spécialisés dans les outils et services associés à la classe virtuelle.

Ces prestataires peuvent vous aider à garantir une qualité de service pédagogique et technique lors de vos classes virtuelles.

F. Étude de cas 1

1. Données

Vous avez prévu une classe virtuelle en fin de parcours.

2. Instructions

Préparez les formateurs à l'animation de ces classes.

G. Étude de cas 2

1. Données

Vous avez prévu une classe virtuelle en deuxième partie de parcours.

2. Instructions

Vous préférez utiliser pour l'instant un outil que vous maîtrisez : Hangout.

Quel sera le scénario de votre classe virtuelle ?

Partie 5
L'environnement du projet

Chapitre 5.1
Déploiement - qualité

A. Introduction

Vous voici parvenus à la dernière partie de cet ouvrage.

Nous allons aborder dans ce chapitre les dernières phases du projet digital learning, les éléments budgétaires et les acteurs e-learning pour vous proposer quelques éléments d'information et d'évaluation supplémentaires par rapport à la mise en œuvre des dispositifs à distance ou hybrides.

B. Pilote et déploiement

1. Rappel

Le projet pilote est déployé à la fin de la phase de production. L'environnement technique est installé, une partie du contenu ou un contenu pilote est prêt à être testé.

Le pilote doit se dérouler dans les conditions réelles du projet, avec un panel d'utilisateurs, un contenu pédagogique installé dans un environnement technique et une démarche d'évaluation de l'ensemble pertinente qui permettra un recadrage éventuel.

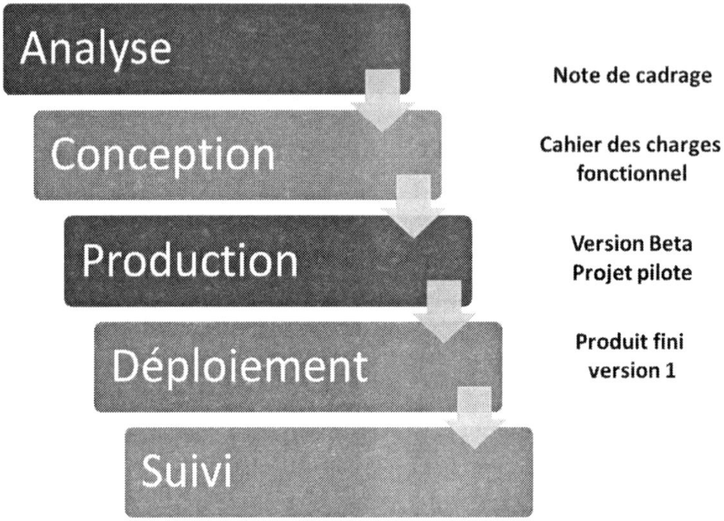

2. Phase d'expérimentation

La phase d'expérimentation d'un dispositif de Formation à distance, ou pilote, nous l'avons vu au début de cet ouvrage, vient juste avant la phase de déploiement, et permet de tester le système dans des conditions très proches des conditions réelles avant de le livrer aux utilisateurs finaux.

Le pilote est testé sur un petit groupe d'utilisateurs, appelés « bêta testeurs » ou « key users », qui participent ensuite à l'évaluation du dispositif :

- Évaluation technique : quels sont les problèmes, les difficultés rencontrées sur le plan technique ? les dysfonctionnements, les petits bugs, les fonctionnalités non opérantes dans certains cas...
- Évaluation pédagogique : la pertinence pédagogique est-elle satisfaisante ? Les activités proposées apportent-elles des connaissances et compétences annoncées dans les objectifs ?
- Évaluation de l'environnement : ergonomie, « usability » : est-il aisé de se situer, de s'orienter, de naviguer à l'intérieur du parcours de formation ?

Le retour, ou feed back, apporté par les utilisateurs tests permettent d'avoir un aperçu de ce que sera celui des apprenants, utilisateurs finaux, si rien n'est corrigé entre le pilote et le déploiement.

Cette première évaluation permet également, dans certains cas, de recadrer, de corriger et d'optimiser si nécessaire certains éléments du dispositif, comme par exemple :

- les outils proposés sur la plateforme,
- la configuration des postes clients,
- les bugs résiduels dans la navigation,
- les petites fautes oubliées.

À la fin de l'expérimentation, si des ajustements s'avèrent nécessaires, il vaut mieux retarder le déploiement afin de corriger ce qui doit l'être, sous peine de compromettre la réussite du projet.

Lorsque le produit est opérationnel, les utilisateurs peuvent apporter un certain nombre de critiques au produit. Si la conception a été bien réalisée, ils ne doivent pas revenir sur le fond, les remarques porteront sur les détails, sur des aspects pratiques d'utilisation.

Il est indispensable de tenir compte de l'avis des utilisateurs car c'est pour eux que le produit est conçu et réalisé.

C. Test

Pour s'assurer d'une démarche qualité et d'un produit final correspondant aux attentes et aux objectifs de départ, des tests doivent être réalisés pendant toute la durée du projet.

Même si des tests informels sont réalisés par les différents acteurs de l'équipe de production, il est important de formaliser des procédures de tests et de les suivre ensuite à la lettre afin que les tests apportent les résultats escomptés.

Il faut tout d'abord définir :

- Qu'est-ce qui est testé ?
- À quel moment ?
- Qui est responsable des tests ?

1. Qu'est-ce qui est testé ?

a. LMS

La plateforme va jouer un rôle central dans le dispositif hybride.

- Testez la plateforme et son comportement dans tous les environnements matériels et logiciels possible.
- Testez toutes les fonctionnalités sans exception.
- Testez tous les outils de communication et de collaboration installés sur le LMS.

Cela vous permettra de prévoir des processus d'utilisation « sans surprise ».

Par exemple, il ne servira à rien de planifier des conférences ou classes virtuelles si vous observez des dysfonctionnements dans la plupart des cas.

b. Le parcours de formation

Il est important de le tester très tôt, même en cours de développement. Testez la maquette du module dans la plateforme, vous éviterez ainsi des surprises désagréables.

2. À quel moment ?

Les tests doivent être réalisés tout au long du processus de création du dispositif.

Idéalement les tests démarrent dès la phase de conception comme le montre le schéma ci-après.

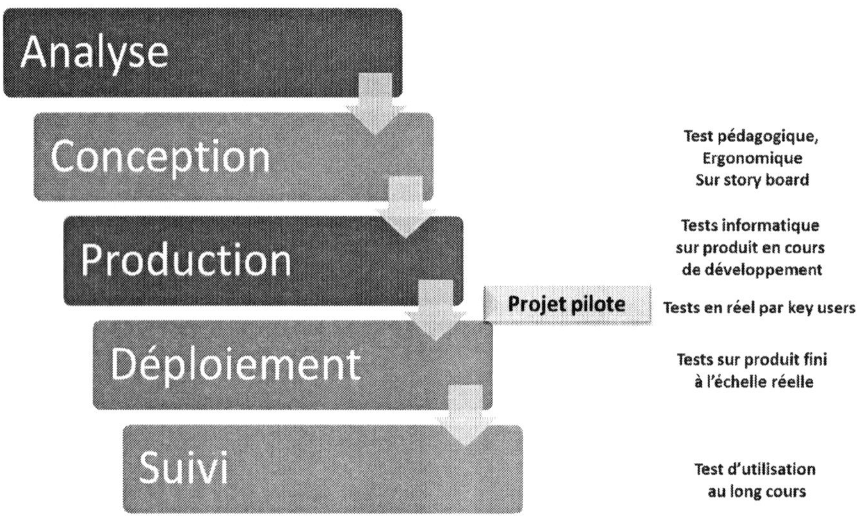

Le chef de projet, dont le rôle essentiel est de piloter le projet doit prévoir des tests à chaque étape :

- des tests techniques,
- des tests de fonctionnalités,
- des tests d'environnement.

Le chef de projet prépare les procédures de tests, puis est responsable de leur bon déroulement.

Les développeurs testent les programmes au fur et à mesure de leur développement. Ils testent également le produit après intégration.

En phase finale, le chef de projet ou le responsable de l'équipe de développement valide le produit.

Dans la réalité, il n'existe pas de produit sans bug.

3. Types de tests

a. Tests de fonctionnalités

Il s'agit ici de répondre à la question : le logiciel fait-il ce qu'il est censé faire ?

Ce type de test permet de détecter les erreurs de programmation ou simplement les oublis.

- Test des boutons de navigation
- Test des liens
- Test des interactions

b. Test d'ergonomie/navigation

Dans les tests de navigation, l'objectif est que l'utilisateur ne soit jamais bloqué sur un écran.

Posez-vous les questions suivantes :

- L'interactivité est-elle opérante ?
- Les messages d'erreur sont-ils adéquats ? Les messages d'erreur doivent réellement être informatifs.

Il est nécessaire de tester tous les scénarios et tous les cas dans les exercices et simulations.

c. Tests techniques

Même si les produits fonctionnent très bien sur les ordinateurs et serveurs de développement, il est nécessaire de les tester dans un maximum d'environnements réels possible : le résultat sera différent en fonction des systèmes d'exploitation, des configurations matérielles (supports mobiles ou pas) et logicielles, des navigateurs, des versions de navigateur.

Pensez donc à :

- tester l'application sur plusieurs configurations matérielles et logicielles, y compris sur les supports mobiles,
- tester le produit sur une gamme variée d'ordinateurs et de configurations,
- tester la montée en charge sur la plateforme installée.

Ces tests demandent beaucoup de rigueur et de méthodologie. Le testeur doit avoir parcouru tous les chemins possibles et dans tous les détails.

Il est très intéressant de faire tester le produit par quelqu'un d'extérieur à l'équipe de production.

D. Qualité

1. De quoi parle-t-on ?

La qualité est l'ensemble des caractéristiques d'un produit qui lui permettent de satisfaire les besoins des utilisateurs finaux.

L'utilisation d'un protocole précis permet de s'engager dans une démarche qualité.

Il faut prévoir des points de contrôle pour chaque étape.

La notion de qualité peut intervenir à différentes phases du processus de développement d'un produit didactique :

- la phase d'analyse,
- la phase de conception,
- la phase de développement,
- la phase de déploiement.

Quels sont les objets concernés par le concept de qualité ?

- le processus de développement,
- le résultat de la production (le produit),
- l'action de formation organisée autour du produit.

La qualité est garantie dans l'idéal par une cellule spécialement dédiée, une cellule de validation et d'expertise des produits, mise en place au début du projet.

La cellule qualité sera chargée de vérifier la conformité du produit par rapport au cahier des charges.

La qualité concerne les différents aspects du produit :

- les aspects juridiques et légaux,
- la pertinence et la justesse du contenu,
- le contrôle de la grammaire et de l'orthographe,
- la valeur de produit sur le plan pédagogique,
- la qualité du développement (par exemple les programmes sont-ils commentés ?).

La qualité doit être maintenue tout au long de la vie du produit par des actions de maintenance /mise à jour régulières.

2. Quelques indicateurs

a. Processus de développement

Pour le processus de développement, les éléments suivants correspondent à divers aspects de la qualité :

- présence d'un devis complet,
- présence d'une maquette,
- compétences des acteurs,
- bon travail d'équipe : qualité de communication, répartition des responsabilités,
- tests effectués pas les développeurs,
- tests effectués par les testeurs,
- maintenance du produit,
- présence d'un manuel technique.

b. Le produit pédagogique multimédia

Les indicateurs suivants, entre autres, peuvent être utilisés :

- L'interface : est-elle conviviale, ergonomique, claire, esthétique ?
- L'interactivité est-elle de qualité ?
- Le produit est-il pédagogiquement efficace, c'est-à-dire utile pour l'acquisition de connaissances et de compétences ?
- Les contenus ont-ils été validés par une équipe d'experts ?
- Quelles sont les conditions techniques d'installation et les conditions de fonctionnement ?
- Les médias présents dans le module sont-ils pertinents ?

L'idéal est d'utiliser une grille d'évaluation de ce contenu, grille contenant les points clés à évaluer en terme de pertinence, de fiabilité du contenu, de navigation, en terme technique également (portabilité, bugs...).

c. Par rapport à l'action de formation

Enfin, engagez une évaluation par rapport à l'action de formation elle-même :

- Le scénario pédagogique imaginé est-il en adéquation avec les objectifs de formation ?
- Le produit est-il judicieusement utilisé : alternance des modalités pédagogiques, rétroaction des étudiants, rythme des séances ?
- Comment le produit est-il évalué par l'apprenant ?
- Que pensent les apprenants de l'accompagnement qui a été mis en place ?

Vous trouverez sur le site de FFFOD un ou des outils d'évaluation intéressant : http://www.fffod.org/index.php?option=com_content&view=article&id=1042:gdt-evaluer-une-foad-courte&catid=9:groupes-de-travail

E. Maintenance/mise à jour

La maintenance commence juste après la livraison du produit.

Plus la conception a été bien réalisée, plus les tests en cours de production ont été efficaces, moins chère sera la maintenance à court terme.

Le processus de mise à jour doit être formalisé et suivi avec rigueur pour pérenniser la qualité du produit.

Essayez de :

- prévoir une fréquence de mise à jour variable selon l'importance du produit développé,
- prévoir la mise à jour des contenus : contenus, liens Internet, informations, source, références,
- prévoir la mise à jour de l'interface : les progrès techniques sont très rapides : les applications multimedia passent de mode assez vite, et les apprenants peuvent être déçus de travailler sur un produit qu'ils considèrent comme obsolète.

F. Coûts et bénéfices

Une fois que le dispositif est déployé, il reste à évaluer les coûts et bénéfices.

Quels sont les indicateurs utilisés ?

1. Les indicateurs

Il est nécessaire en fin de projet d'évaluer les indicateurs pour savoir si le ou les objectifs ont été atteints.

En voici quelques-uns :

- Usage de la solution (ceci est quantifiable) : un apprenant se connecte tant de temps ou bien ouvre x documents.
- Atteinte d'un objectif managérial et individuel : un expert a transféré son savoir à des personnes.
- Système d'échanges : un acteur lit ou accède à son système d'échange plus ou moins fréquemment.
- Gain de temps : quel est-il ?
- Gain sur les coûts : combien d'économies ont été réalisées par rapport à la même action de formation réalisée en présentiel par exemple ?
- Gain en réactivité : le délai a-t-il été réduit entre la demande exprimée de formation et la réponse ?
- Quel est le coût stagiaire ?
- Quel est le coût horaire du ou des cours ?

2. Bénéfices

L'expérience montre que les évolutions les plus marquantes peuvent être obtenues dans les domaines suivants :

- La valeur de l'entreprise s'en trouve accrue par l'augmentation de son capital immatériel, le capital humain.
- Conduite du changement : les outils digital learning permettent normalement de piloter et d'accompagner le changement.
- Augmentation de la rentabilité de l'entreprise : l'entreprise économise sur les coûts de fonctionnement.
- Les coûts de transmission du savoir et des compétences sont réduits, ainsi l'entreprise peut agir plus vite.

Certains bénéfices sont quantifiables, d'autres non.

a. Bénéfices intangibles

Certains gains sont difficiles à mesurer mais font partie intégrante des bénéfices apportés par le déploiement de dispositif de formation hybrides ou à distance, par exemple :

- amélioration de la communication globale dans l'entreprise,
- possibilité de faire appel à des experts, même s'ils sont au bout du monde,
- amélioration du service à la clientèle,
- implantation de pratiques de formation au moment où l'on en a besoin,
- possibilité d'évaluer rapidement les progrès des apprenants sur une base individuelle,
- productivité accrue,
- bénéfices pédagogiques : qualité de la formation, gestion améliorée des compétences dans l'entreprise,
- meilleure qualité de réponse aux demandes de formation, meilleure accessibilité des formations,
- amélioration de l'image de l'entreprise par rapport à la concurrence.

b. Bénéfices quantifiables

Certains gains sont quant à eux tout à fait mesurables. Parmi eux :

- Frais de transport, hôtels, restaurants pour les formateurs et les apprenants,
- Déplacement, salaire des formateurs,
- Équipement, aménagement des salles de classe,
- Production et diffusion de supports de cours.

La question que l'on peut se poser ensuite est : est-ce que les bénéfices réalisés valaient les coûts d'investissement ?

Ou, autrement dit, comment évaluer les coûts d'un dispositif e-learning ?

3. Coûts quantifiables

Les coûts quantifiables d'un dispositif e-learning sont bien connus. Il est donc relativement aisé d'évaluer les postes de coût suivant.

Pour vous aider à estimer le budget nécessaire à la mise en œuvre de votre projet, utilisez le tableau ci-dessous :

Postes	Acteur	Durée	Cout unitaire	Total
PHASE AMONT Analyse de besoins Cahier des charges Comité de pilotage et réunions de suivi				
MISE EN PLACE LMS Achat/installation LMS Hébergement Paramétrage Formation des acteurs Lancement de la session				
CONTENU Achat outil auteur Conception du contenu Production du contenu Formation des acteurs				
ACCOMPAGNEMENT Mise en place des outils sur LMS Formation des acteurs au tutorat				
PHASE AVAL Communication Support au lancement Evaluation				
GESTION PROJET Réunions Temps de pilotage				
LMS Hébergement Maintenance, mise à jour Gestion utilisateurs et contenus Support				

Postes	Acteur	Durée	Cout unitaire	Total
CONTENU Mise à jour, correction, debugg				
ACCOMPAGNEMENT Tutorat				
GESTION PROJET Réunions				

G. Les acteurs du digital learning

Le marché du digital learning s'est largement développé ces dernières années, et les offres de prestations se sont multipliées et enrichies. Il est parfois difficile de s'y retrouver lorsque l'on cherche un prestataire e-learning.

Voici un schéma récapitulatif qui ne se veut ni exhaustif ni complet mais qui vous permettra nous l'espérons d'y voir plus clair dans une offre qu'il est parfois difficile de déchiffrer.

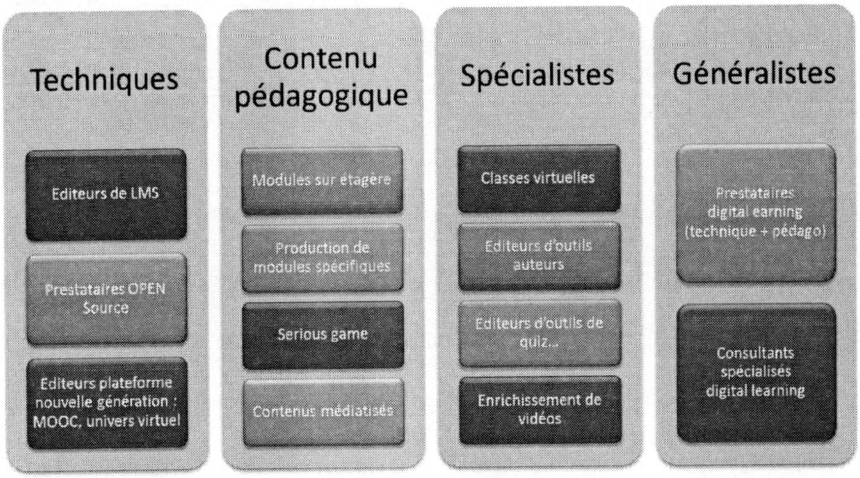

Certains prestataires se spécialisent dans la partie technique (autour du LMS), d'autres produisent et vendent des contenus pédagogiques dédiés à la formation à distance, d'autres encore se spécialisent sur une modalité ou un type de contenu spécifique.

Les généralistes qu'ils soient consultants ou entreprises maîtrisent toute la chaîne de projet digital learning et vous accompagnent dans l'intégralité de la démarche, avec l'aide des spécialistes.

H. Étude de cas 1

1. Données

Tout est prêt, vous semblez à jour dans le planning.

2. Instructions

Préparez le lancement du pilote et prévoyez la démarche d'évaluation.

I. Étude de cas 2

1. Données

Tout est prêt, vous semblez à jour dans le planning.

2. Instructions

Préparez un tableau de comparaison des coûts entre l'action de formation présentielle que vous réalisez et l'action de formation hybride que vous vous apprêtez à lancer.

À combien d'apprenants se situe le seuil de rentabilité de l'action hybride ?

Chapitre 5.2

Évolution - Prospectives

A. Introduction

Comment peut évoluer la formation étant donné le développement de nouveaux usages, de nouveaux outils, de nouvelles technologies ?

Nous sommes passés du e-learning au digital learning, terme plus général englobant les enseignements utilisant les technologies numériques.

B. Défis

Le digital learning propose beaucoup d'options supplémentaires dans la mise en œuvre de dispositifs hybrides mais doit répondre à d'importants défis.

De nouveaux outils apparaissent et les utilisateurs créent les usages associés. Ces outils sont utilisés dans la formation mais l'efficacité de la formation en est-elle accrue ?

Qu'en est-il exactement ? Quels enjeux le digital learning devra-t-il dépasser pour s'imposer ?

Si les technologies sont là, les solutions pédagogiques proposées restent encore bien souvent calquées sur les dispositifs présentiels, et sont finalement très peu innovantes : beaucoup de choses restent encore à inventer.

Enfin le défi est économique : la connaissance et l'information sont deux matières premières de plus en plus importantes, l'entreprise doit donc être prête à relever ce défi et investir dans des actions de formation formelle et informelle dont elle ne peut pas voir les bénéfices à court terme.

La formation informelle et l'utilisation des outils collaboratifs trouvent leur place dans des dispositifs de formation de plus en plus ouverts, de plus en plus communicants, de plus en plus collaboratifs.

On nous répète que l'apprenant est au centre du dispositif.

Mais quel apprenant ? Celui qui sait s'exprimer, communiquer bénéficiera sans aucun doute de cette ouverture, mais celui qui est moins préparé doit apprendre à apprendre et se trouvera retardé s'il n'entre pas dans le monde numérique.

L'accompagnement sera donc primordial dans des dispositifs où l'apprenant devient acteur de son parcours.

La tendance à l'industrialisation permet de raccourcir les délais et de réduire les coûts de production et de déploiement mais on peut se poser les questions suivantes :

- L'efficacité pédagogique du produit est-elle au rendez-vous ?
- Comment mobiliser les apprenants et assurer la performance de la formation ?
- Comment mesurer cette efficacité ?
- Comment construire plus de compétences et des compétences plus pointues encore et de façon plus rapide ?

L'innovation pédagogique devrait se trouver au centre des préoccupations de tous les acteurs, innovation servie par les technologies présentes et émergentes.

Comment répondre à tous ces challenges ?

Quelques pistes pour répondre à ce défi apparaissent peu à peu.

C. Tendance digital learning

Nous vous proposons ici un petit panorama des tendances actuelles et les visions prospectives du e-learning, qu'elles en soient aux prémisses où qu'elles soient solidement installées sur le marché.

1. E-éducation : une transformation en profondeur

Notre manière d'apprendre et d'enseigner se transforme en profondeur depuis une dizaine d'années, et cette transformation s'accentue encore aujourd'hui avec l'émergence de nouveaux modèles que sont les MOOC et/ou d'autres formations vidéos.

Les nouvelles technologies font tomber (ou pour le moins bouger) les frontières. Elles favorisent les dispositifs horizontaux, la mobilité et la collaboration. Ainsi l'enseignant et/ou le formateur n'est plus le seul « diffuseur de savoirs ». Il devient coach et apporte de la valeur ajoutée aux contenus que l'apprenant peut trouver en ligne.

Les dispositifs de formation sont véritablement centrés sur l'apprenant (et sur son implication et sa collaboration) aujourd'hui. Ils sont basés sur les 3C :

- Collaborer
- Communiquer
- Co-construire

Les entreprises et les institutions éducatives, en investissant dans l'e-learning, forment plus, forment mieux, plus rapidement et à un coût optimisé.

La demande de formation émanant des individus eux-mêmes est de plus en plus importante : ils ne s'adaptent plus seulement à une offre de formation mais sont en demande. Il est important d'écouter le client, de connaître ses besoins et d'y répondre.

Comment évolue le rôle de l'enseignant/du formateur ? Nous sommes passés de la transmission de savoirs et savoir-faire à l'échange : la valeur ajoutée d'une formation, d'un cours n'est plus le contenu transmis mais les échanges et la collaboration qui se créent autour du contenu disponible en ligne : un nouveau socle sur lequel l'apprenant s'enrichit personnellement et professionnellement. La compétence n'est plus le savoir en soit, mais la capacité à l'utiliser dans ces deux domaines.

L'avènement des technologies mobiles et des médias sociaux, par les opportunités et la facilite d'utilisation offertes, a rendu l'apprenant plus exigeant : il veut des réponses rapides, des formats courts, des outils prêts à l'emploi et conviviaux... La rapidité et la facilité d'accès aux apprentissages et aux échanges ont modifié les habitudes de « l'humain connecté ».

2. Tendances pédagogiques

Les tendances listées ci-dessous sont déjà largement installées sur le marché. Elles sont présentes dans la demande des entreprises et des institutions et également chez les prestataires de service e-learning.

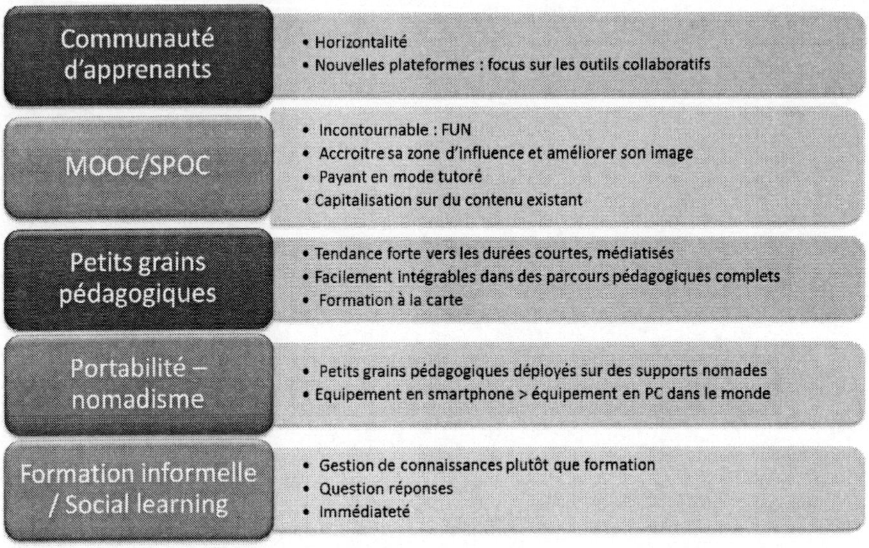

a. Communautés

L'e-learning est passé en quelques années d'un ensemble de dispositifs pédagogico-techniques calqués sur le mode présentiel, espace dans lequel la plateforme sert à diffuser du savoir en mode vertical, à des dispositifs centrés sur l'apprenant et son action, où la plateforme devient un lieu de rencontres, d'échanges et de production entre apprenants et également entre les membres d'un triumvirat composé d'apprenants, de formateurs et de tuteurs. Il ne faut pas se tromper. Il ne s'agit pas d'importer du présentiel et de le coller en e-learning. Ce sont de nouveaux dispositifs pédagogiques qu'il faut créer.

Le formateur riche en compétences transversales a changé de posture. Il intervient comme un guide, un tuteur, un coach et un co-constructeur avec les apprenants et dans l'apprentissage personnalisé de chacun, en créant et développant des débats et en favorisant les échanges. Il n'a plus à apporter le contenu depuis « son estrade » uniquement. Celui-ci reste disponible ailleurs.

Les plateformes « nouvelle génération » mettent le focus sur les outils collaboratifs et les fonctionnalités de réseaux sociaux. C'est là que les apprenants viennent pour :

- partager leurs connaissances,
- poser des questions et chercher des réponses auprès de leurs pairs,
- échanger et apprendre avec leurs enseignants,
- apporter des témoignages et des retours d'expérience qui viennent enrichir le contenu de la formation.

La formation se rapproche, à travers les outils collaboratifs mis en place, de la gestion de connaissances, à travers des plateformes de formation, qui sont poussées dans certaines entreprises pour capitaliser le savoir-faire des salariés et initier le dialogue intergénérationnel par exemple.

De même pour les enseignants, les plateformes « nouvelle génération » ont mis le focus sur les outils collaboratifs et les fonctionnalités de réseaux sociaux. C'est là que les enseignants viennent auprès de leurs pairs pour :

- partager leurs connaissances,
- échanger des compétences et des ressources,
- apporter des témoignages et des retours d'expériences qui viennent enrichir leurs compétences, leurs savoirs personnels et professionnelles, et le contenu de leurs formations.

b. MOOC et SPOC

L'offre de MOOC francophones s'élargit et de nouveaux modèles de MOOC apparaissent, plus sélectifs, dans des formats plus courts et payants (par abonnement ou à l'unité par grain pédagogique), répondant ainsi aux problèmes de disponibilité des apprenants sur de longs parcours proposés dans les MOOC actuels.

c. Petits grains pédagogiques

Les durées de formation se raccourcissent, souvent pour des problématiques de financement et de disponibilité des apprenants.

Les apprenants, et les entreprises acheteuses de digital learning, veulent des modules de plus en plus courts, médiatisés, ludiques, sous l'effet de l'impératif d'instantanéité favorisé par l'avènement des réseaux sociaux.

Nous sommes donc aujourd'hui dans un marché où les grains pédagogiques sont courts (5 à 10 minutes en moyenne) pour répondre :

- à la demande des apprenants.
- à des objectifs de rentabilisation du contenu : un grain pédagogique court peut facilement être intégré dans plusieurs parcours pédagogiques.
- à l'évolution des contenus en ligne en général : moins de texte, plus de visuels et de médias... (cf. : le succès des Khan Academy et autres sites de formation vidéo).
- à des demandes de formation « juste à temps» : « je me pose une question, j'ai un besoin de connaissances, je veux la réponse immédiatement... ».
- à de nouvelles habitudes d'apprendre et de se saisir de l'information/du savoir nées de l'internet et des TIC.

Toute offre e-learning en construction (ou en re-construction) doit impérativement tenir compte de ces tendances.

De plus la gamification générale des contenus en ligne est de plus en plus ancrée dans les habitudes des utilisateurs, de plus en plus issus de la génération Y qui arrive en masse sur le marché de l'emploi.

d. Portabilité et nomadisme - Mobile Learning

Les supports mobiles (smartphones et tablettes) sont (et seront) de plus en plus utilisés.

De plus, dans certains cas, ils permettent de pallier des problèmes de connexion et sont financièrement plus accessibles que des équipements PC Internet standards (pas ou peu de PC, réseau de distribution et d'accès d'électricité déficients, difficulté de connexion, problème de bande passante..).

La plupart des contenus en ligne aujourd'hui, y compris les contenus d'apprentissage, sont développés pour s'adapter à tous les supports fixes et mobiles.

Le signe de l'évolution vers l'internet nomade apparaît pour la première fois en 2012 : le nombre d'Apps (applications pour mobiles) publiées a été supérieur au nombre de sites web publiés.

La taille des écrans, surtout ceux des smartphones, ne permet pas véritablement un apprentissage confortable, ce manque de confort devra être compensé par des contenus :

- ludiques,
- fortement individualisés,
- actualisés en temps réel (parce que accessibles sur le cloud),
- accessible n'importe où et n'importe quand,
- proposant des vidéos, des podcast visualisables ou « écoutables » sur un temps très court.

<u>En résumé</u>

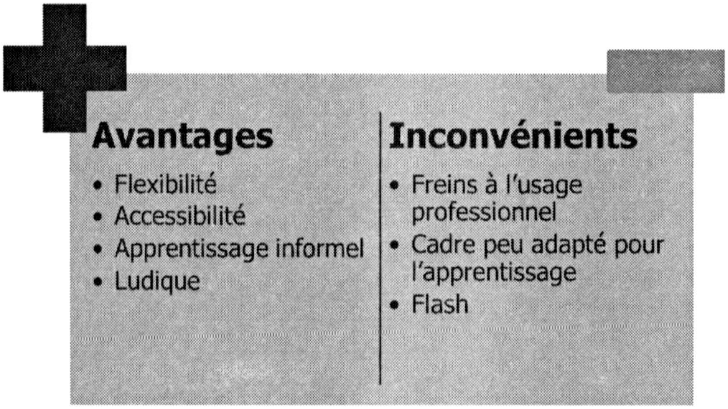

e. Le Social Learning

Les réseaux sociaux vont de pair avec une démarche de formation informelle et collaborative qui plus est.

Un réseau est le fruit d'un regroupement d'acteurs, liés entre eux par des relations informelles. Par contre, le réseau lie les individus par des intérêts communs qui sont le ciment de la relation.

On parle de Social Learning dès que les trois facteurs suivants sont réunis :

- Apprentissage : acquisition potentielle de savoirs et de savoir-faire.
- Collaboration : entre apprenants, entre apprenants et tuteurs, destinée à enrichir le contenu de cours.
- Communication : entre apprenants, entre apprenants et tuteurs.

La formation sort aujourd'hui du domaine réservé des départements de formation, et devient plus ouverte, plus collective, en mobilisant des ressources que l'on impliquera dans la co-construction de contenus de formation, d'informations et de partage de connaissances.

D. Futur proche

Les modalités à distance sont de plus en plus présentes dans les dispositifs de formation mais ne remplaceront pas le présentiel qui, seul, permet véritablement de fournir des échanges, l'esprit de réseau, les synergies entre les personnes. Nous pouvons imaginer qu'à terme, un juste équilibre sera trouvé entre présentiel et distantiel dans les entreprises et les institutions, lorsque l'innovation pédagogique aura fait son chemin et que les pédagogues se seront complétement appropriés les technologies mises à leur disposition.

Le digital learning continuera sans aucun doute à pallier les problèmes d'espace, à répondre à la problématique du volume d'apprenants, à répondre rapidement aux demandes de formations, à proposer des modalités d'apprentissage innovante mais laissera au présentiel ce qu'il fait de mieux : créer et maintenir le lien et la motivation.

1. Des objets d'apprentissage de plus en plus intelligents

Les tablettes et smartphones tels qu'ils nous sont proposés aujourd'hui, sont des technologies intermédiaires bientôt remplacées par des appareils qui obéiront à la voix et à la gestuelle et ainsi permettront une plus grande fluidité de communication Homme/Machine.

Cela ouvrira bien des perspectives en matière d'éducation/formation...

2. Des softs de plus en plus intelligents

a. Des jeux de plus en plus immersifs

Les serious games aujourd'hui sont encore peu nombreux dans les contenus de formation. Ils commencent cependant à se développer avec l'émergence des processus d'industrialisation qui rendent leur prix plus intéressants.

Cependant, l'apprentissage par simulation a depuis longtemps prouvé son efficacité, les jeux dans un avenir proche seront de plus en plus immersifs.

b. Des quiz de plus en plus intelligents

Les quiz intelligents que nous voyons émerger aujourd'hui, seront de plus en plus présents et optimiseront l'individualisation de l'apprentissage.

Ce type de quiz permet par exemple de poser des questions à l'apprenant en fonction de sa réponse aux questions précédentes. Un tel quiz en début de parcours permet de proposer à l'apprenant un parcours véritablement individualisé et qui répond à sa demande d'acquisition de compétences.

3. Mondes virtuels

Les plateformes de dernière génération qui émergent aujourd'hui embarquent l'apprenant dans des mondes virtuels où il se déplace dans des salles de cours, des ateliers où il peut travailler en groupe, dans des médiathèques, dans des endroits où il peut rencontrer ses pairs et tuteurs, échanger et travailler avec eux.

Ces plateformes aujourd'hui balbutiantes vont envahir le marché car :

- elles répondent à une attente,
- les technologies sont matures,
- l'offre de contenu et les formats proposés le permettent.

Ce qui n'était pas le cas des projets de formation déployés sur Second Life, le monde virtuel en vogue il y a quelques années.

4. Capital formation

La récente mise en place en France du compte individuel de formation attaché à une personne tout au long de sa vie, va favoriser la recherche de formations certifiantes et diplômantes, qui viendront ajouter de la valeur au CV des apprenants.

Nous sommes véritablement entrés aujourd'hui dans une ère où la personne va pouvoir se former tout au long de sa vie et apporter la preuve de ses acquisitions de savoir et de compétences.

5. Réalité augmentée et objets connectés

Nous pouvons aisément imaginer que l'offre de formation rejoindra la palette de services disponibles à travers les objets connectés, Google Glass et autres montres Samsung.

Ces objets, à terme, seront capables de proposer à l'apprenant une formation qui répondra aux questions qu'il se pose en temps réel, cela en fonction de sa géolocalisation.

Les TIC ont révolutionné le secteur de la formation. Aujourd'hui, le digital learning a beaucoup de défis à relever, dont celui, primordial, de la qualité pédagogique et de la prise en compte de la formation informelle dans les processus d'apprentissage, mais est entré dans tous les dispositifs et actions de formation.

Les outils du web 2.0 ont créé de nouveaux usages et ont entraîné de profonds bouleversements dans les processus de formation et dans les fonctions de formateur et de tuteur.

Nous vous avons exposé, tout au long de cet ouvrage, les différentes étapes de réalisation d'un projet digital learning.

Aujourd'hui, de nouvelles approches émergent, de nouveaux outils, de nouveaux concepts qui permettront d'enrichir l'apprentissage en ligne, qui permettront également des convergences entre des domaines qui logiquement se rapprochent comme la formation et la gestion des compétences.

La technologie est là et elle aura toujours de l'avance. La formation à distance n'exploite pas aujourd'hui toutes les technologies disponibles. Beaucoup de choses restent à inventer pédagogiquement dans un monde ou la mutation numérique s'accélère dans tous les domaines (privés et professionnel).

Ce qui est primordial aujourd'hui, c'est que tout le monde apprenne à apprendre, et surtout ceux qui sont le moins préparés, au niveau technologique ou culturel. Sinon ce qu'apporte les technologies dans les processus d'apprentissage ne fera que creuser l'écart existant entre ceux qui savent les utiliser, ceux qui savent chercher et produire de l'information, et ceux qui ne savent pas, qui ne sont ni prêts ni préparés. Et la fameuse « fracture numérique » ne fera que s'accroître.

L'information et la connaissance sont les armes de la performance, pour les entreprises et pour les personnes, il y a donc un accompagnement au changement nécessaire.

Les entreprises doivent accroître leur agilité par rapport à la formation même si le retour sur investissement à court terme n'est pas perceptible, et mettre l'accent sur le capital humain. La souplesse dans l'acte d'apprentissage devient un indicateur de performance de l'organisation. Le capital intellectuel constitue la valeur d'échange dans l'économie de la connaissance. Ceux qui produisent et diffusent de la valeur sont récompensés, encore plus qu'avant.

La fonction formation est en train de devenir plus stratégique et centrée sur la performance.

À terme un équilibre sera trouvé entre présentiel et distanciel et l'innovation pédagogique sera au rendez-vous, lorsque enseignants, apprenants, managers se seront appropriés non seulement les technologies mais également la posture qui permet de toujours chercher à proposer mieux avec des outils innovants qui émergent quotidiennement dans notre environnement.

Atelier 1

A. Introduction

Ci-après vous trouverez le premier « atelier » qui vous propose une mise en situation concrète.

Vous allez endosser le rôle d'un coordinateur de projet e-learning.

B. Mise en situation

Vous êtes formateur dans une entreprise qui décide de passer au blended learning.

Votre responsable hiérarchique connaît vos compétences et votre goût pour les TIC et a décidé de vous impliquer fortement dans ce projet, il vous donne la responsabilité opérationnelle de ce projet.

Vous avez 150 personnes à former sur un module de formation à un nouveau produit lancé par votre entreprise, ce type de formation est pour l'instant réalisé en présentiel.

Vous devez composer le mix, choisir la solution technique, piloter la conception d'un module test, intégrer une classe virtuelle et lancer le pilote.

Comme votre entreprise démarre dans l'e-learning, aucun LMS n'est installé, tout est à faire.

C. Chapitre Cadrer le projet

1. ÉTUDE DE CAS

a. Données

Votre entreprise lance un nouveau produit et souhaite que les commerciaux soient formés à ce produit très rapidement pour prendre de vitesse la concurrence.

La formation à un nouveau produit est habituellement dispensée en une journée en face à face.

Vous avez une équipe de trois formateurs dont un qui a déjà pratiqué le tutorat chez un employeur précédent.

Vous n'avez pas de ressources techniques.

Il n'y a pas de comité de pilotage.

L'objectif général de la formation fixé par la Direction est que les commerciaux sachent vendre ce nouveau produit.

Aucune plateforme n'est installée.

Les apprenants utilisent les TIC de façon professionnelle et sont dispersés géographiquement en Europe.

b. Instructions

Votre responsable vous demande de l'accompagner à une réunion de sensibilisation au e-learning dans laquelle toutes les directions de l'entreprise seront représentées.

Votre responsable vous demande également de préparer le cadre du futur dispositif de formation à distance.

Vous devez proposer un cadre de travail au projet pour tous les acteurs qui y seront impliqués : définir un planning, des objectifs, une organisation projet, déterminer les résultats attendus.

Vous préparez une réunion de présentation dans laquelle vous allez défendre le choix du blended learning.

Avec les données dont vous disposez, définissez le périmètre du projet, préparez la note de cadrage pour ce projet.

2. RÉPONSE PROPOSÉE

a. Réunion de présentation

Pour la réunion de sensibilisation au e-learning, vous préparez les arguments suivants :

- L'entreprise est une multinationale : les apprenants sont dispersés, le digital learning permet un déploiement plus rapide de la formation.
- L'entreprise, pour des raisons de pression concurrentielle, a une contrainte de temps. L'e-learning permettra de gagner du temps.
- La cible de la formation prévue est constituée par des commerciaux, mobiles et autonomes, et utilisateurs professionnels des TIC : l'e-learning ne les déstabilisera pas.
- Grâce au digital learning, la durée de la formation pourra être réduite : on pourra passer d'un jour à deux ou trois heures.

- Coût de la formation : le coût de développement initial est plus important, mais l'entreprise gagnera sur les frais de déplacement et d'hébergement des apprenants disséminés dans le monde.
- Il est important pour l'entreprise d'investir dans la formation formelle et informelle, et d'investir sur son capital humain, la maîtrise de l'information et de la connaissance permettent d'être mieux placé par rapport à la concurrence.

b. Éléments pour la note de cadrage

Public

Vos futurs apprenants utilisent les TIC et dispose d'un équipement informatique disparate et nomade. Afin qu'ils soient impliqués dans la démarche, vous proposez d'organiser une réunion d'information en amont du démarrage du projet, réunissant tous les intervenants et décideurs.

Entreprise

L'entreprise démarre dans l'e-learning. Vous proposez une démarche de gestion de projet rigoureuse avec des étapes bien identifiées, une démarche d'évaluation pour tester ce premier projet et permettre un recadrage éventuel.

Objectif du projet

L'objectif de l'entreprise est clair : gagner du temps par rapport au lancement de ce nouveau produit par rapport à ses concurrents.

Résultats attendus

Former 150 personnes au nouveau produit en un temps record.

Initier une modernisation de la politique de formation de l'entreprise.

Organisation projet

- Nomination d'un comité de pilotage,
- Préparer un planning avec des étapes et des livrables clairs,
- Proposer un processus de validation afin de limiter les risques.

D. Chapitre Composer l'hybridation

1. ÉTUDE DE CAS

a. Données

Vous avez peu de budget, un délai court de trois mois pour tout lancer et vous devez mettre en place un dispositif blended.

On vous demande d'utiliser le plus possible les ressources en interne.

On vous a demandé également de proposer une classe virtuelle dans le dispositif.

b. Instructions

Vous devez composer un mix intégrant présentiel, distantiel, outils de web 2.0 et accompagnement.

Le DRH vous donne trois mois pour réaliser le pilote et vous demande de lui proposer une démarche.

Que lui proposez-vous ? Comment composez-vous le mix ?

2. RÉPONSE PROPOSÉE

Blended learning : vous proposez d'intégrer dans la solution un regroupement virtuel sous forme de conférence, de séminaire virtuel. Le directeur commercial peut être impliqué dans cette action : cela permettra de capitaliser sur la formation, de favoriser les échanges entre apprenants.

Accompagnement : vous proposez la mise en place d'un tutorat à distance via des outils synchrones le temps de la formation, et un support technico-pédagogique sur le produit concerné. Ainsi les apprenants seront soutenus dans leur démarche de commercialisation du nouveau produit.

Vous proposez également la mise en place d'un outil collaboratif sous la forme de wiki, dans lequel les commerciaux pourront trouver d'autres informations (par exemple un supplément d'informations sur le produit, ou le résultat des tests « produit »), ou bien les premiers résultats des ventes), et dans lequel ils pourront également échanger sur leurs premières expériences de vente.

Afin de renforcer la formation, et parce que les apprenants sont peu nombreux, vous proposez l'organisation de classe virtuelle en fin de parcours, d'autant plus que vous avez une ressource en interne qui peut animer ces classes.

Vous pensez également à la réalisation de podcast que les apprenants pourraient écouter en mode déconnecté, dont le contenu pourrait être fourni par des commerciaux seniors sur leur pratique professionnelle par rapport au lancement de nouveaux produits.

La partie présentielle aura lieu en début de parcours, puisque les apprenants seront tous réunis en séminaire, la parcours pourrait leur être présenté, de même que la plateforme et les objectifs de la formation.

Ainsi la chronologie du parcours pourrait être la suivante :

- Regroupement présentiel en début de formation animé par la Direction Commerciale de l'entreprise.
- Accès au module à distance.
- Évaluation en fin de module.
- Accès aux podcast pendant le parcours à la discrétion des apprenants,

- Classe virtuelle en fin de parcours.
- Participation au wiki mis en place pendant et après le parcours.
- Accompagnement technico-pédagogique pendant la session.

E. Chapitre Gérer le projet

1. ÉTUDE DE CAS

a. Données

Vous disposez de ressources pédagogiques, mais pas assez.

Vous n'avez pas de ressources techniques.

Il n'y a pas de comité de pilotage.

Vous avez un délai très court.

b. Instructions

Préparez la rédaction du cahier des charges, indiquez les éléments économiques, organisationnels, pédagogiques, techniques.

Quelles sont les étapes de votre projet ?

Quels en sont les livrables ?

Quels sont les acteurs de votre projet ?

2. RÉPONSE PROPOSÉE

Vous préparez un plan de communication, vous organisez ainsi une première réunion pour expliquer la démarche à la direction de l'entreprise, aux ressources qui seront impliqués et aux formateurs.

a. Acteurs

- Vous êtes chef de projet, chargé du pilotage et de la coordination : garant de la qualité, chargé de concevoir/faire valider le cahier des charges et de faire valider les différentes étapes par le comité de pilotage.
- Vous proposez la nomination d'un comité de pilotage incluant une personne du marketing, du service informatique et du service formation.
- Équipe interne : vous et les formateurs qui recevront une formation de conception e-learning, pour concevoir ensuite le produit à partir du contenu fourni par le département marketing.
- Équipe externe : prestataire multimédia spécialisé dans l'e-learning travaillant à partir du story board que vous allez concevoir.

- En interne dans le département informatique, vous disposez d'un administrateur de la plateforme qui sera chargé de l'implémentation de la solution technique et du support technique.

b. Étapes

Les étapes projet seront les suivantes :

- Réunion d'information générale.
- Phase de conception terminée par la livraison du cahier des charges, réalisée par l'équipe interne et le chef de projet.
- Validation du cahier des charges par le comité de pilotage.
- Mise en œuvre de la solution technique (plateforme).
- Conception réalisation du module.
- Mise en place des outils d'accompagnement.
- Formation des formateurs/tuteurs.
- Lancement du pilote.
- Évaluation du dispositif.

c. Éléments du cahier des charges

aspects organisationnels

- Réunion d'information initiale
- Plan de communication
- Mise en place d'un comité de pilotage
- Temps dédié dégagé pour l'apprentissage
- Accompagnement mis en place
- Modules : plan, durée, cibles, modalités
- Mise en place d'un support technique et pédagogique
- Sélection d'utilisateurs test

aspects pédagogiques

- Regroupement présentiel en début de formation animé par la direction commerciale de l'entreprise.
- Accès au module à distance, et nécessité de suivi de l'historique.
- Évaluation en fin de module.
- Accès aux podcast pendant le parcours à la discrétion des apprenants.
- Classe virtuelle en fin de parcours.
- Participation au wiki mis en place pendant le parcours.
- Accompagnement technico-pédagogique pendant la session de formation: à travers le mail, le chat éventuellement.

<u>aspects économiques</u>

Utilisation de ressources internes pour la partie pédagogique et externe pour la partie réalisation du module.

<u>aspects techniques</u>

Sélection et installation d'une plateforme s'intégrant dans les choix actuels de la DSI.

Solutions d'hébergement à évaluer.

F. Chapitre Choisir le LMS

1. ÉTUDE DE CAS

a. Données

Votre entreprise n'a pas de LMS. Une plateforme sera nécessaire pour déployer le module à concevoir, mettre en place les outils d'accompagnement et suivre les apprenants car tel est le souhait de la direction.

b. Instructions

Votre responsable hiérarchique vous a demandé de choisir un LMS. Tout le SI de l'entreprise est basé sur l'open source. Vous vous orientez donc vers ce type de sélection.

Vous devez choisir le LMS le mieux adapté à votre besoin et déterminer la solution d'hébergement qui vous semble la meilleure.

Votre DSI souhaite héberger le LMS en interne, vous préparez une argumentation pour le modèle SaaS qui vous paraît le plus judicieux.

2. RÉPONSE PROPOSÉE

a. LMS

Vous vous orientez donc vers les plateformes open source que vous connaissez déjà un peu.

Vous listez, comme vous l'avez vu dans le chapitre Utiliser une plateforme, les fonctionnalités LMS nécessaires à votre projet.

Vous sélectionnez finalement Chamilo qui possède l'avantage de proposer un réseau social et une interface graphique que vous trouvez sobre et agréable à utiliser.

En effet, vous voulez intégrer un réseau social, pour pouvoir favoriser la mise en place d'une communauté d'apprenants et ainsi resserrer le lien entre les commerciaux de l'entreprise dispersés dans le monde.

b. Hébergement

Vous défendez auprès du comité de pilotage la solution SaaS qui :

- est moins chère,
- permet de tester une solution avant un déploiement à plus grande échelle,
- permet d'économiser les ressources informatiques internes que vous savez peu disponibles (vous ne disposez que d'une ressource pour gérer la plateforme).

G. Chapitre Utiliser une plateforme

1. ÉTUDE DE CAS

a. Données

Vous avez opté pour la plateforme Chamilo.

b. Instructions

Pour le prochain Copil, vous devez montrer à vos collègues les différents rôles proposés par le LMS, pour l'instant cela est un peu confus pour eux.

Ils ne comprennent pas ce que peut faire un apprenant, un tuteur, un formateur, un administrateur sur un LMS...

2. RÉPONSE PROPOSÉE

Vous organisez un atelier réunissant les différents acteurs du projet et vous les amenez sur le campus virtuel de Chamilo.

Vous commencez par leur montrer comment créer des cours.

Vous visualisez l'écran suivant :

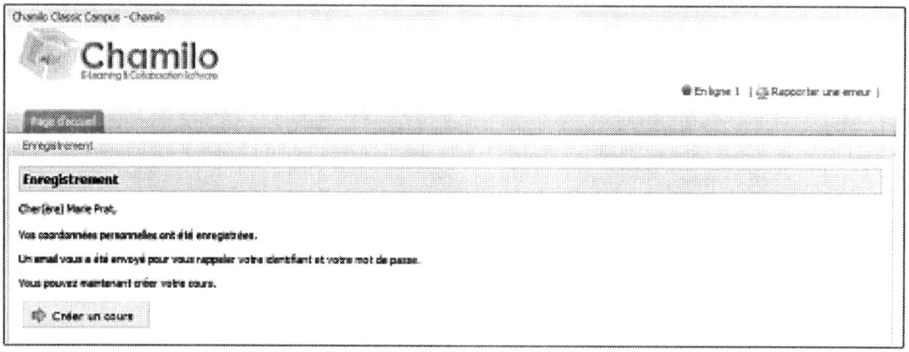

✎ Cliquez sur le lien **Créer un cours**.

✎ Renseignez le nom du cours (**Informatique**), la catégorie ((IT) **Information Technology**).

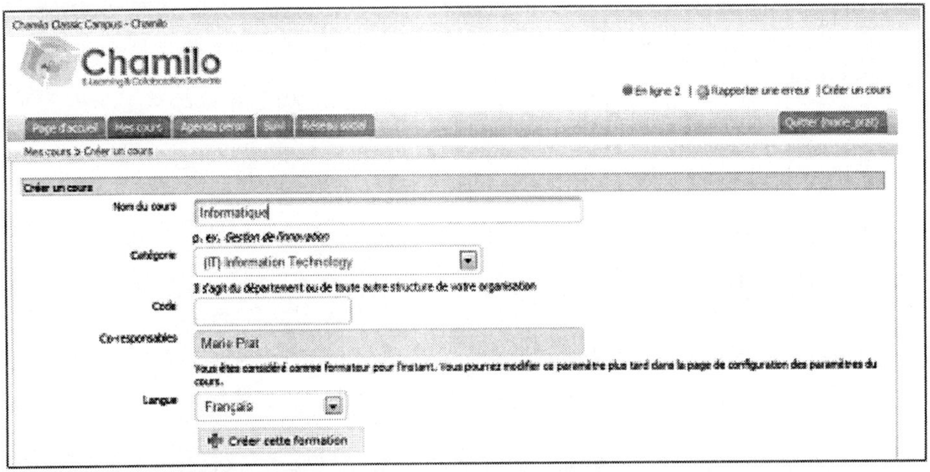

✎ Cliquez sur le lien **Créer ce cours**.

Patientez quelques secondes le temps que votre cours soit créé.

✎ Cliquez alors sur le nom du cours pour accéder à la page d'accueil du cours.

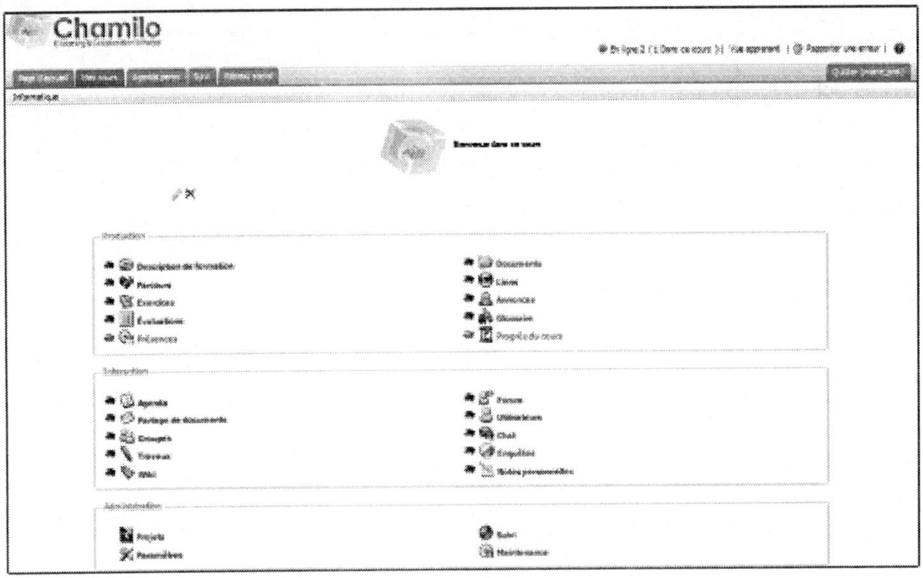

✎ Vous en profitez pour présenter rapidement les outils thématiques de Chamilo.

La catégorie **Production** permet de donner des méta-informations concernant le cours créé, créer des parcours, réaliser ds exercices, des évaluations, déposer des documents, proposer des liens, effectuer des annonces d'évènements, créer un glossaire...

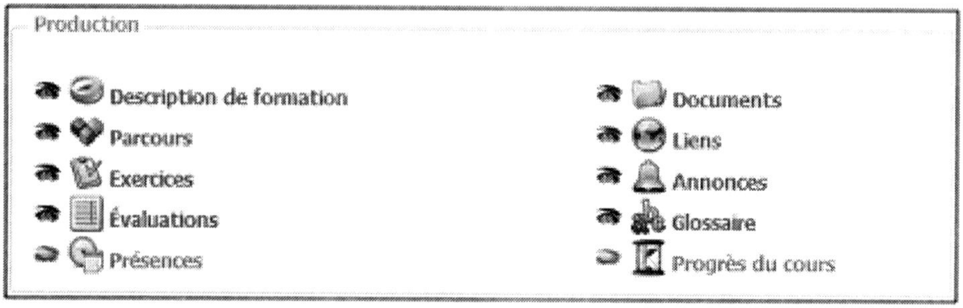

La catégorie **Interaction** permet de gérer les groupes d'apprenants, utiliser les outils de partage et de communication, gérer les agendas et l'espace travaux...

La catégorie **Administration** est utilisée pour assurer le suivi pédagogique, paramétrer votre interface...

L'étape suivante consiste à décrire un cours et créer un parcours.

✎ Cliquez sur le bouton **Description du cours**.

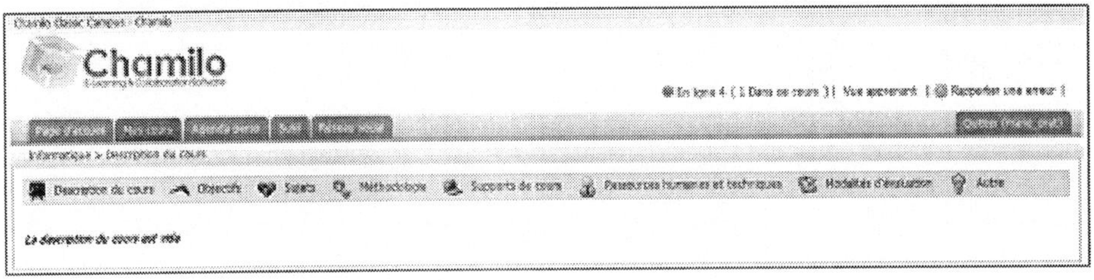

✎ Cliquez sur **Description du cours** et répondez à la question posée dans la zone bleue, cela vous aidera à compléter les informations demandées.

✎ Précisez le titre du cours : **Initiation Informatique 1**.

✎ Renseignez le champ **Description** comme indiqué sur l'écran.

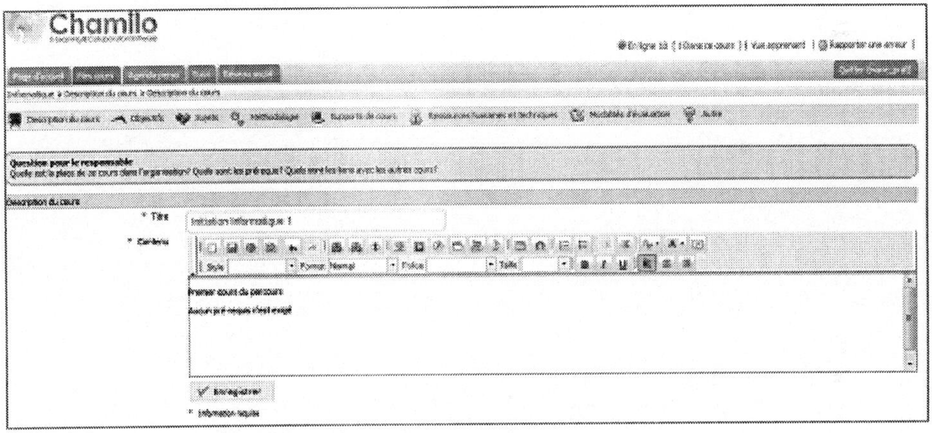

✎ Validez en cliquant sur le bouton **Enregistrer**.

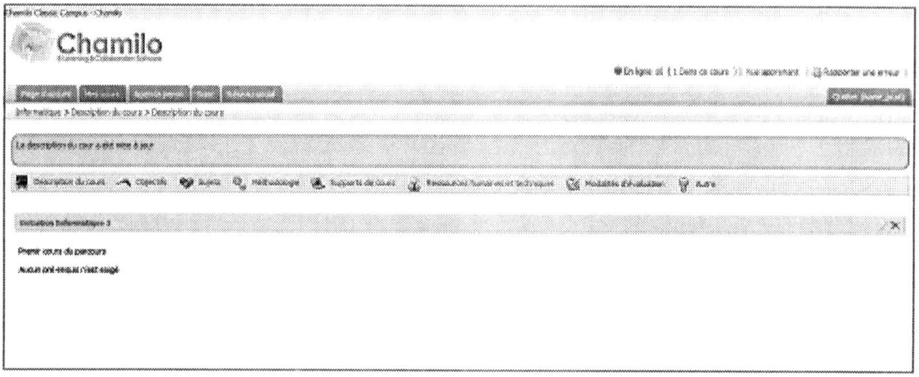

La description du cours indiquée apparaît maintenant sur l'écran du cours. Vous pouvez continuer à renseigner ce cours.

✎ Cliquez sur le bouton **Objectifs**.

✎ Renseignez le champ **Titre** : **Connaître le fonctionnement d'un ordinateur** et le champ **Contenu**.

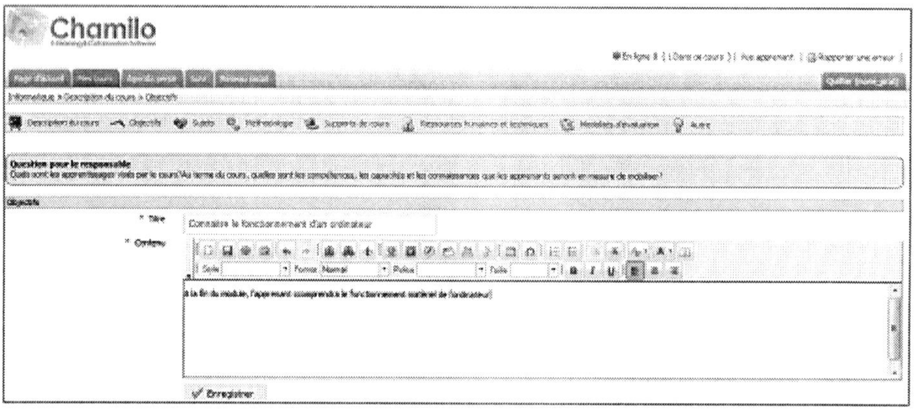

✎ Validez en cliquant sur le bouton **Enregistrer**.

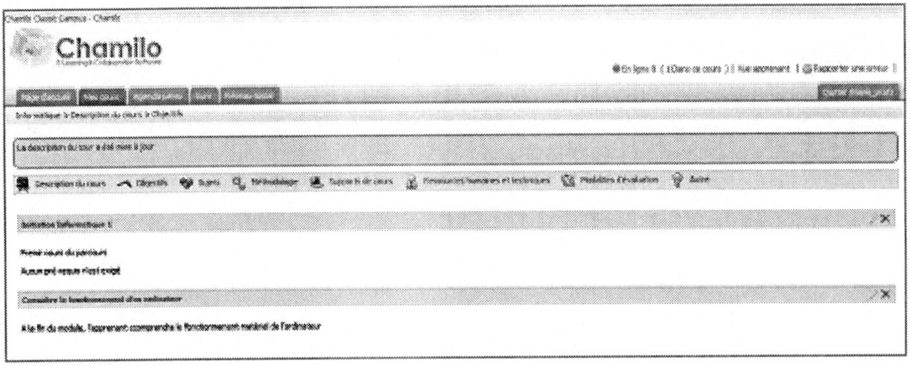

Ces informations apparaissent sur l'écran de description du cours.

Vous montrerez ensuite comment créer un parcours.

✎ Pour revenir à la page d'accueil du cours et continuer la démarche de création, cliquez sur le lien **Informatique** en haut de l'écran.

✎ Dans la page d'accueil du cours, cliquez sur le bouton **Créer un parcours**.

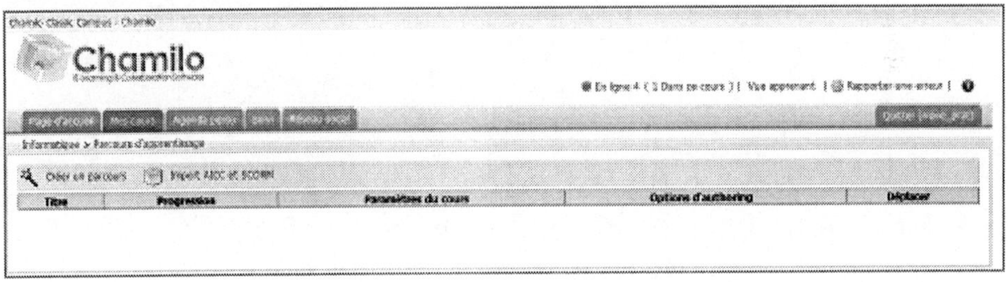

✎ Dans cet écran, nommez le parcours, par exemple **Initiation informatique niveau 1**.

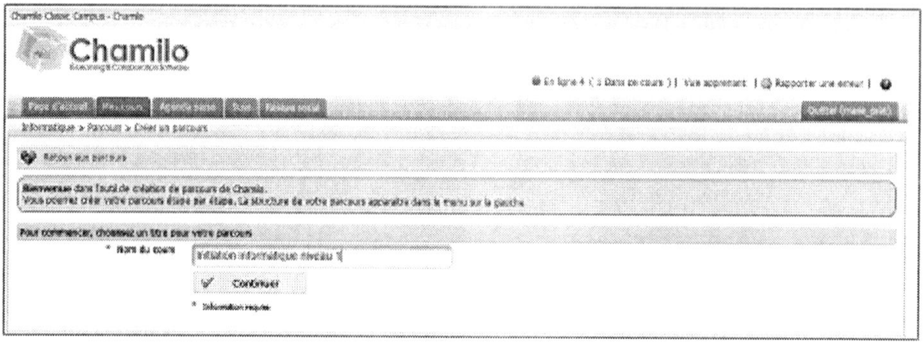

✎ Validez en cliquant sur **Continuer**. Vous pouvez ensuite créer votre parcours étape par étape :

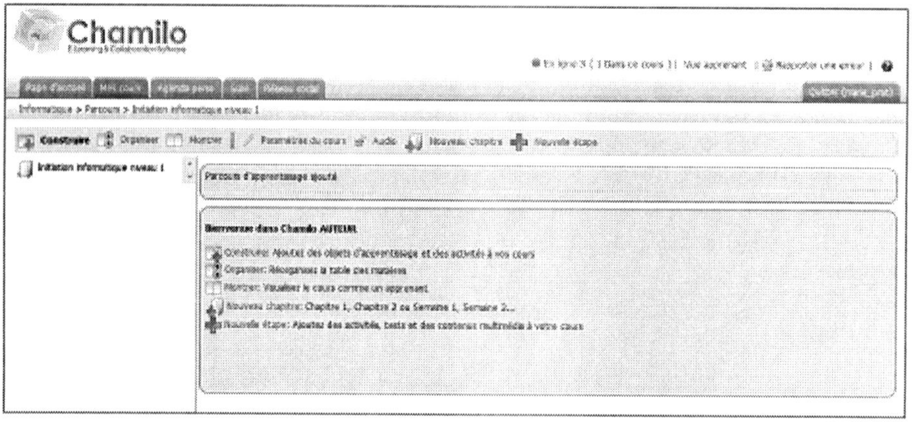

Le sommaire du parcours apparaît sur la gauche, vous y verrez également la hiérarchie/arborescence au fur et à mesure de la construction du parcours :

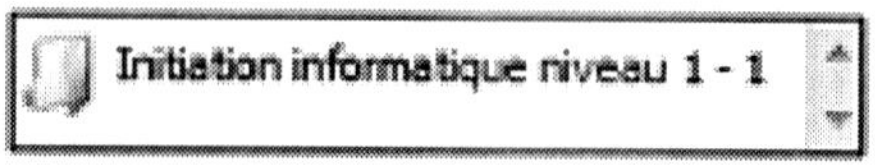

Vous passez ensuite côté apprenant.

✎ Retournez à la page d'accueil du cours.

✎ Cliquez sur le bouton **Vue Apprenant**.

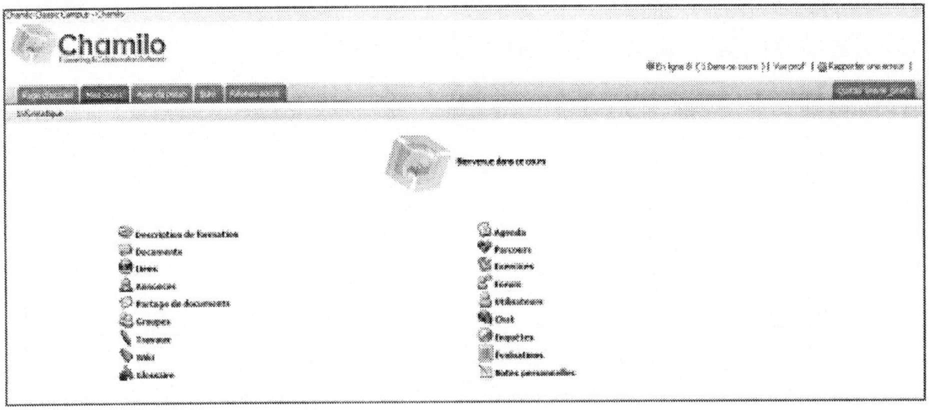

Vous êtes maintenant considéré comme un apprenant par la plateforme et vous avez accès aux outils choisis par le créateur du cours.

✎ Cliquez sur l'onglet **Suivi** pour visualiser les informations de votre historique sur le LMS.

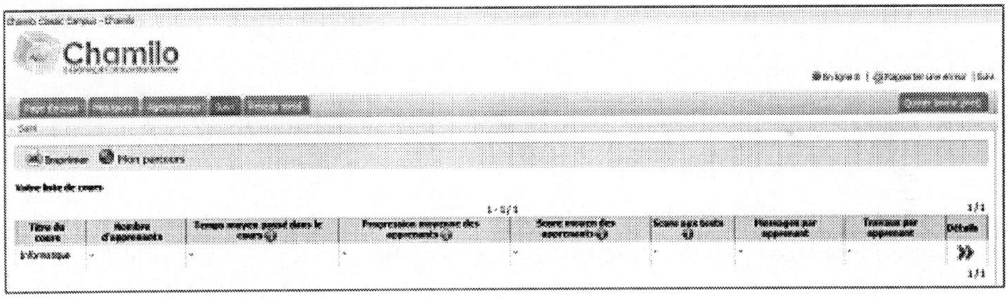

✎ Cliquez sur le lien **Parcours** pour visualiser les informations de votre historique sur le parcours actif.

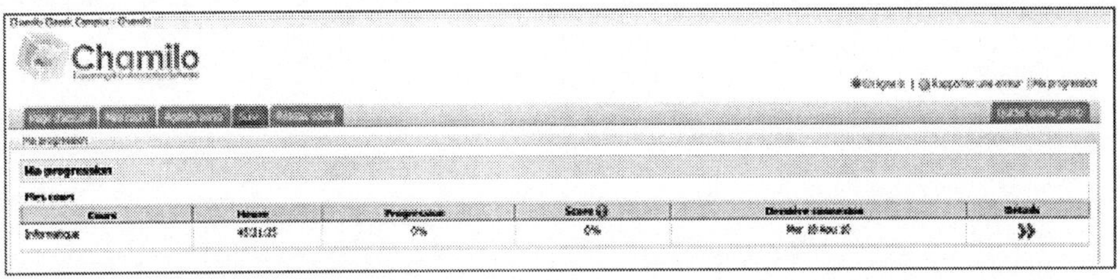

✎ Cliquez sur l'onglet **Agenda perso** pour visualiser votre agenda privé. Sur cet agenda, pourront être programmés par votre tuteur ou formateur, des classes virtuelles, ou autres évènements ponctuels ou récurrents.

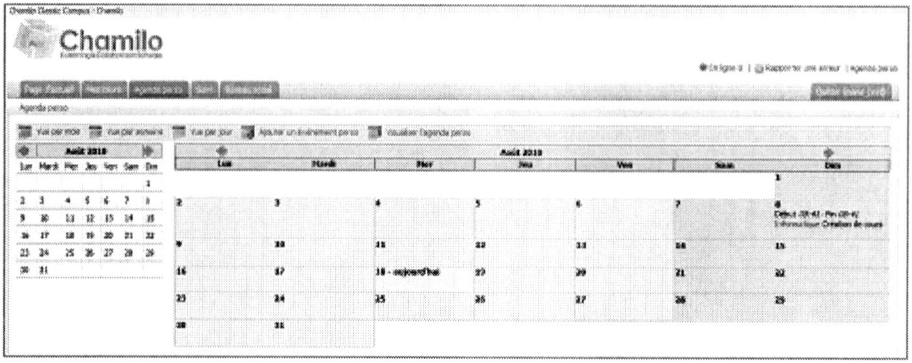

Vous vous mettez ensuite à la place du tuteur.

C'est la catégorie **Interaction** qui va l'intéresser puisqu'elle permet de gérer les groupes d'apprenants, utiliser les outils de partage et de communication, gérer les agendas et l'espace travaux...

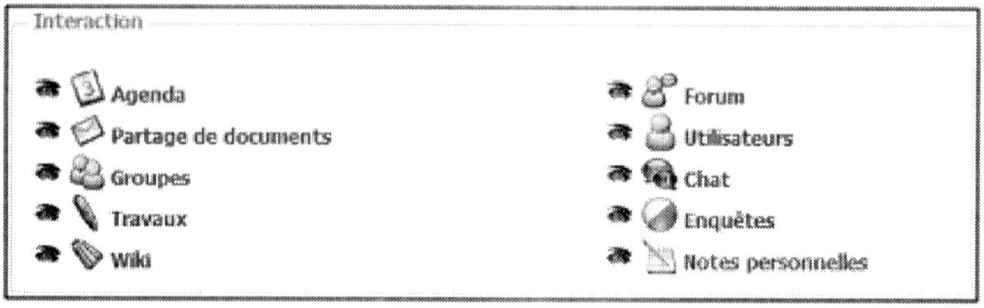

✎ Cliquez sur le bouton **Wiki**, pour présenter comment créer facilement un wiki qui pourra être utilisé par les apprenants pour enrichir le cours, par exemple.

✎ À partir de la page d'accueil, cliquez sur le bouton **Agenda** et montrez qu'il est possible d'inscrire des apprenants à des évènements, ils recevront ainsi un mail d'invitation envoyé via la plateforme.

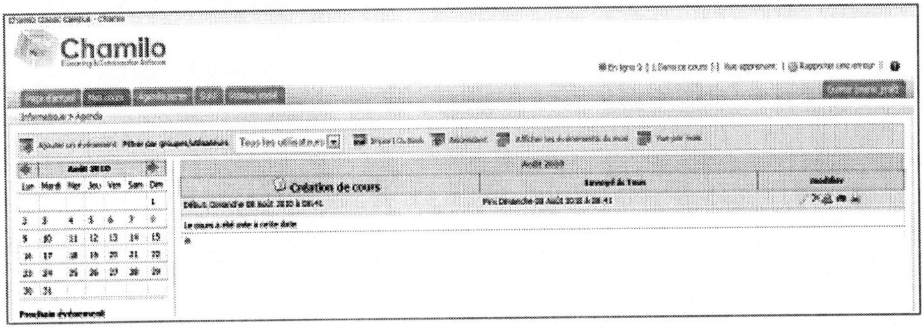

✎ À partir de la page d'accueil, cliquez sur le bouton **Utilisateurs**.

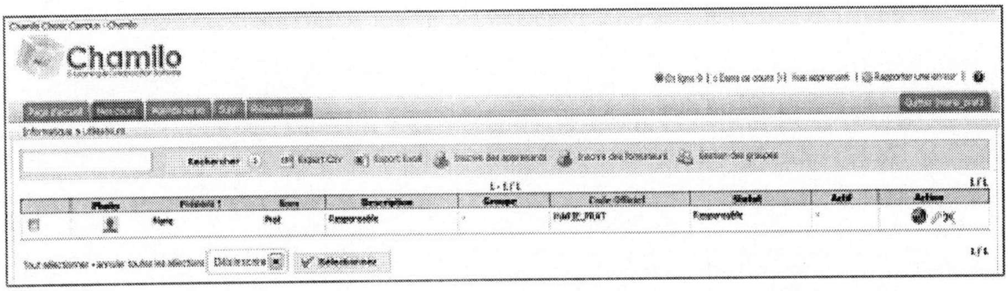

✎ Utilisez le bouton **Inscrire des apprenants** pour effectuer quelques inscriptions ; ces apprenants recevront un mail d'inscription leur donnant accès au cours prévu.

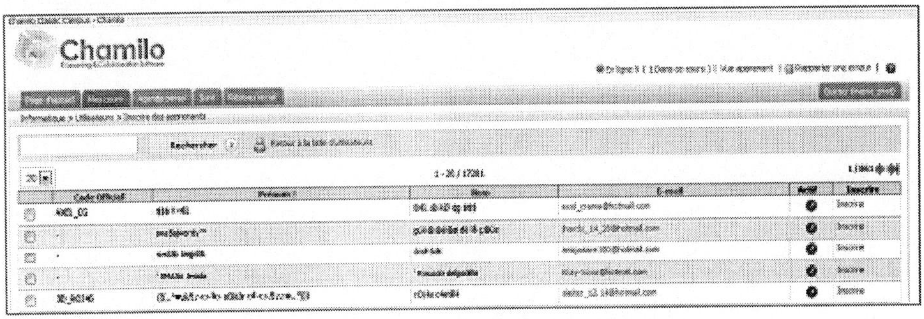

Et enfin, vous montrerez un aperçu du rôle de l'administrateur.

✎ Revenez à la page d'accueil du cours en tant que responsable de cours.

La catégorie **Administration** permet d'accéder aux fonctions d'administration du cours :

✎ À partir de la page d'accueil, cliquez sur le bouton **Paramètres** de la catégorie **Administration** afin de retrouver les paramètres généraux du cours :

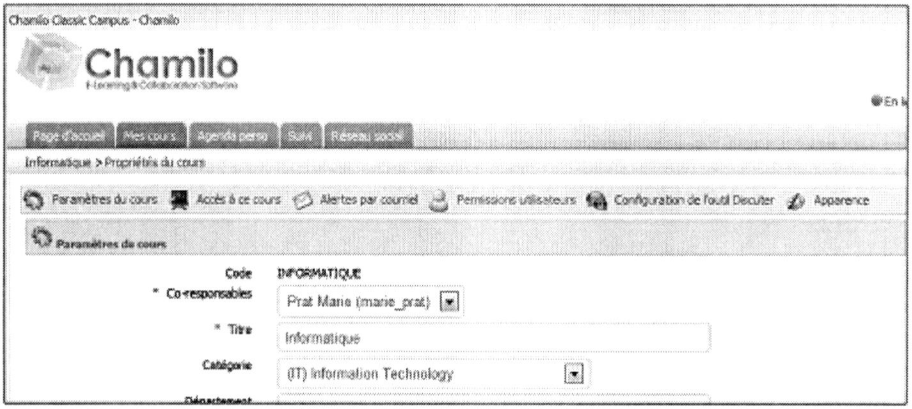

Vous pouvez gérer les accès au cours, les permissions utilisateurs...

✎ À partir de la page d'accueil, cliquez sur le bouton **Suivi**.

Vous pouvez alerter les apprenants qui sont inactifs, voir le suivi du cours, voir le suivi de l'utilisation des ressources...

À partir de la page d'accueil, cliquez sur le lien **Maintenance**.

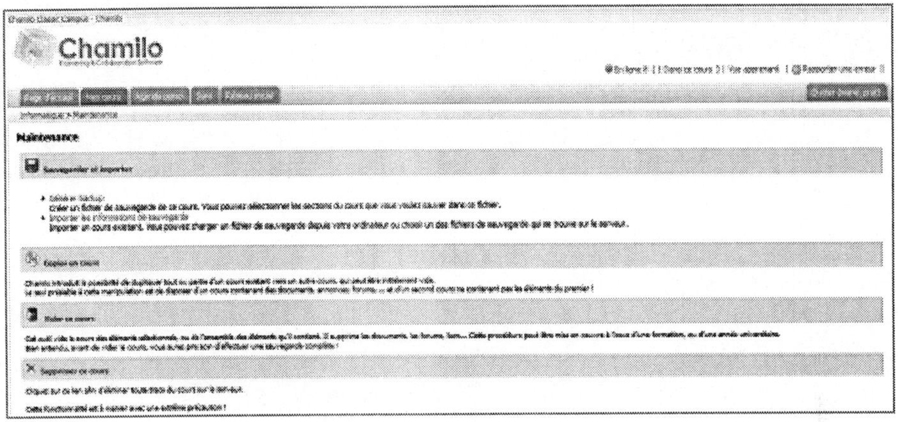

Vous pouvez ici sauvegarder, copier, vider un cours....

H. Chapitre Respecter les standards

1. ÉTUDE DE CAS

a. Données

Vous insistez auprès de votre DRH sur la nécessité d'intégrer les normes dans le futur module.

Il ne comprend pas pourquoi.

b. Instructions

Votre DRH vous demande à quoi servent exactement les standards du e-learning.

Expliquez-lui en deux ou trois phrases clés pourquoi le respect des standards e-learning est recommandé et préférable dans tout projet e-learning.

2. RÉPONSE PROPOSÉE

Vous expliquez à votre responsable que la standardisation des modules e-learning est nécessaire afin de rendre les contenus réutilisables dans un autre environnement pédagogique ou/et technique. Cela permet à terme d'économiser du temps et de l'argent lorsqu'on souhaite utiliser à nouveau le même contenu.

En effet, une fois normés, les contenus sont transférables facilement d'une plateforme à l'autre, pour peu que les plateformes LMS respectent elles aussi les normes.

I. Chapitre Choisir les contenus pédagogiques

1. ÉTUDE DE CAS

a. Données

Vous connaissez vos apprenants : utilisateurs avertis des TIC, autonomes, parlant couramment l'anglais, dispersés dans le monde entier, friands d'échanges entre pairs et d'avis d'experts.

Vous connaissez l'objectif de l'action de formation : les commerciaux doivent savoir vendre le produit.

Vous savez d'autre part que les commerciaux seront réunis en séminaire un peu avant le début de la formation.

Vous savez également que vous avez un budget serré et peu de temps pour lancer le projet.

b. Instructions

Définissez le type de contenus que vous allez utiliser dans le futur module.

Pensez aux approches pédagogiques que vous allez proposer et au rôle du multimédia dans le module.

Présentez le résultat de vos réflexions.

2. RÉPONSE PROPOSÉE

a. Type de contenu

Pour répondre à la demande exprimée, et respecter les contraintes en terme de délai, budget, ressources, vous intégrerez dans votre dispositif les types de contenus ci-dessous :

- Module de rapid learning
- Podcast
- Classe virtuelle
- Wiki

b. Approches pédagogiques

Les apprenants sont autonomes, maîtrisent les TIC et il s'agit d'une formation produit, sans véritable nécessité de progression pédagogique. Vous proposez l'approche suivante.

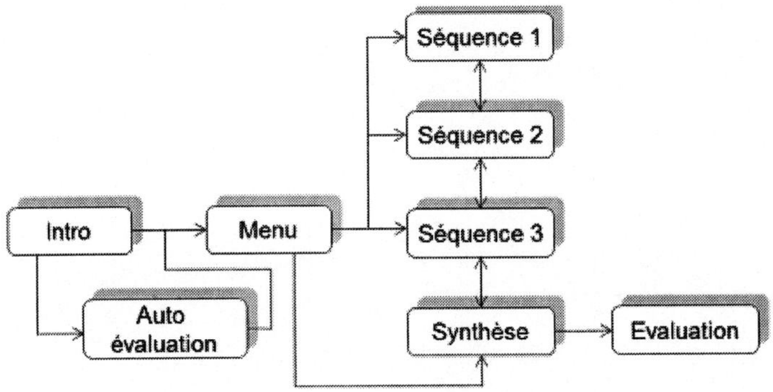

Après le passage obligé par l'introduction au module, les apprenants s'auto-évaluent puis un parcours leur est proposé en fonction des résultats aux tests. La navigation est ensuite libre.

Les apprenants s'organisent eux-mêmes à partir des conseils de parcours proposés.

c. Utilisation du multimédia

Vous envisagez d'intégrer des éléments multimédia pour enrichir le contenu, mais pas trop : en effet, les commerciaux utiliseront essentiellement leur PC portable ou leur tablette pour suivre cet enseignement, et les configurations matérielles et logicielles de ces ordinateurs ne sont ni homogènes ni très récentes.

J. Chapitre Concevoir un module

1. ÉTUDE DE CAS

a. Données

Vous connaissez vos apprenants, vous avez l'objectif général de l'action de formation.

Vous avez d'autre part déterminé le type de contenus que vous allez proposer.

b. Instructions

Vous allez réaliser le premier travail d'ingénierie pédagogique du futur module.

Déterminer l'objectif principal du module et proposez des objectifs spécifiques.

Préparez la note de cadrage du module, premier élément servant à concevoir le story board.

Réfléchissez également sur les activités pédagogiques que vous allez proposer aux apprenants.

Quelle est l'équipe que vous allez mettre en place pour travailler sur la conception réalisation de ce module ?

2. RÉPONSE PROPOSÉE

Objectifs pédagogiques

Objectif principal : savoir vendre le nouveau produit.

Objectifs spécifiques :

- connaître le produit : points forts, points faibles...
- connaître l'argumentaire produit.

Éléments pour note de cadrage et scénario d'apprentissage

- Modules réalisés en anglais
- Modules rapid learning
- Module de deux séquences de 30 minutes maximum chacune

Scénario d'apprentissage

Ainsi le scénario d'apprentissage proposé se dessine de la façon suivante :

- séminaire d'information,
- introduction vidéo,
- page d'introduction présentant les objectifs, le mode d'emploi...
- séquence 1 : Connaissance du produit : texte, images, animations, synthèse avec points forts points faibles,
- évaluation : QCM,
- séquence 2 : Argumentaire de vente : interactivité,
- évaluation/exercice interactif à la fin de chaque séquence,
- évaluation finale,
- convocation à la classe virtuelle,
- invitation à participer au wiki,
- contact tuteurs.

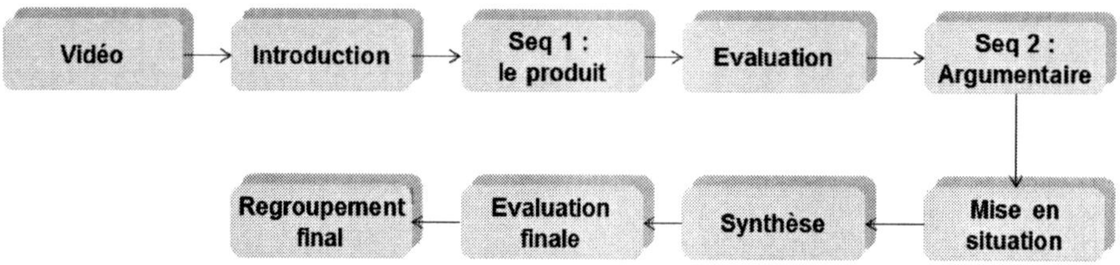

Fonctionnalités accessibles à l'apprenant

- FAQ,
- Mode d'emploi
- Accès tuteur
- Mail
- Chat
- Agenda personnel
- Moteur de recherche

Architecture du module

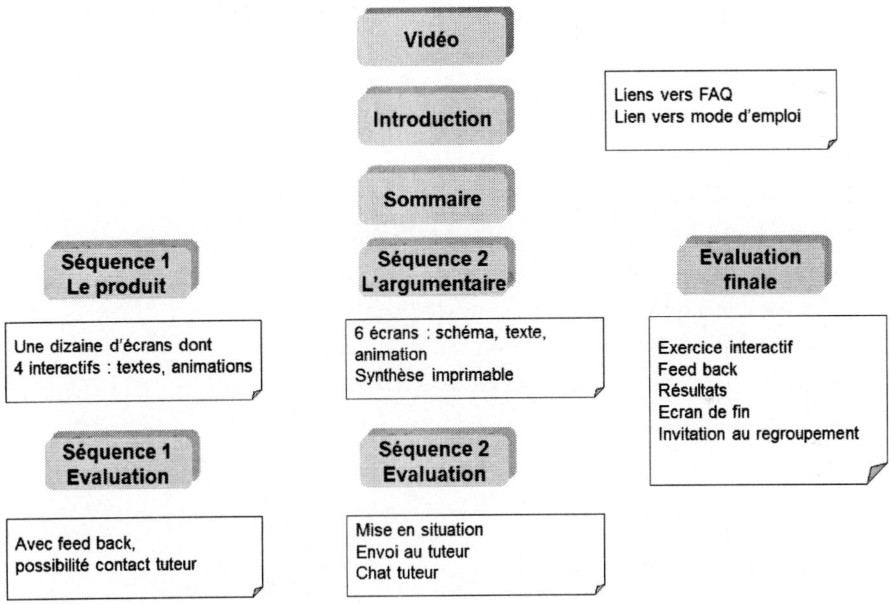

Équipe de conception du module

- Chef de projet,
- formateurs internes pour ingénierie pédagogique et réalisation du story board,
- formateurs internes pour réalisation en rapid learning. S'il y a des ressources : appel à un prestataire multimédia pour la réalisation.

K. Chapitre Produire du contenu

1. ÉTUDE DE CAS

a. Données

Vous avez rédigé le story board de votre module. Vous devez choisir les outils que vous utiliserez.

D'habitude, les formations « produits » sont réalisées avec un support PowerPoint.

b. Instructions

Vous décidez de partir des trames de support existantes, et d'ajouter de l'interactivité. Proposez un outil de production.

Proposez une idée de mise en page pour vos écrans.

2. RÉPONSE PROPOSÉE

<u>Outils de production</u>

Étant donné les contraintes déjà mentionnées, vous proposez :

- l'utilisation de Adobe Presenter qui présente l'avantage :
  - d'être simple à utiliser,
  - de partir de l'outil PowerPoint bien connu des formateurs,
  - de pouvoir facilement ajouter de l'interactivité.

<u>Mise en page proposée</u>

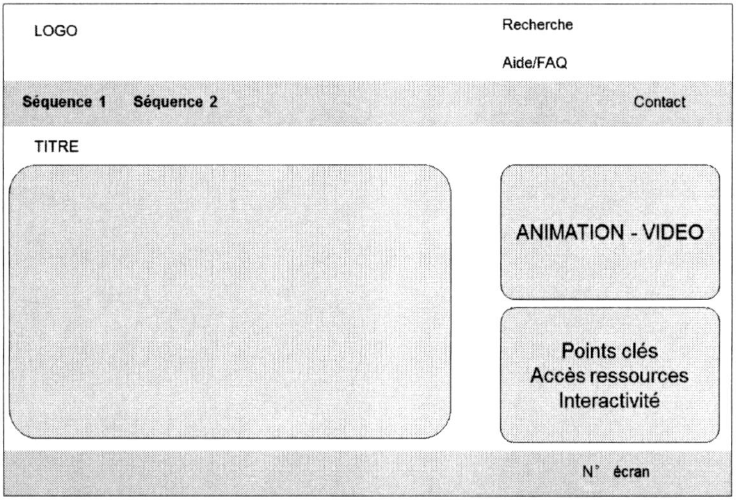

L. Chapitre Concevoir des évaluations

1. ÉTUDE DE CAS

a. Données

Vous allez intégrer des évaluations dans le parcours de formation. Votre direction désire savoir comment le module est ressenti par les apprenants, et également si l'efficacité pédagogique est au rendez-vous.

La direction souhaite récupérer les résultats mais s'engage à ne pas en tenir compte pour l'avancement des apprenants.

b. Instructions

Déterminez une stratégie d'évaluation.

Choisissez les outils que vous allez utiliser pour construire les évaluations.

Indiquez les objectifs des évaluations.

2. RÉPONSE PROPOSÉE

a. Stratégie

La direction s'est engagée à ne pas utiliser les résultats des évaluations pour évaluer les compétences des apprenants. Cette information sera diffusée lors du séminaire de lancement.

b. Objectifs

Recueillir des informations sur le suivi des modules. La direction souhaite au final savoir si les apprenants ont apprécié la modalité de formation proposée pour éventuellement lancer de plus gros projets e-learning.

c. Outils

Vous proposez l'utilisation de Hot Potatoes que vous connaissez bien.

M. Chapitre Nouveaux rôles pédagogiques

1. ÉTUDE DE CAS

a. Données

Vous avez prévu un accompagnement. Vos collègues formateurs s'inquiètent au sujet de l'incursion des TICE dans leur pratique professionnelle.

Vous avez prévu dans le dispositif la mise en place d'un tutorat.

b. Instructions

Proposez des arguments pour rassurer vos collègues.

Définissez le rôle du tuteur, les objectifs du tutorat, les modalités de mise en place de l'accompagnement.

2. RÉPONSE PROPOSÉE

Pour ce qui concerne le suivi, vous proposez un accompagnement tout au long du module via des outils synchrones (cela permet de renforcer le lien avec les apprenants) : le chat par exemple, et via un support technique et pédagogique. Vos formateurs internes seront mobilisés pendant la durée de l'apprentissage.

Vous proposez également la mise en place d'un outil collaboratif sous la forme d'un wiki, dans lequel les commerciaux pourront trouver d'autres informations (par exemple un supplément d'informations sur le produit, ou le résultat des tests « produit », ou bien les premiers résultats des ventes), et dans lequel ils pourront également échanger sur leurs premières expériences de vente.

Le tuteur sera chargé d'animer les classes virtuelles en fin de parcours, du temps est prévu pour cela en amont du projet.

Formateurs 2.0

Vous réunissez les formateurs de votre équipe pour un échange autour du changement de rôle du formateur.

Vous exposez les points suivants :

- Le formateur n'a pas disparu, son rôle s'est enrichi, élargi avec l'appropriation et l'utilisation des TICE. Il n'est plus seulement celui qui dispense le savoir et le savoir-faire, il est une ressource à valeur ajoutée dans un dispositif proposant des modalités d'apprentissage diversifiées.
- Le formateur est impliqué en amont et en aval de la formation. Il peut enrichir le parcours des apprenants en étant à leur écoute, en répondant à leurs besoins.
- Les TICE permettent au formateur d'être un guide plutôt qu'un diffuseur de savoir.
- Le rôle des formateurs dans un DFAD sera de :
  - suivre les parcours individuels,
  - guider les apprenants dans la recherche de ressources,
  - suivre les apprenants dans la mise en œuvre des acquis sur le terrain,
  - encourager, motiver les apprenants,
  - reformuler, illustrer le contenu.

N. Chapitre Web 2.0 et formation

1. ÉTUDE DE CAS

a. Données

Le directeur de l'entreprise tombe sur votre projet. Il ne connaît rien aux TIC et ne voit pas la nécessité d'investir autant. Il ne comprend pas pourquoi les commerciaux devraient pouvoir communiquer et échanger.

b. Instructions

Exposez les outils que vous allez proposer pour l'accompagnement et les arguments destinés à convaincre votre DRH.

2. RÉPONSE PROPOSÉE

Vous expliquez à votre DRH que la part de formation informelle est au moins aussi importante que la formation formelle. Il s'agit d'un investissement dans le capital humain de l'entreprise, il s'agit également de mieux impliquer les apprenants dans leur action de formation.

Outil collaboratif par excellence, le wiki permet aux apprenants de participer à l'enrichissement d'un contenu fourni au départ. Tout le monde participe et tout le monde peut donner son avis sur la participation de chacun.

Les wikis constituent un outil de plus en plus utilisé également dans la formation, qu'elle soit informelle ou formelle.

Vous lui exposez des exemples d'utilisation de wiki pour mieux le convaincre.

En formation, les wikis peuvent servir à :

- valoriser la production collective des savoirs au sein des groupes d'apprentissage par projet,
- constituer un support de savoir enrichi au fur et à mesure,
- construire ensemble des documents de références (ex. : bonnes pratiques, procédures),
- organiser une discussion en proposant un cadre de formalisation,
- constituer une base de ressources de meilleures pratiques construite par les apprenants,
- faire travailler les apprenants en mode projet.

O. Chapitre Classes virtuelles

1. ÉTUDE DE CAS

a. Données

Vous avez prévu une classe virtuelle en fin de parcours.

b. Instructions

Préparez les formateurs à l'animation de ces classes.

2. RÉPONSE PROPOSÉE

Vous organisez un atelier réunissant les formateurs, atelier animé par le formateur qui a déjà une expérience de tutorat et d'animation de classe virtuelle. Il vous donne des informations quant à la bonne préparation d'une classe virtuelle.

Vous préparez avec soin le scénario de la classe virtuelle.

P. Chapitre Déploiement - qualité

1. ÉTUDE DE CAS

a. Données

Tout est prêt, vous semblez à jour dans le planning.

b. Instructions

Préparez le lancement du pilote et prévoyez la démarche d'évaluation.

2. RÉPONSE PROPOSÉE

a. Lancement du pilote

- Vous sélectionnez des key users et préparez une réunion d'information avec eux.
- Vous préparez pour eux un questionnaire pour les aider à évaluer l'ensemble du pilote.

b. Démarche d'évaluation

Vous mettez en place :

- un questionnaire d'évaluation sur l'action de formation,
- un questionnaire d'évaluation sur le module déployé,
- un questionnaire d'évaluation concernant la plateforme.

Atelier 2

A. Introduction

Ci-après vous trouverez le deuxième « atelier » qui vous propose une mise en situation concrète.

Vous êtes Consultant Formateur Indépendant et souhaitez introduire un peu de formation à distance dans votre offre de formation.

B. Mise en situation

Vous avez dans votre catalogue de formation cinq cours autour des thématiques web 2.0 et réseaux sociaux professionnels. Le cours que vous vendez le plus est celui qui concerne l'utilité et l'utilisation des réseaux sociaux dans un contexte professionnel. Vous le dispensez pour l'instant en face à face sur deux jours à un public de cadres et CSP+, vous avez de plus en plus de mal à proposer des dates de formation qui conviennent à tous, et vos clients de plus en plus souvent s'ils peuvent suivre une partie du cours à distance.

C. Chapitre Cadrer le projet

1. ÉTUDE DE CAS

a. Données

Vous réfléchissez à l'introduction de blended learning, mais pour l'instant vous n'avez pas beaucoup de compétences en la matière, vous vous documentez et vous renseignez mais vous êtes plutôt en mode « découverte ».

Vous ne disposez pas de plateforme.

Vos cours sont structurés, vos supports d'animation sont bien conçus, vos supports de cours sont numérisés.

Il y a une partie pratique importante dans vos deux jours de formation présentielle.

b. Instructions

Vous allez vous tourner vers un consultant e-learning pour vous accompagner dans cette démarche qui va modifier votre activité professionnelle.

Avec les données dont vous disposez, définissez le périmètre du projet, préparez la note de cadrage pour ce projet.

2. RÉPONSE PROPOSÉE

a. Consultance

Vous êtes en contact via Linkedin avec deux ou trois consultants digital learning que vous allez appeler avant d'orienter votre choix vers l'un d'entre eux.

Pour préciser votre demande et sélectionner le bon conseil, vous préparez une note de cadrage que vous enverrez au consultant.

b. Éléments pour la note de cadrage

Public

Vos apprenants utilisent les TIC et dispose d'un équipement informatique disparate et de plus en plus nomade. Ils n'ont pas deux jours de suite à consacrer à une formation, fusse-t-elle exceptionnellement intéressante !

Entreprise

Vous démarrez dans le digital learning et n'avez pas de socle technique à votre disposition. Vous n'avez pas de budget pour investir dans des outils logiciels élaborés.

Objectif du projet

Votre objectif est clair : répondre à la demande insistante de vos clients et vous orienter vers une démarche de formation 2.0.

Résultats attendus

Réduire le temps de formation présentielle pour votre prochaine session de votre cours « réseaux sociaux » qui a lieu dans deux mois pour un groupe de six personnes

Organisation projet

- Choix d'un consultant
- Préparer un rétro-planning avec des étapes définies

D. Chapitre Composer l'hybridation

1. ÉTUDE DE CAS

a. Données

Vous avez peu de budget, un délai court de deux mois pour tout lancer et vous devez proposer un parcours blended à vos prochains clients.

b. Instructions

Vous souhaitez composer un mix intégrant présentiel, distantiel, outils de web 2.0 et accompagnement.

Que lui proposez-vous ? Comment composez-vous le mix ?

2. RÉPONSE PROPOSÉE

Blended learning : vous pensez proposer avant la formation un questionnaire en ligne à vos futurs apprenants pour évaluer leurs connaissances en réseaux sociaux en amont de la formation.

Vous leur mettrez ensuite à disposition un support de cours sur la première partie de votre cours. Les apprenants le liront et viendront vous poser des questions dans la partie présentielle du cours, qui aura lieu sur une demi-journée.

Ensuite vous leur mettrez à disposition le deuxième support de cours, et vous approfondirez les thématiques avec vos apprenants lors d'une session de classe virtuelle qui clôturera votre session.

Vous resterez disponible ensuite pour répondre aux questions de vos apprenants trois mois après la formation.

Sur conseil du consultant que vous avez choisi, vous leur envoyez une communication leur expliquant les nouvelles modalités proposées.

Ainsi la chronologie du parcours pourrait être la suivante :

- questionnaire en ligne,
- mise à disposition du support de cours numéro 1,
- regroupement présentiel : expérimentation,
- mise à disposition du support de cours numéro 2,
- classe virtuelle,
- accompagnement post formation.

E. Chapitre Gérer le projet

1. ÉTUDE DE CAS

a. Données

Vous disposez de contenu pédagogique pour la formation présentielle.

Vous n'avez pas de ressources techniques, mais disposez d'un conseil métier.

Vous avez un délai très court.

b. Instructions

Vous allez travailler en mode agile avec le consultant métier.

Par quoi allez-vous commencer ?

2. RÉPONSE PROPOSÉE

Vous préparez un rétro-planning avec des tâches précises à exécuter.

a. Étapes

Les étapes projet seront les suivantes :

- Communication vers vos apprenants de la mise en place de nouvelles modalités, actualisation de votre site web en conséquence.
- Réalisation du quiz d'évaluation et envoi aux apprenants.
- Transposition de vos supports de cours à la formation à distance.
- Choix de l'outil de classe virtuelle.

Vous ne rédigez pas de cahier des charges et avancerez au fil de l'eau avec le consultant.

F. Chapitre Choisir le LMS

1. ÉTUDE DE CAS

a. Données

Vous n'avez pas de LMS à disposition et n'envisagez pas à court terme d'en avoir un.

Pour l'instant, vous souhaitez introduire un peu de distance dans vos sessions de formation.

b. Instructions

Vous commencez à vous documenter sur les plateformes parce que vous avez l'intention à moyen terme de transposer votre catalogue de formation en blended. Vous aurez besoin d'une plateforme et commencez à vous documenter.

Listez les fonctionnalités qui vous semblent essentielles pour l'utilisation que vous prévoyez.

2. RÉPONSE PROPOSÉE

a. LMS

Vous commencez à vous documenter, lisez les benchmarks, testez les LMS open source

Vous faites une liste des fonctionnalités qui vous paraissent essentielles dans le cadre de l'évolution de votre catalogue de formation.

Vous souhaitez :

- disposer d'un outil de classe virtuelle pour vos regroupements,
- proposer une médiathèque à partir des vidéos pédagogiques que vous commencez à construire,
- disposer d'un outil de transposition simple vous permettant d'ajouter de l'interactivité dans vos supports PowerPoint,
- mettre en place un ou plusieurs quiz en amont de vos sessions présentielles.

G. Chapitre Utiliser une plateforme

1. ÉTUDE DE CAS

a. Données

Vous avez testé plusieurs plateformes.

b. Instructions

Vous souhaitez proposer une plateforme très ergonomique, orientée Web 2.0 pour favoriser les échanges entres apprenants et créer une communauté de clients/apprenants.

Vers quelle(s) plateforme(s) vous orientez-vous ? Pourquoi ?

2. RÉPONSE PROPOSÉE

Vous décidez de temporiser sur le choix de la plateforme. Vous hésitez pour l'instant entre Dokeos et Chamilo pour leur facilité d'utilisation, la richesse des outils proposés, l'orientation Web 2.0 affichée dans les interfaces.

H. Chapitre Respecter les standards

1. ÉTUDE DE CAS

a. Données

Vous allez avoir à transposer vos supports de cours pour les adapter aux nouvelles modalités de formation que vous proposez.

b. Instructions

Pourquoi décidez-vous que vos supports de cours respecteront la norme SCORM ?

2. RÉPONSE PROPOSÉE

Vous vous dites que la standardisation des modules e-learning est nécessaire afin de rendre les contenus réutilisables dans un autre environnement pédagogique ou/et technique. Comme vous n'avez pas encore choisi de plateforme, vous vous ménagez plusieurs possibilités en construisant des produits pédagogiques facilement transférables d'une plateforme à l'autre.

I. Chapitre Choisir les contenus pédagogiques

1. ÉTUDE DE CAS

a. Données

Vous enseignez les réseaux sociaux à une cible d'apprenants qui pour l'instant ne s'est pas vraiment approprié le Web 2.0.

b. Instructions

Vous allez introduire un peu de digital learning et augmenter progressivement la part de distantiel dans vos formations.

Qu'envisagez-vous de mettre en ligne ?

2. RÉPONSE PROPOSÉE

Vous allez mettre en ligne un quiz pour tester les connaissances de vos apprenants avant la formation.

Vous allez transposer vos supports de cours en rapid learning et y introduire un peu d'interactivité.

J. Chapitre Concevoir un module

1. ÉTUDE DE CAS

a. Données

Vous connaissez vos apprenants, vous avez l'objectif général de l'action de formation.

Vous avez d'autre part déterminé le type de contenus que vous allez proposer.

b. Instructions

Vous allez réaliser le premier travail d'ingénierie pédagogique du futur module.

Déterminer l'objectif principal du module et proposez des objectifs spécifiques.

Préparez la note de cadrage du module, premier élément servant à concevoir le story board.

Réfléchissez également sur les activités pédagogiques que vous allez proposer aux apprenants.

2. RÉPONSE PROPOSÉE

<u>Objectifs pédagogiques</u>

Objectif principal : s'approprier l'utilisation des réseaux sociaux à des fins professionnelles.

Objectifs spécifiques :

- Comprendre l'utilité des réseaux sociaux.
- Apprendre à les utiliser dans le cadre professionnel.

<u>Scénario d'apprentissage</u>

- Quiz amont d'évaluation des connaissances,
- entretien individuel avec chaque apprenant pour approfondir les attentes par rapport à la formation à venir,
- rapid learning 1 : utilité de réseaux sociaux,
- QCM 1,
- regroupement présentiel,
- rapid learning 2 : utilisation des réseaux sociaux,
- QCM 2,
- classe virtuelle,
- questionnaire d'évaluation,
- support post formation.

Vous allez réaliser vous-mêmes les contenus distants et transposer vos supports en rapid learning avec le consultant digital learning qui vous accompagne dans la démarche.

K. Chapitre Produire du contenu

1. ÉTUDE DE CAS

a. Données

Vous disposez de supports de cours bien structurés et médiatisés et allez y apporter un peu d'interactivité.

b. Instructions

Vous souhaitez ajouter à la fin de vos PowerPoint un petit quiz.

Quel outil utiliserez-vous ? Pourquoi ?

2. RÉPONSE PROPOSÉE

Vous allez tester Camtasia et Presenter, vous choisirez ensuite.

L. Chapitre Concevoir des évaluations

1. ÉTUDE DE CAS

a. Données

Vous allez intégrer des évaluations dans le parcours de formation.

Vous souhaitez connaître les compétences de vos apprenants en amont du stage

Vous souhaitez aussi évaluer ces compétences à la fin de chaque partie de votre cours et allez proposer des quiz.

b. Instructions

Expliquez la stratégie que vous allez mettre en place.

2. RÉPONSE PROPOSÉE

Vous allez envoyer quelques jours avant le début de la formation un questionnaire à vos apprenants pour qu'ils testent leurs connaissances en amont du cours. Vous construirez ce questionnaire avec l'outil formulaire de Google.

Pour ajouter un peu d'interactivité dans vos cours, vous prévoyez de réaliser deux quiz de trois ou quatre questions. Vous réaliserez ces quiz avec un outil qui se « pluggue » à PowerPoint, vous n'avez pas encore déterminé lequel, vous allez en tester deux ou trois avant de faire un choix définitif.

Vous proposerez à la fin de la classe virtuelle un questionnaire d'évaluation de la formation, réalisé via l'outil Google et transmettez le lien vers ce questionnaire en fin de regroupement virtuel afin que les apprenants le complète en fin de cours.

M. Chapitre Nouveaux rôles pédagogiques

1. ÉTUDE DE CAS

a. Données

Vous allez jouer le rôle de tuteur en même temps que celui de formateur dans vos cours.

b. Instructions

Quel accompagnement prévoyez-vous sur la partie distancielle de votre formation ?

2. RÉPONSE PROPOSÉE

En termes d'accompagnement, vous avez prévu :

- de vous entretenir avec les apprenants en amont de la formation pour mieux évaluer leurs besoins et créer un premier contact,
- de proposer un support post formation de façon à favoriser les échanges et à garder le lien,
- de les contacter par mail entre la session présentielle et la session distancielle pour ne pas rompre le lien.

N. Chapitre Web 2.0 et formation

1. ÉTUDE DE CAS

a. Données

Vous avez prévu une stratégie d'accompagnement.

b. Instructions

Pour mettre en œuvre cette stratégie, quels outils allez-vous utiliser et pourquoi ?

2. RÉPONSE PROPOSÉE

Pour réaliser l'entretien amont, vous allez utiliser l'outil Hangout de Google (ou le téléphone si un des apprenants n'utilise pas encore cet outil).

Pour le suivi post formation, vous souhaitez à la fois pouvoir répondre aux questions individuelles des apprenants et favoriser les échanges, les retours d'expérience : vous allez utiliser Hangout pour les conversations individuelles et vous allez mettre en place une page collaborative Google+ pour favoriser la production de contenus par les apprenants.

Vous présenterez cette initiative lors de votre classe virtuelle.

O. Chapitre Classes virtuelles

1. ÉTUDE DE CAS

a. Données

Vous avez prévu une classe virtuelle en deuxième partie de parcours.

b. Instructions

Vous préférez utiliser pour l'instant un outil que vous maîtrisez, Hangout.

Quel sera le scénario de votre classe virtuelle ?

2. RÉPONSE PROPOSÉE

Quelques jours après la session présentielle, vous envoyez par mail aux apprenants la procédure pour la connexion à la classe virtuelle.

Vous avez pris soin de leur préparer un petit guide avec copies d'écran pour faciliter leur entrée dans la classe.

Vous fixez la date et l'heure de la classe virtuelle dans le mail et leur demandez de tester la connexion une heure avant pour éviter les mauvaises surprises.

Le rendez-vous durera une heure.

Pour votre scénario de classe virtuelle, vous pensez :

- commencer par un tour de table sur les supports de cours numéro 2 et favoriser les retours d'expérience,
- demander aux apprenants de présenter l'utilisation qu'ils ont faite des réseaux sociaux professionnels dans l'inter-session,
- montrer l'utilisation de Google+ en leur présentant l'outil d'accompagnement envisagé,
- demander à chacun de collaborer sur cette page.

P. Chapitre Déploiement - qualité

1. ÉTUDE DE CAS

a. Données

Tout est prêt, vous semblez à jour dans le planning.

b. Instructions

Préparez un tableau de comparaison des coûts entre l'action de formation présentielle que vous réalisez et l'action de formation hybride que vous vous apprêtez à lancer.

À combien d'apprenants se situe le seuil de rentabilité de l'action hybride ?

2. RÉPONSE PROPOSÉE

Pour effectuer cette comparaison de coût entre présentiel et distanciel, vous complétez le tableau suivant :

	Face à face	Blended
CHARGES		
Consultant digital learning		
Temps de transposition des supports		
...		
RECETTES		
Prix jour / stagiaire		

Les projets digital learning sont tous différents bien sûr, la demande n'est jamais la même, les objectifs sont variés et les choix pédagogiques et techniques multiples.

Mais nous espérons que ces ateliers vous ont aidé à mieux appréhender le déroulement d'un projet digital learning, à en identifier les points clés, à en lister les étapes, à en appréhender la richesse pédagogique et technique.

Annexes

A. Glossaire

A

Accompagnement : tâches, missions, compétences que les formateurs (tuteurs, coachs) mettent en œuvre pour la conduite des formations à distance : contact direct, coordination, support technique, animation de forum, suivi pédagogique, évaluation...).

Adobe Connect : outil de classe virtuelle.

Adobe Presenter : outil logiciel utilisé dans la réalisation de modules e-learning.

AICC (*Aviation Industry CBT Committee*) : AICC est un comité connu depuis longtemps pour ses spécifications dans le domaine de la formation sur support informatique, recommandations élaborées pour soutenir l'interopérabilité entre les plateformes, les outils et les ressources.

API (*Application Programming Interface*) : interface de programmation d'application.

Apprenant : personne engagée et active dans un processus d'acquisition ou de perfectionnement des connaissances et de leur mise en œuvre (AFNOR).

Asset : actif d'une leçon, cela peut être une image, un texte, une animation Flash. Un asset est élément de SCO.

Asynchrone (outils de communication) : communication ou échange au cours desquels l'émission et la réception se font en temps différé (messagerie, forum). Dans une formation asynchrone, l'échange avec les autres apprenants ou avec les tuteurs et animateurs s'effectue par l'utilisation de modes de communication ne nécessitant pas une connexion simultanée.

Authorware : outil logiciel utilisé dans la réalisation de modules e-learning.

B

BigBlueButton : outil open source de classe virtuelle.

Blended learning : terme anglais désignant un parcours alternant formation à distance et face à face pédagogique (présentiel).

Blog : site web construit à l'image d'un journal de bord, que les visiteurs/lecteurs peuvent commenter par l'intermédiaire de billets écrits.

C

Captivate : outil logiciel utilisé dans la réalisation de modules e-learning.

Chamilo : LMS open source, projet dérivé de Dokeos.

Chat : discussion sur Internet.

Claroline : LMS open source.

Classe virtuelle : désigne la simulation d'une classe réelle. Elle permet de réunir en temps réel sur Internet ou un réseau, des participants et un formateur qui peuvent notamment discuter, se voir, visionner des documents, des vidéos, réaliser des quizz, partager leur écran.

Clavardage : voir Chat.

D

Didacticiel : programme permettant à un apprenant d'acquérir seul la maîtrise d'une technique.

Digital learning : terme qui tend à remplacer celui d'e-learning, et qui englobe tout l'enseignement et la formation utilisant des outils numériques.

Dispositif de formation : ensemble des moyens techniques, logistiques et humains organisés dans le temps et dans l'espace pour répondre à la demande du commanditaire pour la formation d'une population précise.

Dispositif hybride de formation : dispositif de formation mixant des modalités présentielle et distancielle.

Distancielle (formation) : formation à distance.

Dokeos : LMS open source - LMS qui permet de créer, organiser, gérer et suivre les activités d'apprentissage en ligne.

E

E-learning (source : commission européenne) : utilisation des nouvelles technologies multimédia et de l'Internet, pour améliorer la qualité de l'apprentissage en facilitant l'accès à des ressources et des services, ainsi que des échanges et la collaboration à distance.

Ergonomie : analyse menant à la conception de système proposant à l'utilisateur un maximum de confort, d'efficacité.

eXeLearning : outil logiciel open source utilisé dans la réalisation de modules e-learning.

Exerciseur : outil permettant de réaliser des évaluations.

F

FAD : formation à distance.

Flash : outil logiciel utilisé dans la réalisation de modules e-learning.

FOAD : Formation Ouverte à Distance.

Formation informelle : la formation informelle apparaît dès qu'il y a apprentissage, acquisition de savoir et de savoir-faire, en dehors d'une situation formelle de formation (présentielle, classe virtuelle, module e-learning) via LMS.

Forum : espace virtuel permettant aux utilisateurs de discuter sur des sujets divers.

Freeware : logiciel mis gratuitement à la disposition des utilisateurs intéressés par son créateur, dans le cadre de règles de diffusion bien précises.

G

Game based learning : jeux de rôle, jeu de simulation, pour accroître l'expérience des apprenants.

Granularité : niveau de découpage cohérent d'un contenu pédagogique. Les grains obtenus peuvent ensuite être intégrés dans d'autres parcours pédagogiques.

H

Hangout : outil Google permettant de réaliser des conversations virtuelles.

Hébergement (web ou Internet) : mise à disposition par un prestataire spécialisé, d'un espace loué ou acheté, sur un serveur, permettant le stockage et l'accessibilité des ressources/applications déposées sur ce serveur.

Hot Potatoes : permet de réaliser différents types d'exercices, destinés à être publiés sur Internet ou intranet, tels que tests de closure, QCM, mots croisés, exercices d'association, etc.

HTML : *Hyper Text Markup Language*.

HTML5 : HTML version 5, langage qui remplacera Flash dans les modules e-learning.

I

Informal learning : voir Formation informelle.

Interactivité : activité impliquant plusieurs personnes ou systèmes dont le comportement s'ajuste suite à une action réalisée par l'un d'entre eux.

J

Jeu sérieux : voir Serious game.

K

Key users : petit groupe d'utilisateurs bêta testeurs.

Knowledge Management : capitalisation, production et diffusion des connaissances, centralisation et diffusion de l'information.

L

Learning informal ou apprentissage informel : l'apprentissage se fait grâce à des publications web, ensemble d'articles périodiques basés sur l'expérience des auteurs, les apprenants construisent le contenu en collaboration en utilisant des supports du Web 2.0, le blog et le wiki par exemple.

LMS (*Learning Management System*) : système de gestion de parcours de formation : gestion de la formation, des résultats apprenants, diffusion de contenus, ordonnancement de modules de formation.

LCMS (*Learning Content Management System*) : LMS contenant en plus des fonctionnalités de gestion de contenus.

M

Mind On site : outil logiciel utilisé dans la réalisation de modules e-learning.

Mobile learning : l'apprenant s'abonne à un contenu audio, il l'écoute ensuite quand et où il veut. Ce format de contenu peut être lu sur n'importe quel PC ou lecteur MP3.

Module : ensemble de séquences constituant un parcours complet.

MOS Solo : outil auteur de modules e-learning.

N

Navigation (système de) : ensemble des fonctionnalités d'une application informatique, qui permettent de se situer, de s'orienter, de se déplacer dans l'application.

O

Open source : désignation qui s'applique aux logiciels dont la licence respecte des critères précis concernant la libre distribution, l'accès au code source.

P

Pilote : le produit pilote est testé sur un petit groupe d'utilisateurs, appelés « beta testeurs » ou « key users », chargés ensuite d'effectuer une évaluation du dispositif.

Plug-in : petit programme qui ajoute à un logiciel hôte de nouvelles fonctionnalités. Les plugins ne peuvent pas, pour la grande majorité d'entre eux, fonctionner seuls. Ils se superposent au logiciel principal.

Podcast : fichier son ou vidéo (dans ce cas-là on peut parler de vidéocast) que l'utilisateur télécharge sur un site web diffuseur.

Présentielle (formation) : formation en face à face.

Q

QCM (Questionnaire à Choix Multiples) : le questionnaire à choix multiples propose une liste de questions auxquelles l'apprenant répond en cochant une des possibilités de réponse offertes.

R

Rapid learning (projet) : projet e-learning, rapidement développé avec des outils logiciels communément utilisés ne nécessitant pas de compétences techniques particulières.

ROI (*Return on Investment*) : retour sur investissement.

S

Serious game : jeu vidéo à visée pédagogique dans lequel le joueur, accomplissant ses missions de jeu, vit une expérience unique qu'il transforme en une véritable expertise au fur et à mesure de ses victoires successives.

Séquence : c'est l'unité la plus fine sur laquelle porte les éléments de suivi (temps passé, score...).

SOI (*Saving on Investment*) : économie sur investissement.

SCO (*Sharable Object Content*) : objet scorm, le SCO constitue le niveau le plus fin pouvant être géré par une plateforme LMS. Un SCO est composé d'un ensemble d'actifs (assets).

SCORM (*Sharable Content Object Reference Metadata*) : c'est une suite de normes techniques qui permet aux systèmes de formation à distance d'indexer, de partager, de réutiliser les contenus de formation, de manière standardisée.

SSO (*Single Sign On*) : l'**authentification unique** (ou identification unique) est une méthode permettant à un utilisateur de ne procéder qu'à une seule authentification pour accéder à plusieurs applications informatiques (ou sites web sécurisés).

Synchrone (outils de communication : téléphone, chat) : les questions et les réponses se font en direct, en temps réel, sans décalage temporel entre question et réponse. Une formation est dite synchrone lorsque les apprenants peuvent se connecter simultanément à un module et communiquer en temps réel.

T

TICE : les Technologies de l'Information et de la Communication pour l'Éducation (TICE) recouvrent les outils et produits numériques pouvant être utilisés dans le cadre de l'éducation et de l'enseignement. Les TICE regroupent un ensemble d'outils conçus et utilisés pour produire, traiter, entreposer, échanger, classer, retrouver et lire des documents numériques à des fins d'enseignement et d'apprentissage.

Tracking : suivi de l'activité de l'apprenant dans son parcours de formation. Cet accompagnement est organisé à partir des données significatives mémorisées au cours de la formation.

Tuteur : intervenant dans un dispositif de formation à distance dont le rôle est d'accompagner les apprenants dans les formations ouvertes et à distance.

Tutoriel : programme accompagnant une nouvelle application informatique permettant à un apprenant d'apprendre seul.

U

URL (*Uniform Resource Locator*) : adresse d'une page web.

V

Vidéocast : voir Podcast.

W

Web 2.0 : l'ensemble des technologies et des usages du Web permettant aux internautes d'être actifs sur le contenu et la structuration des pages web (exemple : wikis, blogs, Web social...).

Webex : outil de classe virtuelle.

Wink : outil de rapid learning.

Wiki : site web permettant aux utilisateurs autorisés d'en modifier le contenu, utilisé pour faciliter l'écriture collaborative de documents.

X

xAPI : ou experience API, standard digital learning qui tend à remplacer le standard SCORM.

XML (*Extensible Markup Language*) : langage de balise extensible.

B. Webographie

1. Sites de ressources

CENTRE INFFO : http://www.centre-inffo.fr/. Lieu de ressources, d'analyse et d'information sur la formation professionnelle et l'apprentissage, le Centre INFFO est une association sous tutelle du ministère de l'Économie, des Finances et de l'Emploi.

COMPARATIF LOGICIEL : http://www.comparatif-logiciel.com/bsoco-index.php

EDUCNET : présentation des orientations du ministère de l'Éducation nationale en France dans le domaine des nouvelles technologies d'information et de communication : http://www.educnet.education.fr/

EIFEL : http://www.eife-l.org/ : European Institute For e-Learning.

E-LEARNING CENTER : http://www.e-learningcentre.co.uk. Vous trouverez à cette adresse une liste d'outils commentés, en anglais.

E-LEARNING STANDARD : pour en savoir plus sur les standards : Pour en savoir plus sur les standards e-learning :
http://www.elearning-standard.com/fr/utiliser-scorm-en-menageant-lavenir/

FFFOD : http://www.fffod.org. Association des acteurs de la Formation Ouverte et à Distance (FOAD). Organisme de réflexion et de recommandation qui prend position dans les débats.

FOAD EMPLOIS : http://www.foademplois.org/ : site d'aide à la recherche d'emploi dans la formation à distance : les métiers, les statistiques e-learning, communauté d'échanges et de pratiques sur l'e-learning.

FRAMASOFT : consultez le site de Framasoft pour en savoir plus sur les logiciels libres dans le domaine du e-learning : http://www.framasoft.net/rubrique405.html

LEARNING SPHERE : réseau de consultants digital learning, articles de fond sur les thématiques digital learning : http://learning-sphere.com/fr/

LMS : pour en savoir plus : http://www.lms-selection.com

MOOC : www.mooc.fr

MOOC : offre de MOOC francophone :
https://www.france-universite-numerique-mooc.fr/

MOOC : Annuaire et guide : http://www.digischool.fr/mooc/

OPENSOURCE CMS : http://www.opensourcecms.com/ : vous trouverez ici une liste d'outils open source à tester en ligne.

PREAU : http://www.preau.ccip.fr/. Centre pour l'e-learning et l'innovation pédagogique (CCIP).

THOT CURSUS : http://thot.cursus.edu/ : nouvelles de la formation à distance : excellent site de ressources sur l'e-learning classées par thèmes : cours, logiciels, références, publications...

TUTORAT à distance : le site de référence : http://www.tutoratadistance.fr/

XAPI : pour en savoir plus sur le nouveau standard e-learning : Pour en savoir plus sur xAPI : experience-api.fr

2. Éditeurs - outils

ADOBE : http://www.adobe.com/products/acrobatconnectpro/trial/

CAPTIVATE :
https://www.adobe.com/cfusion/tdrc/index.cfm?product=captivate&loc=fr%5Ffr

DOKEOS : http://campus.dokeos.com/ : campus virtuel du LMS Dokeos

eXeLearning : http://exelearning.org

MIND ON SITE : www.mossolo.com

CHAMILO : http://campus.chamilo.org/

WINK : téléchargement Wink à partir de Clubic :
http://www.clubic.com/lancer-le-telechargement-19160-0-wink.html

WEBEX : Outil de classe virtuelle : http://www.webex.fr/

A

B

C

P

Q

R

S

T

V

W

MIRA®

Umwelthinweis:
Dieses Buch wurde auf chlor- und säurefreiem Papier gedruckt.